Uni-Taschenbücher 1419

UTB
FÜR WISSEN
SCHAFT

Eine Arbeitsgemeinschaft der Verlage

Wilhelm Fink Verlag München
Gustav Fischer Verlag Stuttgart
Francke Verlag Tübingen
Harper & Row New York
Paul Haupt Verlag Bern und Stuttgart
Dr. Alfred Hüthig Verlag Heidelberg
Leske Verlag + Budrich GmbH Opladen
J. C. B. Mohr (Paul Siebeck) Tübingen
R. v. Decker & C. F. Müller Verlagsgesellschaft m. b. H. Heidelberg
Quelle & Meyer Heidelberg · Wiesbaden
Ernst Reinhardt Verlag München und Basel
K. G. Saur München · New York · London · Paris
F. K. Schattauer Verlag Stuttgart · New York
Ferdinand Schöningh Verlag Paderborn · München · Wien · Zürich
Eugen Ulmer Verlag Stuttgart
Vandenhoeck & Ruprecht in Göttingen und Zürich

Friedrich Scheidt

Grundfragen der Erkenntnisphilosophie – Historische Perspektiven

Ernst Reinhardt Verlag München Basel

Dr. phil. Friedrich Scheidt, Dozent für Philosophie, Institut für Philosophie der Ludwig-Maximilians-Universität München, befaßt sich insbesondere mit Problemstellungen der philosophischen Anthropologie und Ethik.

CIP-Kurztitelaufnahme der Deutschen Bibliothek

Scheidt, Friedrich:
Grundfragen der Erkenntnisphilosophie: histor.
Perspektiven / Friedrich Scheidt. – München; Basel:
E. Reinhardt, 1986.

(UTB für Wissenschaft: Uni-Taschenbücher; 1419)
NE: UTB für Wissenschaft / Uni-Taschenbücher

ISBN 3-497-01120-7

Printed in Germany

Vorwort

Der Ausdruck „Erkenntnisphilosophie“ wird hier anstelle des gebräuchlichen Terminus „Erkenntnistheorie“ verwendet. Das geschieht u. a. aus der Erwägung, daß von Theorien vornehmlich im Zusammenhang mit einzelwissenschaftlichen Erklärungsabsichten die Rede ist. Die Vermeidung des Ausdrucks „Theorie“ hat freilich nichts zu tun mit einem Verzicht auf Wissenschaftlichkeit, insoweit darunter sprachliche Klarheit, methodische Vorgehensweise und rationale Plausibilität verstanden sind.

Als Grundfragen der Erkenntnisphilosophie benennt *J. Locke* in der Einleitung seines Versuchs über den menschlichen Verstand die nach „Ursprung, Gewißheit und Umfang der menschlichen Erkenntnis“.

Die Ursprungsfrage ist verknüpft mit einer Analyse des Erkenntnisbegriffs bzw. einer Bestimmung des Verhältnisses von Erfahrung und Denken.

Der Gewißheitsfrage geht der Zweifel an der Möglichkeit von Erkenntnis voraus. Nach Meinung des Skeptizismus gibt es keinerlei Gewähr dafür, daß unsere Erkenntnis uns eine zutreffende Kunde von der Wirklichkeit liefert. Wie also ist Erkenntnisfundierung möglich und der Anspruch der Erkenntnis auf objektive Gültigkeit zu rechtfertigen?

Diese Frage wiederum steht in engem Zusammenhang mit derjenigen nach dem Umfang der Erkenntnis und den Grenzen unseres Wissens.

Die Abschnitte 1 und 3 des Buches beinhalten eine Klärung der Begriffe: Wissen, Erkenntnis, Erfahrung und Denken, wobei von umgangssprachlichen Redezusammenhängen ausgegangen wird.

Im Abschnitt 2 wird der Begriff einer Philosophie der Erkenntnis dargestellt. In Verbindung damit erfolgt u. a. eine Auseinandersetzung mit der gegenwärtig viel diskutierten evolutionären Erkenntnistheorie.

Der Untertitel „Historische Perspektiven“ trifft näherhin auf die Abschnitte 4 bis 6 zu.

Zwar kann man in der Erörterung der mit Begriffen wie: Erfahrung, Erkenntnis, Vernunft avisierten Problemfelder aus der

Sicht des heutigen Diskussionsstandes nicht einfach auf die Philosopheme der *Descartes, Locke, Hume* und *Kant* zurückgehen. Doch können wir die klassischen Positionen als Modelle betrachten, an denen sich erkenntnisphilosophisches Argumentieren in seinen Grundfiguren studieren läßt.

Darüber hinaus muß unseres Erachtens eine Erkenntnisphilosophie, die den in unserer Zeit sich stellenden Fragen gerecht werden will, bei den Problemlösungen ansetzen, die in *Kants* Philosophie angelegt sind. Und da *Kants* Konzeption i. S. des Versuchs einer Synthese vorhergehender Positionen zu deuten ist, wird hier der Dreischritt vom Rationalismus über den Empirismus zum *Kantschen* Kritizismus nachvollzogen.

Den Abschluß bildet eine Auseinandersetzung mit der Kantkritik des sogen. kritischen Realismus.

Die vorliegende Schrift will in erkenntnisphilosophische Fragezusammenhänge einführen und wendet sich vor allem an Studierende, die – in Haupt- oder Nebenfach – mit Philosophie befaßt sind. Sie ging aus Vorlesungen, die der Verfasser 1984/85 an der Universität München gehalten hat und aus anschließenden Gesprächen mit Studierenden hervor. Für eine Reihe anregender Hinweise und engagierte Hilfeleistung bei der Endabfassung sei Frau Christine Grothe ausdrücklich gedankt.

Friedrich Scheidt

Inhaltsverzeichnis

1. Der Erkenntnisbegriff im Ausgang vom umgangssprachlichen Redezusammenhang

Der Ausdruck Erkenntnis begegnet uns umgangssprachlich in verschiedenen Zusammenhängen. Wir gehen von einigen Beispielen aus.

1. Beispiel: Da sagt ein Bergwanderer zu seinem Begleiter, als sie auf einem Aussichtsberg im Voralpenland stehen und er auf einen durch bestimmte Merkmale sich auszeichnenden Berg deutet: „Erkennst du ihn wieder?“

2. Beispiel: Der Vater erklärt seinem Sohn, woran man eine Birke, im Unterschied etwa zu einer Linde oder Ulme, erkennt. Der Begleiter des Bergwanderers kennt den fraglichen Berg schon, sonst könnte von ihm nicht erwartet werden, daß er ihn wiedererkennt, und der Sohn lernt die Unterschiede von Birke, Linde und Ulme überhaupt erst kennen, damit er zukünftig zu erkennen vermag, um was für eine Art von Baum es sich in diesem oder jenem Fall handelt. In beiden Beispielen geht es um die Abgrenzung von Kennen und Erkennen.

3. Beispiel: Es kommt mir jemand auf der Straße entgegen, den ich für einen alten Bekannten halte. In der Annahme, ich habe es mit diesem zu tun, gehe ich freudig auf den Entgegenkommenden zu. Dessen befremdete Reaktion belehrt mich aber eines Besseren. Ich erkenne, daß ich es nicht mit jenem Bekannten, sondern mit einem Fremden zu tun habe. Meine Entschuldigung kommt einer Korrektur meiner vorhergehenden Meinung gleich. In diesem Beispiel ist von Annahme und Meinung – im Unterschied zur Erkenntnis – die Rede.

4. Beispiel: Jemand fragt mich nach dem Weg. Überzeugt davon, die von ihm genannte Straße zu kennen, gebe ich Auskunft. Kurz darauf bin ich mir der Richtigkeit meiner Antwort nicht mehr so gewiß. Der Stadtplan bestätigt mir die Berechtigung meines Zweifels, und ich erkenne, daß ich eine falsche Auskunft gegeben habe. Hier begegnen uns Ausdrücke wie Überzeugung, Gewißheit und Zweifel neben dem der Erkenntnis.

Die Anzahl von Ausdrücken, die umgangssprachlich mit dem der Erkenntnis mehr oder weniger gleichgesetzt oder in Verbindung mit ihm gebraucht werden, ließe sich ohne weiteres vergrößern, z.B. durch die Ausdrücke Vermutung, Behauptung, Wissen und

Wahrheit. Wir wollen versuchen, derartige Ausdrücke in einen ordnenden Bezug zu bringen; daraus soll eine erste Klärung des Erkenntnisbegriffs gewonnen werden.

1.1 Überzeugung, Wissen, Erkenntnis

Auf einer ersten Ebene sind die Ausdrücke Überzeugung, Wissen und Erkenntnis ins Verhältnis zu setzen.

Unter einer Überzeugung sei ein mehr intuitiv oder unwillkürlich zustande gekommenes Wissen oder Meinen oder Glauben verstanden, das weder durch Befunde der Erfahrung noch durch theoretische Begründung gestützt oder sprachlich eindeutig fixiert ist. In diesem allgemeinen Sinne eines noch nicht näher bestimmten und näherer Bestimmung eventuell fähigen Wissens spricht auch *Ch. S. Peirce* von Überzeugung/Belief*. Man könnte gegen die vorgenommene Gleichsetzung von Überzeugung und Wissen einwenden, etwas derartig Vages und Ungesichertes wie eine Überzeugung im genannten Sinne verdiene den Ehrennamen Wissen nicht; dieser Name sei vielmehr den empirisch belegten oder theoretisch ausgewiesenen und eindeutig fixierten Überzeugungen vorbehalten. Der Einwand geht von einer Gleichsetzung von Wissen und Erkenntnis, i. S. von Erkenntnisergebnis, aus. Diese Gleichsetzung liefe jedoch auf einen im umgangssprachlichen Sinne zu engen Gebrauch von Wissen hinaus. Nach normalem Sprachgebrauch weiß auch derjenige etwas von einer Sache, der in betreff auf sie eine Meinung oder nur ungefähre Kenntnisse hat. Spreche ich in diesem Sinne von Wissen, dann ist noch unentschieden, ob und in welchem Maße es sich dabei um ein kenntnisreiches oder wohlbegründetes Wissen handelt. Danach sind Wissen und Überzeugung gleichbedeutend, von der Art ihres Zustandekommens einmal abgesehen. Manche verwenden den Ausdruck Überzeugung im engeren Sinne von: feste Überzeugung. „Fest" ist hier jedoch nicht gleichbedeutend mit: aufgrund von Erfahrungsbelegen und Beweisgründen gesichert und fixiert, sondern mit: subjektiv gewiß. Jemand wäre danach von einer Sache nur dann und in dem Maße überzeugt, als er

* *Peirce, Ch. S.*, Die Festlegung einer Überzeugung (The Fixation of Belief), in Schriften I. Zur Entstehung des Pragmatismus. Hg. v. *K. O. Apel.* Frankf./M. 1967, 293–325

sich ihrer gefühlsmäßig sicher oder subjektiv gewiß ist. Dazu ist zu sagen, daß unsere Überzeugungen keineswegs immer mit solcher Gewißheit verbunden sind. Vielmehr kann jemand auch dann davon überzeugt sein, daß ein Sachverhalt vorliegt oder daß es sich mit einer Sache so und so verhält, wenn er sich seiner dabei nicht völlig gewiß ist. „Überzeugt sein, daß . . ." heißt danach soviel wie: „der Meinung sein, daß . . .". Jemand, der in betreff einer Sache eine Meinung hat, schließt damit nicht aus, daß ein anderer in eben dieser Sache eine andere Überzeugung oder Meinung haben könnte. Dagegen dürfte es jemandem, der sich in betreff einer Sache gewiß ist, schwerfallen, eine andere Überzeugung in eben dieser Sache überhaupt gelten zu lassen. Überzeugung läßt sich danach auch als Oberbegriff aller Arten von Wissen auffassen, sei es schwach oder bestens begründet, sei es als bloße Wahrscheinlichkeit oder als gesicherte Wahrheit eingestuft, für gewiß oder ungewiß halten.

Was die Unterscheidung von Wahrscheinlichkeit und Wahrheit betrifft, so ist ein klärender Hinweis angebracht. Die Wörter wahr und wahrscheinlich werden heute, aus der Perspektive eines vermeintlich kritischen Wissensbegriffs, nicht selten miteinander vermengt. So etwa meint man, angesichts der Tatsache, daß all unser Wissen unvollkommen und, insoweit es auf empirische Sachverhalte bezogen ist, jederzeit unabgeschlossen und revisionsfähig ist, könne es Wahrheit(en) im strengen Sinn (der absoluten Unterscheidung: entweder wahr oder falsch) gar nicht geben. Vermeintliche Wahrheiten seien eigentlich bloße Wahrscheinlichkeiten; die sogenannte Wahrheit sei nur annähernde Wahrheit und komme letztlich über den Rang hoher Wahrscheinlichkeit nicht hinaus.

Hier liegt ein ungenauer Gebrauch der Ausdrücke Wahrheit und Wahrscheinlichkeit vor. Es gehe um die Begründung einer in Frage stehenden Überzeugung. Dazu bedarf es der Angabe von Gründen, die die fragliche Überzeugung zu stützen vermögen. Es werde behauptet, ein bestimmter Sachverhalt liege vor. Diese Behauptung oder Überzeugung ist wahr oder falsch. Die Gründe,die uns die Wahrheit der Überzeugung einleuchtend machen (sollen), mögen bloß wahrscheinlich sein in dem Sinne, daß sie die fragliche Überzeugung nicht zwingend als wahr auszuweisen vermögen. (Es bleibe dahingestellt, ob es derartig zwingende Gründe überhaupt gibt.) Sie schließen dann nicht aus, daß die Überzeugung auch nicht-wahr, also falsch sein könnte, sofern sie nämlich durch Gegengründe entkräftet würde. Die mehr oder weniger wahrscheinlichen (z. B. erfahrungsbezogenen) Gründe oder Gegengründe ermöglichen die Einsicht in die Wahrheit oder Falschheit der Überzeugung. Ich erkenne dann, daß die Überzeugung, ein Sachverhalt liege vor oder mit einer Sache verhalte es sich so oder so, zutrifft oder nicht. In dem Zutreffen der Überzeugung besteht ihre Wahrheit, nicht darin, daß und in welchem Maße ich diese Wahrheit einsehen oder nachweisen kann. Daraus ergibt sich, daß wahr nicht durch wahrscheinlich zu ersetzen ist. Der Ausdruck Wahrscheinlichkeit in seiner umgangssprachlichen Bedeutung ist im übrigen nicht mit dem mathematischen Wahrscheinlichkeitsbegriff gleichzusetzen. Die mathematische Wahrscheinlichkeit läßt sich daraus berechnen, daß ich „das Zahlenverhältnis der für ein bestimmtes Geschehen günstigen Fälle zu allen möglichen Fällen" berechne (vgl. *Vries, J. de,* 1980, 165). Wenn bei einem Fußballspiel 70000 Karten verkauft werden und jede 500. Karte mit einem Losgewinn verknüpft ist, dann beträgt die Wahrscheinlichkeit, daß der Käufer einer Karte einen Losgewinn erzielt: 70000 zu 500 oder 140 zu 1. Jedoch wird der Käufer der Karte seine Chance, einen Losgewinn zu erzielen, kaum als wahrscheinlich einstufen; vielmehr wird er einen Gewinn für höchst unwahrscheinlich halten. Im umgangssprachlichen Sinne sprechen wir von Wahrscheinlichkeit nur bei Vorliegen jener mathematischen Wahrscheinlichkeit, bei der ein besonders günstiges Zahlenverhältnis vorliegt (vgl. *Vries, J. de,* 1980, 165). Die Auffassung, Wahrheit könne es nur i. S. mehr oder weniger großer Wahrscheinlichkeit geben, übersieht den wesentlichen Unterschied von Wahrheit und Falschheit (unserer Überzeugungen) einerseits und der Möglichkeit, diese Wahrheit bzw. Falschheit durch Gründe darzutun. Wäre Wahrheit durch Wahrscheinlichkeit zu ersetzen, dann hieße dies zugleich, daß der Unterschied von Wahrheit und Falschheit selbst ein nur quantitativ-relativer wäre. Dazu ist zu sagen, daß, wird von quantitativ-relativer Unterscheidbarkeit der Wahrheit und Falschheit gesprochen, dies nicht den absoluten Unterschied von Wahrheit und Falschheit selbst betrifft, sondern nur die Bestimmung oder Feststellung von Wahrheit und Falschheit (Verifikation und Falsifikation). Der Wahrheit oder Falschheit unserer Überzeugungen können wir uns danach nur immer quantitativ-relativ, mehr oder weniger, sicher sein, und es mag so vielleicht gar empfehlenswert sein, in den Fällen mangelnder Sicherheit überhaupt auf eine Überzeugung zu verzichten. Haben wir dagegen die Überzeugung, daß ein bestimmter Sachverhalt vorliegt, dann kann diese nur wahr oder falsch sein, je nachdem, ob der bestimmte Sachverhalt vorliegt oder nicht (vgl. *Prauss, G.*, 1980, 152ff.).

Wodurch unterscheiden sich danach Überzeugung (bzw. Wissen im umgangssprachlichen Sinne) und Erkenntnis? Überzeugung und Erkenntnis stehen im Verhältnis von Ober- und Unterbegriff zueinander. Unter Erkenntnis verstehen wir eine bestimmte Art von Überzeugungen, nämlich diejenigen, deren Wahrheit oder Falschheit wir vermittels bestmöglicher Gründe oder Gegengründe (höchstmöglicher Wahrscheinlichkeit) festzustellen oder zu erweisen vermögen.

1.2 Kenntnis – Erkenntnis und Meinung – Erkenntnis

Weitere Klarheit über den Erkenntnisbegriff können wir gewinnen, wenn wir die Ausdrücke Kenntnis – Erkenntnis sowie Meinung – Erkenntnis ins Verhältnis setzen.

Zuvor ist zwischen Erkennen und Erkenntnis zu unterscheiden. Als Erkennen bezeichnen wir jene intentionale Tätigkeit, die auf Erkenntnis (von etwas) abzielt. Erkenntnis ist dann das (angestrebte) Ergebnis des Erkennens. Verstehen wir unter Erkenntnis bestmöglich begründetes Wissen, dann liegt die Annahme nahe, daß die meisten Erkenntnisse heute in den Zuständigkeitsbereich von Wissenschaften fallen. Zumindest die sprachliche Fixierung der Erkenntnisse wird ja von den Wissenschaften geleistet.

Dennoch ist der Begriff der Erkenntnis nicht mit dem der wissenschaftlichen Erkenntnis gleichzusetzen. So etwa hatten gewisse alltägliche Erfahrungen, z.B. bezüglich des Wetters, insoweit sie in (Gebrauchs-)Regeln ihren Ausdruck fanden, durchaus einen Erkenntniswert, und sie besitzen ihn im geringeren Umfang noch heute, da die Meteorologie genauere Wetterprognosen zu geben vermag. Oder das Wissen und Können eines Handwerkers besitzt für den in dem betreffenden Bereich Unkundigen einen relativ hohen Grad an Verläßlichkeit.

Das alltägliche oder vorwissenschaftliche Erkenntnisverlangen verbleibt freilich in den Grenzen der von den Zwecken alltäglicher Daseinsbewältigung bestimmten Interessen. Die Leitfrage hier lautet: „Was wird in diesem Falle geschehen?" Es kommt dem Fragesteller auf die Klärung seiner Situation an. Der Grundtyp wissenschaftlichen Fragens hat demgegenüber die Form des Universalen: „Was geschieht in allen Fällen dieser so und so bestimmten Art?" Man kann so sagen, daß „die wissenschaftliche Erkenntnis nur eine Fortentwicklung und Erweiterung unserer alltäglichen Erkenntnis ist" *(Popper, K.,* 1969, XVII) oder daß die wissenschaftliche Erkenntnis aus einer „Radikalisierung des Fragens" hervorgeht*.

Doch zurück zu der genannten Unterscheidung von Kenntnis und Erkenntnis. Bei der Aussage: „Ich kenne X" handelt es sich um eine zweistellige Relation – wie auch bei den Aussagen: „Ich sehe Y" oder „Ich bewerkstellige Z". Einstellig dagegen sind Relationen wie: „Es schneit", „ich schwimme".

Betrachten wir dagegen die Aussage: „Ich erkenne X"; sie erweist sich als unvollständig. Angenommen, ich identifiziere den Baum da drüben als Birke; dann genügt es nicht zu sagen: „Ich erkenne den Baum da drüben", sondern ich müßte sagen: „Ich erkenne den Baum als Birke", allgemein: „Ich erkenne X als zu Y gehörig." Den Ausdruck Erkennen verwenden wir also in dreistelligen Relationen. Um aber behaupten zu können, daß X zu Y gehört, muß ich Y schon kennen, und ich erkenne dann Y in X wieder. In diesem Sinne liegt jeweils dem Erkennen ein Kennen bereits voraus *(Kulenkampff, A.,* in *Krings, H.,* u. a., Hrsg., 1973, Bd. 2, 401). Die Kenntnis von Y habe ich irgendwann erworben. Um den Baum da drüben als Birke ausmachen zu können, muß ich irgendwann eine Birke kennengelernt haben, es muß mir am Beispiel einer Birke klargeworden sein, woran Birken (wieder-)zuerkennen sind. Nur „durch Aufweis der Sache selbst" ist ein Kennenlernen möglich, und insofern beruht „das Kennen wesentlich auf sinnlicher Evidenz" *(Kulenkampff, A.,* 1973, 401). Dies: eine Sache an ihr selbst überhaupt erst kennenlernen, das meinen wir primär, wenn wir von Erfahrung sprechen. Dasjenige, von dem ich sage, daß ich es

* *Holzkamp, K.,* Wissenschaft als Handlung. Versuch einer Grundlegung der Wissenschaftslehre. Berlin 1968, 24

erfahre, ist mir als Erscheinung präsent, hier und jetzt – vermittels der Wahrnehmung – unmittelbar bewußt, sinnlich evident. Eine Sache aufmerksam zur Kenntnis nehmen, d.h. sich die Kennzeichen oder Merkmale dieser Sache einprägen. Und wiedererkennen kann ich z.B. einen Baum als Birke nur aufgrund bestimmter invarianter Merkmale von Birken.

Ein anderes Beispiel: Die Farbe Blau kenne ich, oder ich kenne sie nicht. Aufgrund dieser Kenntnis erkenne ich, daß die Tinte, die ich zum Niederschreiben dieser Zeilen benötige, blau ist. Ich weiß darüber hinaus, daß die Qualität Blau bei zahlreichen anderen Gegenständen anzutreffen ist. Allerdings kann ich mich bei der Bestimmung der Farbqualität eines Gegenstandes irren; z.B. kann mir infolge bestimmter Lichtverhältnisse meine Tinte als blau erscheinen, wenn sie tatsächlich andersfarbig ist. M.a.W.: während wir Kenntnisse haben oder nicht haben (von der Möglichkeit, Kenntnisse auch vortäuschen zu können, einmal abgesehen), unterliegen unsere Erkenntnisse prinzipiell der Möglichkeit des Irrtums. Nach *Descartes* z.B. haben wir allen Grund, gerade an der Zutreffendheit und Wahrheit jener Erkenntnisse zu zweifeln, denen Erfahrungen oder sinnlich unmittelbare Kenntnisse vorausliegen.

Worauf beruht die Möglichkeit eines Irrtums im Falle der Bestimmung der Farbqualität eines Gegenstandes? Es wurde gesagt: wir erkennen eine Sache in einer bestimmten Variante wieder, d.h. wir identifizieren etwas als Exemplar einer Klasse infolge gewisser invarianter Klassenmerkmale. Diese Merkmale, z.B. der Farbe Blau, sind mir durch Kennenlernen anhand von Sinneseindrücken klargeworden. Das Begriffswort Blau bezieht sich jedoch nicht auf je individuelle Eindrücke, sondern auf die ganze Klasse von Sinneseindrücken *(Kulenkampff, A.,* 1973, 402). Ordne ich nun einen bestimmten Eindruck oder einen Komplex von Eindrücken dem Begriffswort Blau zu, so kann ich mich eben dabei irren. Mein Irrtum bestünde darin, daß ich (fälschlicherweise) glaube, jene konstanten Merkmale, die bestimmen, was überhaupt unter Blau zu verstehen ist, in der von mir benutzten Tinte wiederzuerkennen. Ich „kann . . . mich in der Qualifikation des gehabten Sinnesdatums als blau irren“ *(Kulenkampff, A.,* 1973, 402).

An dieser Stelle unseres Klärungsversuches läßt sich eine weitere Unterscheidung einbeziehen, nämlich die von Erkenntnis und Meinung.

Angenommen, gewisse Umstände, etwa irritierende Lichtverhältnisse, veranlassen mich, an meiner Annahme, die Tinte sei blau, zu zweifeln. Ich kann meine Zweifel durch gewisse Überprüfungen beseitigen. Meine anfängliche Annahme erweist sich dann als zutreffend oder nicht. Zutreffende bzw. als zutreffend oder wahr eingesehene Annahmen bezeichnen wir als objektiv gültige Erkenntnisse. Dagegen haben Annahmen, deren Zutreffen oder Nichtzutreffen infolge mangelnder Überprüfungen bzw. Überprüfungsmöglichkeiten unentschieden bleibt, den Charakter mehr oder weniger subjektiver Meinungen. Zwischen Meinung und Erkenntnis ist also streng zu unterscheiden. Gewiß werde ich an meiner Meinung, die ich mir in einer bestimmten, mich interessierenden Frage gebildet habe, solange festhalten, als ich nicht eines Besseren belehrt werde. Aber subjektives Fürwahrhalten und objektive Gültigkeit, nämlich das Einsehen einer Wahrheit als solcher vermittels bestmöglicher Beweisgründe, sind zweierlei. Aus Erkenntnissicht sind bloße Meinungen immer zugleich unzureichend begründete Überzeugungen, denen mit Skepsis zu begegnen ist. Zureichend begründeten wahren Meinungen wäre dann freilich der Status von Erkenntnissen nicht abzusprechen. Auch nach *G. W. Leibniz* verdient die Meinung den Namen der Erkenntnis dann, wenn man angeben kann, daß den Umständen oder Gründen, die für sie sprechen, ein höherer Grad an Wahrscheinlichkeit zukommt als alternativen Umständen oder Gründen. (*Leibniz, G. W.,* Neue Abhandlungen über den menschlichen Verstand, 4. B., Kap. 2, § 14*).

Was unter einer zureichenden Begründung zu verstehen ist, darüber ist man sich in der Geschichte der Philosophie und Wissenschaft nicht immer einig gewesen. Nach Auffassung von *Leibniz* sind in der Frage nach den Kriterien einer zureichenden Begründung zwei Arten von Wahrheiten zu unterscheiden: Vernunftwahrheiten und Tatsachenwahrheiten (Vérités de Raisonnement et Vérités de Fait). Erstere „sind notwendig, und ihr

* Allerdings fehle es, wie *Leibniz* bedauernd hinzufügt, der Logik (seiner Zeit) an Untersuchungsmöglichkeiten der Wahrscheinlichkeitsgrade.

Gegenteil ist unmöglich" *(Leibniz, G. W.,* Monadologie, 33). Notwendige Wahrheiten, so meint *Leibniz,* finden sich in der Arithmetik und in der Geometrie oder in der Logik, „die eine unzweifelhafte Verknüpfung der Ideen und unfehlbare Folgerungen herstellen" *(Leibniz, G. W.,* Vernunftsprinzipien, 5). Eine derartige Wahrheit hat analytischen Charakter, d. h. ihre Gültigkeit läßt sich allein „durch Analyse finden, indem man sie in einfachere Ideen und Wahrheiten auflöst, bis man zu den ursprünglichen kommt" *(Leibniz, G. W.,* Monadologie, 33). Ursprüngliche Wahrheiten haben axiomatischen Charakter und können nicht bewiesen werden bzw. bedürfen gar keines Beweises *(Leibniz, G. W.,* Monadologie, 35).

Ganz anders die Tatsachenwahrheiten, die keineswegs notwendig, sondern zufällig sind *(Leibniz, G. W.,* Monadologie, 33). D. h. sie sind erklärungsbedürftig in dem Sinne, daß man sich, um ihre Gültigkeit einsehen zu können, nicht nur auf ein allgemeines Kausalitätsprinzip, sondern zugleich auf nähere, aus der Erfahrung gewonnene, Kausalgesetze stützen muß.*

Leibniz' Unterscheidung von Vernunft- und Tatsachenwahrheiten bzw. die damit verbundenen verschiedenen Begründungsniveaus oder -ansprüche sind hier nur ein Beispiel dafür, daß eine, Wissenschaften und Philosophie übergreifende, gemeinsame Vorstellung davon, nach welchen Kriterien eine Begründung als zureichend einzustufen ist, schwerlich zu gewinnen sein dürfte. Vielleicht lassen sich gewisse Minimalkriterien angeben – wie das *Kamlah/Lorenzen* versuchen, wenn sie die drei Kriterien der gemeinsamen, geregelten Sprache, der Sachkundigkeit und der Vernünftigkeit anführen**. Diese Kriterien, die gewiß eingehenderer Erläuterung und Präzisierung bedürften, müssen ihrer Ansicht nach erfüllt sein, damit gesagt werden kann, eine Erkennt-

* Daß *Leibniz* auch innerhalb der Klasse der Tatsachenwahrheiten eine Unterklasse von ursprünglichen Tatsachenwahrheiten bildet, zu denen er die unmittelbaren inneren Erfahrungen (Empfindungen) rechnet, wozu seiner Ansicht nach *Descartes':* „Ich denke, also bin ich", d. h. ich bin ein Wesen, das denkt, gehört, bleibt hier unberücksichtigt. Vgl.: *Leibniz, G. W.* Neue Abhandlungen über den menschlichen Verstand, 4. B., Kap. 2, § 1

** *Kamlah, W./Lorenzen, P.,* Logische Propädeutik. Vorschule des vernünftigen Redens. Revidierte Ausgabe. Mannheim 1967, 118ff.

nis sei als wahr einzusehen oder zu begründen. Die Forderung nach zureichender Begründung, die wir an Erkenntnisse ob ihres Wahrheits- und Gültigkeitsanspruches anlegen, hängt nicht zuletzt mit dem Selbstverständnis der jeweiligen Wissenschaft, mit ihren Exaktheitsforderungen und methodischen Möglichkeiten, zusammen.*

Wir müssen noch einmal auf die Unterscheidung Kenntnis – Erkenntnis zurückkommen. Sie führte zu der Behauptung, jeder Erkenntnis liege jeweils eine Kenntnis bereits voraus. Diese Behauptung, zumal wenn in bezug auf Kenntnisse von sinnlicher Evidenz gesprochen wird, ist nicht unproblematisch. Sie könnte uns nämlich zu der Annahme verführen, wir hätten über die unseren Sinnen zugängliche Außenwelt durch Sinneseindrücke unmittelbare Kenntnis. Die Auffassung, alles erfahrungshaltige Wissen gründe letztlich in unmittelbaren Sinneseindrücken, hinter die nicht zurückgefragt werden könne, galt als wichtiger Bestandteil sensualistisch-positivistischer Überzeugungen. Alle erfahrungsbezogenen Aussagen, seien sie noch so komplex, wie z. B. allgemeine Gesetzesaussagen, sollen danach ihre Gültigkeit aus solchen Aussagen bzw. elementaren Sätzen ableiten, die sich auf einfache Sinneseindrücke vom Typ: hier – jetzt – dies . . . beziehen.

Nun trifft es zu, daß das hier und jetzt wahrgenommene Objekt als ein Komplex von Sinneseindrücken aufgefaßt werden kann. Dabei kann für mich ein Sinneseindruck herausragen, wie z. B. die Rauhheit des Steines oder die Härte des Eises, so daß mit ihm das Objekt für mich da ist oder verschwindet. Aber es kommt, wenn ich etwas gegenständlich wahrnehme, ein Wissen hinzu, das nicht Produkt des gerade gegenwärtigen Sinneseindruckes sein kann. Z. B. verbindet sich mit dem Eindruck der Rauhheit des Steines die Vorstellung seiner Verwittertheit durch langjährige klimatische Einflüsse. Das Wissen um die Verwittertheit des Steines stammt wiederum aus früheren Wahrnehmungen. Kann man also annehmen, daß jedwedes Wissen, das wir im Zusammenhang mit Wahrnehmungen bzw. mit der Bestimmung von Wahrnehmungsobjekten in Anspruch nehmen, seinerseits aus Wahrnehmungen stammt?

* Auf das Begründungspostulat und seine Problematisierung durch *H. Albert* wird noch im Zusammenhang mit der Darstellung des Rationalismus zurückzukommen sein.

Diese Annahme macht den Eindruck eines Zirkels. Man könnte dem allerdings dadurch zu begegnen suchen, daß man den Zeitfaktor hervorhebt: Das im Zusammenhang gegenwärtiger Wahrnehmungen bzw. bei der Bestimmung von Wahrnehmungsobjekten in Anspruch genommene Wissen entstammt jeweils zeitlich früheren Wahrnehmungen. Gehen wir nun aber in der Reihe der Erfahrungen und Sinneseindrücke immer weiter zurück, dann müssen wir, wollen wir einen Zirkel vermeiden, eine Anfangserfahrung in Anspruch nehmen, die nicht als bloß einmalig-momentaner Sinneseindruck angenommen werden kann.* Dieser Anfangserfahrung müßte etwas (an Wissen) hinzugefügt sein, wenn sie über ihre pure Präsenz hinaus mit noch nicht gegenwärtigen Erfahrungen in Beziehung treten können soll. Der „erste Sinneseindruck“ – als bloßer Moment – kann nicht von sich aus in ein Verhältnis zu anderen möglichen Sinneseindrücken treten (Vgl. *Kulenkampff, A.*, 1973, 403). Der Sinneseindruck als solcher ist mir – hic et nunc – präsent oder nicht. Als Bestandteil meiner Erfahrung – und nur in dieser komplexen Verbindung wird er mir eigentlich bewußt – kann er in meiner Erinnerung haften bleiben und tritt jedenfalls in Beziehung zu anderen Sinneseindrücken. Aber Erfahrung ist dann eben nicht bloße Summe von Sinneseindrücken, sondern ein zugleich der Aktivität des Bewußtseins sich verdankendes, geordnetes Ganzes. Der erste Sinneseindruck, den ich hätte, würde entweder bloßer Moment sein und wäre dann wieder verschwunden, oder er wäre Bestandteil meiner Erfahrung und damit auch schon mehr als ein bloß momentaner, vereinzelter Sinneseindruck.

Danach kann von Kenntnis, wenn wir daran festhalten, daß sie der Erkenntnis vorgelagert ist, nicht nur i. S. sinnlicher Evidenz die Rede sein. Vielmehr muß es auch andere Arten von Kenntnissen geben.

* Der Ausdruck „Erfahrung“ ist umgangssprachlich umfassender als der der Wahrnehmung. Z.B. umfaßt „Erfahrung“, als Erinnerung, auch Vergangenes, während ich in der Wahrnehmung ausschließlich auf gegenwärtige Erscheinungen bezogen bin. Danach kann „Erfahrung“ als Synonym für „Wahrnehmung“, nicht aber umgekehrt „Wahrnehmung“ für „Erfahrung“ benutzt werden. Mögliche philosophische Unterscheidungen der beiden Ausdrücke, wie sie z. B. *Kant* vornimmt, sind hier ohne Belang.

** *Russell, B.*, Probleme der Philosophie, Frankf./M. 1967, 81 ff.; vgl. dazu auch *Kulenkampff, A.*, 1973, 403

Nach *B. Russell*** zählt nicht allein das Partikulare – wie die Sinnesdaten: Farb-, Geschmacks-, Geräuschempfindungen und andere, sowie gewisse Daten der Introspektion – sondern auch das Universale zum Bereich des Kennens. *Russell* bemerkt, daß „alle Wahrheiten Universalien (enthalten) und jede Erkenntnis von Wahrheiten . . . die Bekanntschaft mit Universalien voraus(setzt)" *(Russell, B.,* 1967, 83). Die Auffassung, daß wir gewisser Allgemeinbegriffe immer schon bedürfen, wenn wir uns – mit *Leibniz* zu sprechen – auf Tatsachenwahrheiten beziehen, ist für die Auseinandersetzung mit dem Empirismus von Belang, und sie ist auch kennzeichnend für *Kants* Erfahrungstheorie. Darauf wird zurückzukommen sein.

1.3 Gewißheit, Zweifel, Erkenntnis

Es sind nunmehr noch die Ausdrücke Gewißheit und Zweifel in Beziehung zu setzen zum Erkenntnisbegriff.

Der Ausdruck Gewißheit begegnet uns zumeist in Verbindung mit dem des Wissens. Nach *Aristoteles* kann von Wissen im strengen Sinne nur dann die Rede sein, wenn der Grund erkannt wird, warum etwas so ist wie es ist und wenn man die Gewißheit hat, daß es nicht anders sein kann.* Derartig begründetes Wissen gewinnt man nach *Aristoteles* durch Beweise, durch Deduktionen aus wahren Prämissen. Solche Prämissen, insofern sie selbst nicht wiederum deduziert sind, haben den Charakter (selbst-)evidenter Prinzipien, die allen Beweisen zugrunde liegen, ohne selbst beweisbar zu sein. Nach *Aristoteles* sind die Prämissen das für uns Frühere und Bekanntere. Früher und bekannter kann freilich auch jeweilig

* *Aristoteles,* Lehre vom Beweis oder Zweite Analytik, insbes. Erstes Buch, Kap. 1–3. Grund heißt bei *Aristoteles* dasjenige, was die Warum-Frage beantwortet *(Höffe, O.,* Einführung in die Zweite Analytik, 1976, XX). Aristoteles unterscheidet vier Typen von Gründen bzw. Ursachen: „eine, der die Frage gilt: was ist es? eine, was muß sein, wenn notwendig dieses sein soll? eine andere, was bewegt zuerst? und die vierte, weswegen?" (Zweite Analytik, 94a 20–24). Nur die Frage nach dem „Grund" der Bewegung zielt auf dasjenige, was wir Ursache nennen. Insofern ist es, in bezug auf die aristotelische Unterscheidung, irreführend, von einer Vier-Ursachen-Lehre zu sprechen. Vielmehr handelt es sich dabei um „Klassen des Warum-Fragens" bzw. „Typen des Begründens" *(Höffe, O.,* Einf., 1976, XXf.).

dasjenige für uns sein, das wir aus der Sinneswahrnehmung kennen. Prinzipien im engeren Sinne heißen bei *Aristoteles* jedoch jene Prämissen, die uns ob ihrer größeren Allgemeinheit bekannter sind (Zweite Analytik, 71b 30–72a 5). Wissen, daß etwas nicht anders sein kann, als es ist, heißt zu wissen, daß etwas notwendigerweise so ist, wie es ist, bzw. daß etwas, nämlich das (gewiß) Gewußte, notwendig wahr ist.* Es wurde schon darauf hingewiesen, daß *Leibniz* solche notwendige Wahrheiten als Vernunftwahrheiten bezeichnet. Schlußfolgerungen z. B. sind notwendig wahr dann und nur dann, wenn ihre Prämissen wahr sind und wenn in korrekter Weise aus diesen geschlossen wurde. Als notwendig wahr mag uns auch das mathematische Urteil einleuchten, daß die Winkelsumme im Dreieck 180 Grad beträgt. Wir stimmen derartigen Urteilen uneingeschränkt zu, weil wir sie als wahr einsehen, und ihre Wahrheit ist in dem Falle das einzige Motiv für unsere Zustimmung. Zur uneingeschränkten Zustimmung gehört selbstverständlich, daß alle Gegengründe, die der Zustimmung entgegenstehen könnten, mit der eingesehenen Wahrheit des Urteils ausgeräumt sind.

Nun könnte man mit *Aristoteles, Leibniz* oder *Descartes,* der, wie noch zu zeigen sein wird, Gewißheit und Wahrheit aneinander zu knüpfen sucht, dahingehend übereinkommen, als Gewißheit nur jene feste Zustimmung zu einer Überzeugung gelten zu lassen, die allein durch zweifelsfreie Begründung motiviert ist. Und es trifft ja jedenfalls zu, daß Überzeugungen, deren sachliche Begründetheit wir eingesehen haben, uns als Wahrheiten auch gewiß sind.

Andererseits ist es aber eine Erfahrungstatsache, daß nicht selten Überzeugungen für gewiß gehalten werden, deren Wahrheitsanspruch nicht entsprechend begründet ist. Es gibt offenbar noch andere Motive, einer Überzeugung zuzustimmen als die Einsicht in ihre Wahrheit. Nicht zuletzt dieser Umstand mag die Vertreter des kritischen Rationalismus veranlaßt haben, die Möglichkeit einer Rückbindung der Erkenntnis an Gewißheit zu bestreiten.**

* Was hier „notwendig" heißt, erläutert *Aristoteles* im vierten Kapitel des 1. Buches der Zweiten Analytik. Letztlich kann ein Wissen notwendig/apodiktisch nur sein, wenn es aus dem evidenten Allgemeinen deduziert ist.

** Der kritische Rationalismus ist eine von *K. Popper* begründete Erkenntnisphilosophie und Wissenschaftsauffassung *(Popper, K.,* 1969; Vorwort). Eifriger Befürworter dieser Richtung ist *H. Albert* (1968). Nach *Albert* sind für den kritischen Rationalismus drei Züge charakteristisch

Gewißheit und Sicherheit sind nach *Popper* etwas bloß Subjektives, Glaube oder Gefühl. Wir müssen nach *Popper* zweierlei unterscheiden*: die Gewißheit oder Sicherheit über die Wahrheit oder Falschheit eines Satzes und die Tatsache, daß ein Satz wahr oder falsch ist. *Popper* hat, wenn er von der Wahrheit oder Falschheit eines Satzes spricht, den klassischen Wahrheitsbegriff vor Augen, der von *Thomas von Aquin* im Sinne einer Angleichung von Sache und Verstand (Adäquatio rei et intellectus) bzw. als ein Zutreffen unseres Wissens auf die Sache bestimmt wurde (Quaestiones disputatae de veritate, q.1.a.1). Wahr ist danach ein Satz, wenn er mit den Tatsachen übereinstimmt. Nun könnte freilich ein Satz, wie *Popper* meint, mit den Tatsachen übereinstimmen, ohne daß wir dieses zu beweisen vermöchten. Und es könnte Sätze geben, im Hinblick auf die wir prinzipiell nicht zu entscheiden vermöchten, ob sie mit den Tatsachen übereinstimmen. Solche Unentscheidbarkeit (der Wahrheit von Sätzen) trifft nach *Popper* für universelle Theorien zu, die deshalb einen prinzipiell hypothetischen Charakter haben. Zwar können sie wahr sein (mit den Tatsachen übereinstimmen), aber es ist nicht entscheidbar, ob sie wahr sind. Wenn universelle Theorien zwar nicht verifizierbar sind, so sind sie nach *Popper* doch falsifizierbar, mit Bezug auf einen beobachtbaren Vorgang bzw. den entsprechenden deskriptiven Basissatz widerlegbar. *Popper* spricht hier von einer „Asymmetrie zwischen Verifizierbarkeit und Falsifizierbarkeit“ *(Popper, K.,* 1969, 15).

* *Popper, K.*, Die beiden Grundprobleme der Erkenntnistheorie. Hg. v. *Troels Eggers Hansen,* Tübingen 1979, Einl.

(Albert, H., 1982, 6–19): der Fallibilismus, ein methodischer Rationalismus, ein kritischer Realismus.

Der Fallibilismus geht nach *Albert* von der prinzipiellen Fehlbarkeit der menschlichen Erkenntnis aus und ersetzt die Forderung (des klassischen Rationalismus) nach sicherer Begründung durch die Idee permanenter Kritik. Problemlösungen, so meint der kritische Rationalismus, sind nicht sicher begründbar, wohl aber – i. S. eines methodischen Rationalismus – kritischer Prüfung auszusetzen, derart, daß die der Prüfung standhaltende Lösung jeweils den anderen Lösungen vorgezogen werden kann.

Als kritischer Realismus sieht der kritische Rationalismus als Ziel der Erkenntnis die Erfassung bzw. Darstellung der in ihrer Struktur vom Erkenntnissubjekt unabhängigen Wirklichkeit an.

Wir brauchen diesen Gedanken *Poppers,* der freilich näherer Überprüfung bedürfte, an dieser Stelle nicht weiter zu verfolgen. Wichtig ist hier die aus den voranstehenden Überlegungen für den Zusammenhang von Gewißheit und Erkenntnis sich ergebende Konsequenz.

Wenn es richtig ist, daß wissenschaftliche, universelle Theorien nicht verifizierbar sind, dann können wir uns ihrer Wahrheit prinzipiell nicht gewiß sein – und seien sie auch noch so bewährt. Vielmehr könnte die mit der Begründetheit und Bewährung der Theorien einhergehende Gewißheit die Bereitschaft lähmen, unsere Überzeugungen bzw. Theorien immer wieder der Überprüfung und damit der Gefahr ihrer Widerlegung auszusetzen. Die Wahrheitssuche hat sich, so betrachtet, vom Gewißheitsstreben abzukoppeln. Zumindest sind Gewißheiten i.S. subjektiver Zustimmungsbereitschaften keine Garanten der Wahrheit unserer Überzeugungen.

Es läge danach nahe, einen besseren Ratgeber des Erkenntnis- wie Wahrheitsstrebens zu suchen und diesen im Zweifel zu sehen. Soll der Zweifel in ein positives Verhältnis zur Erkenntnis gesetzt werden, dann kann er freilich nicht im Sinne spontan-unwillkürlicher Ungläubigkeit aufgefaßt werden. Der Zweifel kann vielmehr durchaus Ausdruck gründlicher Orientierungsversuche und Überlegungen sein, und nur dann ist er auf (die Möglichkeit wahrer) Erkenntnis bezogen. Eine Erkenntnis ist, wie wir sagten, eine auf den betreffenden Sachverhalt zutreffende bzw. als zutreffend oder wahr eingesehene Überzeugung. Wann sprechen wir, in bezug auf eine Überzeugung, von einem Zweifel? Wir tun dies dann, wenn die Gründe, die für und gegen eine Überzeugung sprechen, gleichwertig sind und die Überzeugung sozusagen in der Schwebe halten. Der Zweifel in diesem Sinne ist prinzipiell auf Gründe, durch die wir die Wahrheit einer Überzeugung überhaupt einzusehen vermögen, bezogen; in ihm ist implizit geurteilt über das Ungenügen der vorliegenden Gründe, eine Entscheidung für oder gegen die betreffende Überzeugung herbeizuführen (vgl. dazu *Vries, J. de,* 1980, 163). Sobald das Pendel der Gründe sich zu einer Seite zu neigen beginnt, besteht die Chance, den Zweifel zu überwinden, wobei die Überwindung erst vollzogen ist, wenn die objektiv gültige Erkenntnis an die Stelle des Zweifels getreten ist. Solange nur bloße Vermutungen oder Meinungen für die Annahme einer Überzeugung sprechen, behält der Zweifel seine Berechtigung. Dies hat *Descartes,* der den Zweifel als den Weg zur Erkenntnis beschreibt, richtig gesehen.

Der auf die Erkenntnis, auf die Möglichkeit von Wahrheit und Feststellung von Wahrheit bezogen bleibende Zweifel hat freilich nichts zu tun mit totaler Skepsis. Der radikale Skeptiker schottet seine Zweifelshaltung gegen die Möglichkeit der Erkenntnisgewinnung prinzipiell ab; für ihn sind alle Gründe, die uns die Wahrheit einer Überzeugung einsehen lassen könnten, von vornherein dadurch entwertet, daß ihnen, sofern man nur intensiv und lange genug danach sucht, Gegengründe entgegengestellt werden könnten. Der Anspruch auf Allgemeingültigkeit und Verbindlichkeit, den wir mit der Vorstellung von Erkenntnis verbinden, ist nach solcher Skepsis, die wir besser als Skeptizismus bezeichnen, prinzipiell nicht einlösbar. *Pyrrhon von Elis* (360–270 v. Chr.) fordert infolgedessen, alle Auffassungen, die eigenen eingeschlossen, sollten einem gleich-gültig sein; nicht einmal als wahrscheinlich dürfe man sie behaupten. Es komme vielmehr nur die Urteilsenthaltung, Epoché, in Betracht mit dem Ziel der Ataraxie, geistiger Unerschütterlichkeit und Ungestörtheit, oder auch: Gleichgültigkeit. In seinem Referat über die pyrrhonische Skepsis führt *Sextus Empiricus* als erstes Argument das „aus dem Widerstreit" an, das besagt, „daß wir über den vorgelegten Gegenstand einen unentscheidbaren Zwiespalt sowohl im Leben als auch unter den Philosophen vorfinden, dessentwegen wir unfähig sind, etwas zu wählen oder abzulehnen"; daher – so meint *Pyrrhon* – sei Zurückhaltung, Urteilsenthaltung, vonnöten.*

Nun trifft es zweifellos zu, daß man beim Studium philosophischer Lehren nicht selten den Eindruck gewinnen kann, die Überzeugungen der Philosophen höben sich gegenseitig auf. Man kann diesen Eindruck nur dadurch überwinden, daß man sich in eigenem Nachdenken auf den mühsamen Weg der Überprüfung der philosophischen Lehrmeinungen macht, wobei man diese weder als wahr voraussetzen noch davon ausgehen kann, sie seien falsch.**

* *Sextus Empiricus*, Grundriß der pyrrhonischen Skepsis. Einleitg. u. übers. v. *M. Hossenfelder,* Frankf./M. 1968, 130

** *Spaemann, R.,* Der Streit der Philosophen, in: *Lübbe, H.* Hrsg., Wozu Philosophie? Stellungnahmen eines Arbeitskreises, Berlin – New York 1978, 97–106

Was aber die pyrrhonische Haltung der Ataraxie betrifft, so wird sie demjenigen, der sie einnimmt, gerade nicht gleichgültig sein. Und als rationale Position ist der Skeptizismus, wegen seiner Selbstwidersprüchlichkeit, schon gar nicht vertretbar; denn der Skeptiker glaubt zu wissen, daß wir nichts wissen können. Gleichgültigkeit gegenüber den Wahrheitsansprüchen unserer und anderer Überzeugungen kommt als rationale Haltung nicht in Betracht. Ein gemäßigter Standpunkt der Skepsis dagegen läßt sich sehr wohl vertreten. Er hält an dem Bewußtsein fest, daß unsere Erkenntnismöglichkeiten nur allzu oft beschränkt sind und daß wir unserer Erkenntnisse in aller Regel nicht gewiß sein können, insofern wir ja nicht alle möglichen Gegengründe kennen. Ein gemäßigter skeptischer Standpunkt ist von Philosophen immer wieder eingenommen worden, so u. a. von *R. Descartes* oder von *D. Hume*. Bei allem Wissen um die Fragwürdigkeit und Bezweifelbarkeit unserer Erkenntnisse bzw. der Grundlagen unserer Erkenntnisse haben sie die Selbstwidersprüchlichkeit eines radikalen Skeptizismus durchschaut.

Wir fassen das bisher über den Erkenntnisbegriff Gesagte stichwortartig zusammen.

Unter einer Überzeugung verstehen wir ein oft intuitiv, unwillkürlich zustande gekommenes, mehr oder weniger kenntnisreiches und begründetes Wissen.

Eine Meinung ist eine Überzeugung, die sich auf möglicherweise unzutreffende Kenntnisse und unzureichende Gründe stützt.

Dagegen ist eine Erkenntnis – als objektiv gültiges Wissen – eine in zutreffenden bzw. als zutreffend bestätigten Kenntnissen und in (zureichenden) Beweisgründen fußende, insofern als wahr eingesehene Überzeugung.

Mit der Wahrheit einer Überzeugung braucht die Gewißheit dieser Überzeugung keineswegs parallel zu gehen. Es kommt nicht selten vor, daß Überzeugungen als gewiß – im Sinne subjektiver Zustimmungsbereitschaft – angenommen oder vertreten werden, deren Wahrheit fraglich ist. Den Zweifel dagegen können wir als Standpunkt überlegter Ungewißheit ansehen, der solange festzuhalten ist, bis bestimmte Gründe oder Gegengründe beigebracht sind, die uns eine eindeutige Stellungnahme zu der betreffenden Überzeugung ermöglichen.

2. Das Erfordernis einer Philosophie der Erkenntnis

Nachdem wir im ersten Abschnitt ein gewisses Maß an Klarheit darüber erlangt haben, was unter Erkenntnis verstanden sein soll, stellt sich uns nun die Frage, welche näheren Vorstellungen und Probleme sich für uns mit dem Titel einer Philosophie der Erkenntnis verknüpfen, bzw. ob überhaupt und in welchem Sinne eine derartige Philosophie erforderlich ist.

2.1 Zum Verhältnis philosophischer und einzelwissenschaftlicher Erkenntnis

Es wurde bereits darauf hingewiesen, daß Erkenntnis nicht einfach mit wissenschaftlicher Erkenntnis gleichzusetzen ist. Wir können mit einigem Recht auch von einer alltäglichen oder vorwissenschaftlichen Erkenntnis sprechen, die im Dienste alltäglicher Lebensbewältigung steht.

Ein praktisches Interesse an verbesserter Bewältigung unserer Lebensprobleme, an der Steuerung unserer Daseinsbedingungen und der Beseitigung von Hindernissen, die die Erhaltung oder Entwicklung unseres Lebens gefährden, leitet auch die (Erfahrungs-)Wissenschaften.

Bei ihnen tritt jedoch neben das praktische ein theoretisches Erkenntnisinteresse, ein Interesse an Wahrheitszusammenhängen. Sie betrachten die Dinge und Beziehungen zwischen den Dingen nicht allein unter dem Gesichtspunkt ihrer Brauchbarkeit und Verwertbarkeit für den Menschen, vielmehr wollen sie die Wirklichkeit in ihrem inneren Aufbau und ihrer eigenen Dynamik kennenlernen, um des auf die Wirklichkeit selbst zutreffenden Wissens, um der Wahrheit willen, mit *Wittgenstein* zu sprechen: um zu wissen, „was der Fall ist“*.

Das Interesse an einem Wissen dessen, „was der Fall ist“, kann allerdings nur für die Wissenschaften leitend sein, die Feststellungen über das unseren Sinnen prinzipiell zugängliche Seiende zu

* *Wittgenstein, L.,* Tractatus logico-philosophicus. Logisch-philosophische Abhandlung, Frankf./M. 1963, Nr. 1

treffen und zu rechtfertigen vermögen, d.s. die Real- oder Erfahrungswissenschaften. Sie sind darauf aus, Erkenntnisse über einen bestimmten Bereich der Wirklichkeit zu gewinnen und unter einer bestimmten Rücksicht systematisch zu ordnen *(Keller, A.,* 1982, 40).

Es lassen sich innerhalb der Realwissenschaften zwei Gruppen von Wissenschaften unterscheiden: die Natur- und Kulturwissenschaften. Erstere untersuchen die dem Menschen vorgegebene, „in ihren Abläufen und funktionalen Zusammenhängen durch Gesetze beschreibbare Natur", letztere die „durch menschliches Handeln erst aufgebaute und aufzubauende Kultur"*. Zu den Kulturwissenschaften gehören Geschichts- und Sozialwissenschaften, Sprach- und Literaturwissenschaften.

Den Real- oder Erfahrungswissenschaften gegenüber stehen die Formal- oder Strukturwissenschaften, wie z.B. die Mathematik und Logik oder die Informations- und Systemtheorie. Ihre Gegenstände sind nicht sinnlich erfahrbare Wirklichkeitsbereiche, sondern formale Momente, Relationen und Regeln. Unter Struktur (lat.: struere = aufbauen, errichten) verstehen wir das innere Formgefüge eines Ganzen, das Bezugs- und Regelsystem, das den Aufbau eines komplexen Zusammenhanges überhaupt erst ermöglicht und die Elemente ordnend zu einem Ganzen zusammenfügt. Der Erkenntnisse der Formal- oder Strukturwissenschaften bedienen sich auch die Real- oder Erfahrungswissenschaften. Die Naturwissenschaften beispielsweise können sich ihrer eigenen Erkenntnisse nicht versichern, ohne diese mathematisch auszudrücken und aufeinander zu beziehen. Und alle Wissenschaften bedienen sich gewisser Verfahren der Begriffsbildung und Definition oder der Urteilsbildung und Deduktion, die in der formalen Logik eigens untersucht und entwickelt werden. Die Logik versieht die Wissenschaften mit jenen formalen Mitteln, die diesen den Aufbau ihrer Einzelerkenntnisse zu einem Erkenntnissystem oder Theoriezusammenhang überhaupt erst ermöglichen.

Was nun ist kennzeichnend für die philosophische Erkenntnis im Unterschied zur einzel-(real- oder formal-)wissenschaftlichen? Wir wollen das an einem Beispiel erläutern. Es handelt sich dabei um

* *Schwemmer, O.,* Theorie der rationalen Erklärung. Zu den methodischen Grundlagen der Kulturwissenschaften. München 1976, 15

den Titelbegriff des heute besonders umstrittenen Gebietes der Anthropologie.

Den Ausdruck Anthropologie kann man im Sinne einer Sammelbezeichnung für alle Wissenschaften auffassen, die sich unter einer bestimmten Rücksicht mit dem Menschen befassen, seinen leiblichen, psychischen oder geistigen Eigenschaften, seinen Beziehungen zur Um- und Mitwelt, seiner stammesgeschichtlichen oder individuellen Entstehung und Entwicklung, der räumlichen und zeitlichen Verteilung und Gliederung der Menschheit über die Erde u.a.m. Betroffen sind hier zahlreiche Natur- und Kulturwissenschaften, wie etwa Abstammungs- und Vererbungslehre, Verhaltensforschung und Psychologie, Ethnologie und Kulturforschung. Jede anthropologische Einzelwissenschaft vergegenständlicht den Menschen unter bestimmten methodischen und forschungsmäßigen Gesichtspunkten; so z. B. wird die Struktur des menschlichen Gehirns untersucht, oder man erforscht diesen oder jenen Aspekt menschlichen Sozialverhaltens, wie etwa die Aggressivität, oder man deutet nach gewissen Interpretationsregeln Dokumente, die uns über die vergangene Geschichte Auskunft geben.

Die anthropologischen Einzelwissenschaften sind Erfahrungswissenschaften. Das besagt nicht, sie gelangten allein aus und durch Erfahrung zu Erkenntnissen über ihre Gegenstände. Vielmehr bestimmen sich ihre Gegenstände mit Hilfe der Theorie; dies deckt sich mit dem als „Vergegenständlichung" (des Menschen) nach bestimmten Gesichtspunkten bezeichneten Sachverhalt. Freilich hat die Theorie sich dann wieder an der gegenständlichen Erfahrung zu bewähren. Die Vorstellung, in der Erfahrungswissenschaft führe eine Einbahnstraße von den Phänomenen oder Tatsachen zu den Gesetzmäßigkeiten und theoretischen Erkenntnissen, ist eine unhaltbare Vereinfachung. Um die Phänomene und Tatsachen als zu dem bestimmten Gegenstandsgebiet gehörig überhaupt ausmachen zu können, bedarf es zuvor der Ausgrenzung des betreffenden Gegenstandsbereiches und eines bestimmten Instrumentariums zur Fixierung und Deutung der zu ihnen zählenden Phänomene, wozu nicht zuletzt die betreffende Fachsprache gehört. Nur aus einem derart theoretischen Zusammenhang heraus gelangt eine Wissenschaft zu einem Erfahrungswissen. Diese Überlegung ist auch im Zusammenhang der Auseinandersetzung mit dem Empirismus von Belang. Denn im Ausgang von ihr erweist sich jene traditionelle, empiristische wie positivistische Vorstellung als unhaltbar, es gebe so etwas wie reine Empirie und theoriefreie Daten, von denen alle Theoriebildung im empirischen Bereich ihren Ausgang nehme. Demgegenüber ist klarzustellen, daß auch und gerade das Tatsachenwissen theoriegeprägt ist.

Im Hinblick auf die Beantwortung der Frage, wer oder was der Mensch sei, zweifelt die Philosophie an der ausschließlichen Zuständigkeit der Einzelwissenschaften vom Menschen. Dieser Zweifel führt zu einer philosophischen Anthropologie, die davon ausgeht, daß das menschliche Sein sich im Rahmen der von den Einzelwissenschaften zu leistenden Vergegenständlichung nicht zur Gänze erfassen läßt. Sie legt dabei die traditionelle philosophische Unterscheidung von Wesen und Erscheinung zugrunde. Unter Wesen verstehen wir diejenigen Merkmale einer Sache, die die Sache als solche und zu einer solchen bestimmen – im Unterschied zur anderen Sache. *Thomas von Aquin* bezeichnet als Wesen (der Sache) dasjenige, was durch ihre Definition ausgedrückt ist*, d. s. diejenigen Bestimmungsmerkmale einer Sache, ohne die sie letztlich gar nicht zu denken und näherhin zu kennzeichnen ist. Unter Erscheinung (der Sache) dagegen ist dasjenige und nur dasjenige zu verstehen, was (von der Sache) unserer Wahrnehmung gegenständlich vorliegt, was unserer Erfahrungserkenntnis zugänglich ist.

Legen wir die Differenz von Wesen und Erscheinung an das Thema „Mensch" an, dann ist daran zu zweifeln, ob die Frage, wer oder was der Mensch ist, mit der Beschreibung seiner gegenständlichen Erscheinungen, z. B. seiner leiblichen Gestalt oder seiner kulturell-historischen Ausprägungen, in toto beantwortet ist. Gewiß, jeder Versuch einer inhaltlichen Bestimmung menschlichen Seins ist auf die (gegenständlichen) Erscheinungsweisen dieses Seins bezogen, und eine zu weite Entfernung von der erfahrungswissenschaftlichen Basis liefe hier auf dogmatische Verengungen hinaus, wie sie uns in den traditionellen Menschenbildern begegnen. Umgekehrt aber scheint das Wesen des Menschen in den einzelnen bio-psychischen, sozialen und historischen Geprägtheiten nicht restlos aufzugehen. Z. B. kann der Mensch nicht allein als sozialhistorisches Produkt aufgefaßt werden. Es

* Essentia est id quod per definitionem significatur" *(Thomas v. Aquin,* Über das Sein und das Wesen. De ente et essentia, dt.-lat., hg. v. *R. Allers,* Frankf./M. und Hamburg 1959, VII)

gehört vielmehr zu seinem Wesen, nicht schon durch die Natur bestimmt, sondern geschichtlich bestimmbar zu sein. Und es gehört zu seinem Wesen, nicht in seinen sozialen Rollen aufzugehen, nicht bloß Mitglied dieser oder jener Gruppe und nicht bloßes Exemplar der Gattung Mensch zu sein. *Kant* nennt den Menschen das Wesen, das „in seiner Vorstellung das Ich haben kann", eine „Person", „d. i. ein von Sachen . . . durch Rang und Würde ganz unterschiedenes Wesen, selbst wenn er das Ich noch nicht sprechen kann . . ."*. Dies: die Ichhaftigkeit des Menschen, d.i. – gemäß *Kant* – der Mensch (seiner Anlage und Möglichkeit nach) als das freie Vernunftsubjekt, dies ist es, was wir aller näheren, gegenständlich faßbaren Eigenschaftlichkeit voraus, als das Wesen des Menschen ansehen. Freilich bedürfen die Ichhaftigkeit und Personalität, sollen sie keine leere Vorstellung bleiben, weiterer inhaltlicher Bestimmung, wie sie etwa in den Menschenrechten vorgenommen ist. Wir werden uns auf die Menschenrechte beziehen müssen, wenn wir die Personalität des Menschen mit näheren Prädikaten versehen wollen. Daran zeigt sich, daß Wesen und Erscheinung (des Menschen) nicht voneinander zu trennen, sondern in gegenseitigem Bezug zu sehen sind.

In unserem Zusammenhang soll der Ausdruck Wesen, der im übrigen als durchaus problematisch angesehen werden mag (vgl. *Keller, A.*, 1982, 32ff.) und hier auch nicht eingehend genug analysiert wurde, nur anzeigen, daß menschliches Sein in der Summe seiner Gegenständlichkeiten oder einzelwissenschaftlich aufgedeckten Befunde und Tatsachen nicht aufgeht. Dem Menschen ist sein Leben nicht nur gegeben, sondern – sofern wir ihn als freies Handlungssubjekt betrachten – vielmehr aufgegeben. *Heidegger* spricht vom Seinkönnen des (menschlichen) Daseins. „Das Dasein versteht sich selbst immer aus seiner Existenz, einer Möglichkeit seiner selbst, es selbst oder nicht es selbst zu sein." Es ist jenes „Seiende, dem es in seinem Sein um dieses selbst geht".**

* *Kant, I.*, Anthropologie in pragmatischer Hinsicht, hg. v. *K. Vorländer*, 7.A. Hamburg, PhB 44, 1980, 1. Buch, §.1

** *Heidegger, M.*, Sein und Zeit, 15.A., Tübingen 1979, 12; 42. Daß *Heidegger* im übrigen seine fundamentalontologische Betrachtungsweise gegen die Absichten einer philosophischen Anthropologie kritisch abzugrenzen sucht, sei hier nur am Rande vermerkt (vgl. *Fahrenbach, H.*,

Und *Habermas* bemerkt: „Das Sein des Menschen ist nicht abzutrennen von dem Sinn, zu dem er sich versteht."* Nicht zuletzt ist es die Frage nach der Sinnhaftigkeit unseres Daseins, danach, was für eine, durch alle Teilzwecke und -ziele hindurch sich erhaltende bzw. über sie hinausweisende Ausrichtung unser Leben hat, die das leitende Motiv einer philosophischen Anthropologie bildet. Darin zeigt sich auch, daß eine philosophische Anthropologie ohne praktisch-ethische Ausrichtung ihr eigenes Ziel verfehlen muß.

Am Beispiel der Beziehung von einzelwissenschaftlicher und philosophischer Anthropologie sollte der Unterschied von einzelwissenschaftlicher und philosophischer Erkenntnis(-suche) aufgezeigt werden. Jedoch, es steht zu befürchten, daß dieser Unterschied durch nur ein Beispiel und zumal durch ein so problematisches Beispiel nicht genügend verdeutlicht werden konnte. Wenn wir uns der oben vorgenommenen Charakterisierung von Real- oder Erfahrungswissenschaften und Formal- oder Strukturwissenschaften erinnern, dann zeigt sich allerdings, daß die philosophische Erkenntnis, was positiv auch darunter zu verstehen sei, weder zur einen noch zur anderen Gruppe zu zählen ist. Wir müssen die philosophische Erkenntnis als eine Erkenntnis eigener Art ansehen, als eine Erkenntnis, die weder unter den Typ alltäglicher noch unter die zwei Arten einzelwissenschaftlicher Erkenntnis fällt. Man könnte allerdings und gerade mit Bezug auf das angeführte Beispiel der Beziehung einzelwissenschaftlicher und philosophischer Anthropologie versucht sein, die einzelwissenschaftliche Erkenntnis als exaktes Wissen gegen die Unexaktheit philosophischer Erkenntnis(-bemühung) abgrenzen zu wollen. Was den Vorwurf mangelnder Exaktheit philosophischer Untersuchungen angeht, so läßt sich ihm mit *Wittgenstein* begegnen: „‚Unexakt', das ist eigentlich ein Tadel und ‚exakt' ein Lob. Und das heißt doch: Das Unexakte erreicht sein Ziel nicht so vollkommen wie das Exaktere. Da kommt es also auf das an, was wir ‚das Ziel' nennen. Ist es

* *Habermas, J.*, Artikel „Anthropologie", in: Das Fischer-Lexikon: Philosophie, hg. v. *A. Diemer/I. Frenzel*, Frankf./M., 1958, 19

Heidegger und das Problem einer „philosophischen" Anthropologie, in: Durchblicke. M. Heidegger zum 80. Geburtstag, hg. v. *V. Klostermann*, Frankf./M. 1970, 97–131).

unexakt, wenn ich den Abstand der Sonne von uns nicht auf 1 m genau angebe; und dem Tischler die Breite des Tisches nicht auf 0,001 mm? Ein Ideal der Genauigkeit ist nicht vorgesehen; wir wissen nicht, was wir darunter verstehen sollen – es sei denn, du selbst setzt fest, was so genannt werden soll . . ." (Philos. Unters. I, Nr. 88). Und schon *Aristoteles* bemerkt an einer Stelle seiner Nikomachischen Ethik: „. . . der logisch geschulte Hörer wird nur insoweit Genauigkeit auf dem einzelnen Gebiet verlangen, als es die Natur des Gegenstandes zuläßt. Es ist nämlich genauso ungereimt, vom Mathematiker Wahrscheinlichkeiten entgegenzunehmen wie vom Rhetor denknotwendige Beweise zu fordern."*

Einer Bestimmung philosophischer Erkenntnis als Erkenntnis eigener Art liegt eine philosophische Theorie der Erkenntnis eigentlich schon zugrunde. Wir müssen deshalb zur Klärung des Begriffs der Erkenntnisphilosophie übergehen.

2.2 Begriff und Aufgabe der Erkenntnisphilosophie

Die Tatsache des Bestehens wissenschaftlicher Erkenntnisse ist nicht zu bezweifeln – es sei denn, es ließe sich zeigen, alle bis dato entwickelten wissenschaftlichen Erkenntnisse erwiesen sich als nicht haltbar. Ein derartiger Nachweis ist faktisch undurchführbar, abgesehen davon, daß er schon vom Ansatz her einen Selbstwiderspruch in sich birgt; denn der Nachweis der Unhaltbarkeit wissenschaftlicher Erkenntnisse wäre ja seinerseits eine (wissenschaftliche) Erkenntnis. Oder die Falsifikation einer Erkenntnis ist zugleich die Verifikation der Verneinung dieser Erkenntnis.

Jedoch läßt sich die Existenz wissenschaftlicher Erkenntnisse in dem Sinne hinterfragen, daß man fragt, was eine (wissenschaftliche) Erkenntnis zur Erkenntnis macht, welche Bedingungen erfüllt sein müssen, daß eine Überzeugung als Erkenntnis , i. S. objektiv gültigen Wissens, anzusehen ist.

Es läßt sich nach den Bedingungen der Möglichkeit gegenständlicher Erkenntnis fragen. Eben diese Frage stellt die Erkenntnisphilosophie.

* *Aristoteles,* Nikomachische Ethik, übers. v. *F. Dirlmeier,* Stuttgart 1980, 1094b, 23–27

Der Terminus Erkenntnisphilosophie wird hier dem traditionsreichen Terminus Erkenntnistheorie vorgezogen.* Auch andere philosophische Disziplinen betonen ihren Zusammenhang mit der fundamentalen Systematik der einen Philosophie, wenn sie das Wort Philosophie in ihrem Titel führen, so die Naturphilosophie, die Geschichts- und Sprachphilosophie oder auch die Wissenschaftsphilosophie.** Das gleiche kann und soll hier auch für die Erkenntnisphilosophie gelten.

Philosophische Untersuchungen der Erkenntnisproblematik erfolgen öfter auch unter dem Namen Erkenntnislehre. Jedoch gibt es neben philosophischen z.B. auch psychologische oder biologische Erkenntnislehren. Der Terminus Erkenntnislehre könnte danach als Obertitel aufgefaßt werden, unter dem Untersuchungen verschiedener wissenschaftlicher Disziplinen zu Fragen der Erkenntnis zusammengefaßt sind. Nicht ginge aus dem so verstandenen Titel Erkenntnislehre hervor, daß es sich bei den darunter angestellten Untersuchungen um philosophische Überlegungen handelt. Derartige Unsicherheiten entfallen bei dem Terminus Erkenntnisphilosophie.

Am Beispiel der Beziehung erfahrungswissenschaftlicher und philosophischer Anthropologie haben wir versucht, den Unterschied einzelwissenschaftlicher und philosophischer Erkenntnis aufzuzeigen. Dabei wurde auf die Unterscheidung von Wesen und Erscheinung Bezug genommen. Philosophie, so wurde gesagt, untersuche das Wesen, die innere Gestalt (Eidos) der fraglichen Sache. Freilich blieb dieser Charakterisierungsversuch der philosophischen Vorgehensweise unzureichend, und es ist also noch offen, wodurch philosophische Untersuchungen als solche gekennzeichnet sind.

* Zur Tradition des Terminus Erkenntnistheorie vgl. die Literaturhinweise bei *Rorty, R.:* 1984, 152f., Anm. 3 und 5. Wenn im Fortgang unserer Ausführungen einige Male der Ausdruck Erkenntnistheorie benutzt wird, dann im Zusammenhang mit einzelnen Zitaten und gleichbedeutend mit dem Ausdruck Erkenntnisphilosophie.

** Dieser Ausdruck findet sich z.B. in der dt. Übersetzung von *Theobald, D.W.:* An Introduction to the Philosophy of Science (Grundzüge der Wissenschaftsphilosophie, Stuttgart 1973). Allerdings erfolgen philosophische Untersuchungen der Wissenschaft im deutschen Sprachraum in aller Regel unter dem Namen der Wissenschaftstheorie.

Die Erkenntnisphilosophie stellt die (wissenschaftliche) Erkenntnis nicht de facto, sondern de jure in Frage. Sie gibt sich nicht zufrieden damit, daß unsere Erkenntnisbemühungen in betreff dieses oder jenes Gegenstandes oder Gegenstandsgebietes tatsächlich zum Erfolg führen, sie fragt danach, wie Erkenntnis von (beliebigen) Gegenständen überhaupt möglich ist. Diese Frage stellt eine Abkehr von der natürlichen Erkenntnisrichtung dar. Unser Erkennen ist nämlich zunächst und normalerweise „nach außen", auf die seienden Gegenstände gerichtet. „Wie das Auge läßt uns der Verstand alle anderen Dinge sehen und wahrnehmen, ohne doch dabei seiner selbst gewahr zu werden . . .", heißt es bei *John Locke* (Versuch, I, Einl.*). Dieses Nach-außen-Gerichtetsein, die Einstellung der intentio recta ist die des vorwissenschaftlichen Bewußtseins; sie ist, bis zu einem gewissen Grade, auch für die Einzel- und Erfahrungswissenschaften kennzeichnend, insofern diese methodisch darauf ausgerichtet sind, herauszufinden, wie es sich mit den ihnen gegebenen Gegenständen verhält. Von derartiger Gegenstandsorientiertheit ist in der Frage danach, ob und wie Erkenntnis (von Gegenständen) überhaupt möglich ist, abgesehen. Die „natürlich" zu nennende Richtung der Erkenntnis ist darin aufgehoben, die intentio recta ist durch die intentio obliqua ersetzt. Der Verstand zieht sich gleichsam aus den Gegenständen und – im Sinne von „Reflexion" – auf sich selbst zurück; „und es erfordert Kunst und Mühe, um einen gewissen Abstand von ihm zu gewinnen und ihn zu seinem eigenen Objekt zu machen", heißt es in dem angeführten Locke-Zitat weiter *(Locke, J.,* Versuch, I, Einl.). Erst ein (positiver) Bescheid in der Frage nach den ersten Voraussetzungen der Erkenntnis, der Möglichkeit von Erkennen überhaupt, macht eine Hinwendung zu den Gegenständen erneut und legitimerweise möglich. Denn solange nicht geklärt ist, wie gegenständliche Erfahrung/Erkenntnis überhaupt möglich ist, bleibt eine Beschäftigung mit bestimmten Gegenständen ein gleichsam naives, logisch ungerechtfertigtes Unterfangen. Allerdings muß man nicht, ja kann man heute nicht schlicht die pragmatische Überzeugung *John Lockes* teilen, daß die Untersuchung des menschlichen

* Die Angabe bezieht sich auf *Lockes* „Versuch über den menschlichen Verstand" (1. Buch), aus dem in späterem Zusammenhang häufiger zu zitieren sein wird.

Verstandes auch für die Untersuchung anderer Dinge von großem Nutzen sein werde *(Locke, J.,* Versuch, I, Einl.).

Ob erkenntnisphilosophische Überlegungen nützlich sind, diese Frage ließe sich nur aus umfassender Kenntnis dessen beantworten, was für uns überhaupt von Nutzen ist. Eine derartige Kenntnis besitzen wir nicht; lediglich eine Antwort darauf, was in bestimmtem Falle für wen (in welcher Hinsicht und in welchem Kontext) nützlich sei, ist uns – bei Kenntnis der jeweiligen Umstände, Kosten- und Nutzenerwägungen – streng genommen möglich.

In der Nutzenfrage gibt es im übrigen keine Einigkeit, nicht nur hinsichtlich philosophischer, sondern auch in bezug auf einzelwissenschaftliche Erkenntnisbemühungen, besonders, was die Verwertung oder Anwendung von Erkenntnissen betrifft.

Zudem sind Wahrheit und Nützlichkeit nicht in eins zu sehen. Es geht in aller Erkenntnisbemühung um die Gewinnung von wahren Überzeugungen. Es mag zwar zutreffen, daß manche wissenschaftlichen Erkenntnisse oder Sätze in dieser oder jener Hinsicht nützlich sind, z. B. schon in dem wissenschaftsimmanenten Sinne, daß sie dem Aufbau einer wissenschaftlichen Theorie dienen. Jedoch sind derartige Erkenntnisse oder Sätze nicht wahr, weil sie nützlich sind. Der Nutzeneffekt ist – wenn überhaupt – ein Sekundäreffekt philosophischer und z. T. auch einzelwissenschaftlicher Erkenntnisbemühungen.

Eine genauere Vorstellung davon, was unter Erkenntnisphilosophie zu verstehen ist, gewinnen wir am ehesten wohl dadurch, daß wir die Fragen betrachten, die zu lösen ihr traditionell in der Geschichte der Philosophie aufgegeben waren. Es seien hier nur einige Fragen beispielhaft und in einfacher Formulierung angeführt.

Woraus wissen wir überhaupt etwas über die Dinge und ihre Beziehungen, über die Wirklichkeit oder die Welt? Stammt unser Wissen aus der (Sinnes-)Erfahrung – wie der Empirismus annimmt? Aber, wenn dem so ist, wäre dann nicht unser Wissen äußerst begrenzt und weit entfernt davon, gewiß zu sein? Müssen wir uns nicht – um der Gewißheit unserer Überzeugungen willen – von den Unzulänglichkeiten der Erfahrung so weit wie möglich freimachen und unser Wissen aus dem Denken bzw. aus Vernunftprinzipien begründen? Diese Frage glaubt der Rationalismus bejahen zu können. Im Gegensatz zum Empirismus, der überzeugt davon ist, alle Erkenntnis der Wirklichkeit aus (Sinnes-)Erfahrungen ableiten zu können, geht der Rationalismus von obersten, nur dem Denken zugänglichen (Vernunft-)Prinzipien aus, die ihm als Beweisgrundlage alles Wissens von den Weltdingen gelten. Alle Überzeugungen, die als Wissen im strengen Sinne gelten wollen, müssen sich danach aus Vernunftprinzipien deduzieren lassen und partizipieren so an deren, unserem Denken unmittelbar zugänglichen Gewißheit. Unmittelbar zugänglich sind unserem Denken gewisse Ideen in dem Sinne, daß sie ihm, wie *Descartes* sagt, eingeboren sind. Dem widerspricht der Empirismus z. B. *J. Lockes*. Im ersten Buch seines „Essay concerning human understanding" versucht er nachzuweisen, daß unserem Denken weder Prinzipien noch Ideen eingeboren sind. Vielmehr lägen den vermeintlich obersten Vernunftprinzipien einfachere Ideen zugrunde, nämlich solche, die wir als Bestandteile der Erfahrung auszumachen vermögen. Aber freilich – was ist überhaupt Erfahrung? Heißt Erfahren: Eindrücke empfangen und Empfindungen haben (können)?

Doch, es ist ja nicht schlicht die Mannigfaltigkeit an Eindrücken und Empfindungen, was wir Erfahrung nennen. Erfahrungen sind immer schon in bestimmter Weise, nämlich raum-zeitlich strukturiert. Wenn dem so ist, dann können Raum und Zeit nicht ihrerseits aus der Erfahrung stammen; sie sind vielmehr, als reine Formen der Anschauung, die Bedingungen der Möglichkeit von Erfahrung – wie *Kant* lehrt. Dann aber können sich unsere Erkenntnisse nicht aus einfachen Erfahrungsbestandteilen im empiristischen Sinne, also aus Sinneseindrücken, zusammensetzen; vielmehr müssen gewisse apriorische Momente hinzutreten, damit aus dem Material der Sinne Erfahrungserkenntnis werde. Mit diesem Gedanken grenzt *Kant* seine Auffassung gegen die des Empirismus ab.

Und schließlich: wir sprechen immer von Gegenständen der Erkenntnis. Was eigentlich heißt Gegenstand, was wird unserer Erkenntnis zum Gegenstand? Sind es die Dinge, als Bestandteile einer uns vorgegebenen Wirklichkeit an sich, die uns unter bestimmten Umständen zu Objekten werden? Oder ist ein Gegenstand eo ipso Gegenstand für uns in dem Sinne, daß er immer schon von seiten des Bewußtseins oder des Verstandes mitkonstituiert wäre? – wie *Kant* meint. Und von *Kants* Auffassung her erscheint ein Realismus als problematisch, der einen doppelten Objektbegriff unterstellt. Objekte sind für den Realismus zum einen Objekte an sich, als Bestandteile einer unserem Bewußtsein vorgegebenen und von den Erkenntnisbedingungen unabhängigen Wirklichkeit an sich; zum anderen sind Objekte die Gegenstände unserer Wahrnehmung und Erkenntnis und als solche nicht unabhängig von unserer Erkenntnis, nämlich von gewissen Erkenntnisvoraussetzungen. Die entscheidende Annahme des Realismus besteht darin, daß sich die Objekte an sich in den Gegenständen der Erkenntnis gleichsam abbilden (sollen), derart, als ziele das Erkennen, insofern es auf Gegenstände bezogen ist, über die Gegenstände, insoweit diese nur Gegenstände für uns wären, zugleich hinaus, in Richtung der Objekte an sich.* Jedenfalls glaubt der Realismus – und darin steht er dem Idealismus, auch der von *Kant* vertretenen kritischen Variante des Idealismus, gegenüber – die Erkennbarkeit einer uns, unserem Bewußtsein vorgegebenen und von unserer Erkenntnis (zunächst) unabhängigen Wirklichkeit an sich annehmen zu können.

Freilich ergeben sich hier gleich Rückfragen. Wie nämlich ist es möglich, daß wir, als Subjekte des Erkennens, über Objekte an sich zu objektiv gültigen Erkenntnisaussagen gelangen, sofern wir unterstellen, daß die Abbildung jener Objekte an sich durch die Erkenntnisgegenstände auch auf der Ebene der Erkenntnisaussagen stattfindet? Das würde ja zur Voraussetzung haben, daß unsere Begriffe, mit denen wir die Gegenstände beschreiben und in einen Erklärungszusammenhang bringen, über die Grenzen der Erfahrung hinausgreifen, innerhalb deren die Gegenstände Gegenstände für uns sind.

Wir werden auf solche und weitere Fragen zurückkommen. Hier fungierten sie als Beispiele traditioneller erkenntnisphilosophi-

* In diesem Sinne etwa spricht *N. Hartmann* von einer „Übergegenständlichkeit der Gegenstände" *(Hartmann, N.,* 1982, 9). Das (zu erkennende) Seiende, so meint *Hartmann,* ist nicht von vornherein Erkenntnis-Gegenstand, Objekt für uns. „Von Hause aus" sei der Gegenstand – als an sich oder zuvor, nämlich vor seinem Erkanntsein, seiend – „übergegenständlich" und „indifferent gegen sein eigenes Gegenstandwerden für ein Subjekt" (ebd.). Auf diesen Gegenstandsbegriff und auf die entsprechende erkenntnisphilosophische Position eines kritischen Realismus wird noch eigens einzugehen sein.

scher Fragestellungen. Solche Fragen einer Entscheidung zuzuführen, darin erblickt die Erkenntnisphilosophie ihre Aufgabe.

Wir können nunmehr den Aufgabenbereich der Erkenntnisphilosophie abstecken und darin die Bestimmung ihres Begriffs erblicken. Die Erkenntnisphilosophie enthält drei Fragestellungen.

Erstens fragt sie nach den Konstituentien der Erkenntnis: Erfahrung und Denken. Es geht dabei um die Klärung beider und um die Bestimmung ihres Verhältnisses.

Zweitens stellt sie die Frage nach der Gegenständlichkeit der Erkenntnis. Es geht dabei, über die Bestimmung der Subjekt-Objekt-Beziehung hinaus, um eine Klärung des Begriffs der Wirklichkeit, sofern ja das Erkennen auf eine möglichst adäquate Erfassung der Wirklichkeit geht.

Drittens fragt sie danach, wie der Anspruch der Erkenntnis (-aussagen) auf objektive Gültigkeit prinzipiell zu rechtfertigen ist. Im Zusammenhang damit steht der Wahrheitsbegriff, der einer eigenen Klärung bedarf.*

Wir unterschieden oben zwischen Real- oder Erfahrungswissenschaften und Formal- oder Strukturwissenschaften. Zu letzteren gehört zuallererst die Logik, mit der die Wissenschaftstheorie als „angewandte Logik" eng verbunden ist**. Die Wissenschaftstheorie hat nach *Stegmüller* die Aufgabe, die Strukturen empirischer Wissenschaften vermittels formaler, von nicht-empirischen Wissenschaften (Logik, Mathematik) entwickelter Strukturen weiter aufzuklären. Umgekehrt soll darüber auch eine Weiterentwicklung der formalen Strukturen erfolgen.

Es liegt heute, da man dazu neigt, Erkenntnis mit wissenschaftlicher, insbesondere naturwissenschaftlicher Erkenntnis gleichzusetzen, nahe, Erkenntnisphilosophie mit Wissenschaftstheorie zu

* Eine Analyse des Wahrheitsbegriffs und die Darstellung der Wahrheitstheorien können im Rahmen dieses Buches nicht geleistet werden. Seine Thematisierung griffe über den hier gegebenen erkenntnisphilosophischen Rahmen hinaus in das Gebiet der Wissenschaftstheorie. Vgl. *Puntel, L. B.,* Wahrheitstheorien in der neueren Philosophie. 2.A. Darmstadt 1983

** *Stegmüller, W.,* Probleme und Resultate der Wissenschaftstheorie und Analytischen Philosophie, Bd. IV, Personelle und statistische Wahrscheinlichkeit, Berlin/Heidelberg/New York 1973, 7

identifizieren. Doch kann die Erkenntnisphilosophie nicht durch Wissenschaftstheorie ersetzt werden. Denn Wissenschaftstheorie vermag nicht Erkenntnis als Erkenntnis, „sofern sie nicht schon aus anderer Erkenntnis stammt", zu begründen; hingegen ist die „Erkenntnistheorie" mit der Frage befaßt, „wie wir zu Erkenntnisgebilden ursprünglich kommen" *(Prauss, G.,* 1980, 7). In der Aufklärung über den Ursprung der Erkenntnis hat die Erkenntnisphilosophie über die wissenschaftliche Erkenntnis hinauszugreifen, insofern dieser Ursprung sich immer wieder in der alltäglichen Erfahrung vollzieht. Sie, die alltägliche Erfahrung, bildet zudem auch die „empirische Basis" der Wissenschaften, die wir so als „eine Fortentwicklung und Erweiterung der alltäglichen Erkenntnis " ansehen können *(Popper, K.,* 1969, XVII; 17ff.).

Zum Abschluß unserer Erörterung des Begriffs und der Aufgabe der Erkenntnisphilosophie soll noch kurz auf *L. Nelsons* Behauptung der „Unmöglichkeit der Erkenntnistheorie" eingegangen werden *(Nelson, L.,* 1975, 43–67).

Nelson meint, daß die Problematisierung der objektiven Gültigkeit bzw. die Prüfung der Wahrheit/des Wahrheitsanspruches unserer Erkenntnis – der Inhalt der von uns an dritter Stelle angeführten Fragestellung der Erkenntnisphilosophie – die Unmöglichkeit der Erkenntnistheorie zur Folge haben müsse *(Nelson, L.,* 1975, 49).

In der Kritik der reinen Vernunft stellt *Kant* die Forderung auf, die Vernunft dürfe nicht, wolle sie nicht in Dogmatismus verfallen, „ohne vorangehende Kritik ihres eigenen Vermögens" verfahren *(Kant, I.,* KrV B XXXV*). Aber wie kann die Vernunft derartige Selbstkritik leisten, wenn nicht zuvor gewährleistet ist, daß der Gültigkeits- und Wahrheitsanspruch dieser Kritik rechtens ist? So ließe sich hier gleich zurückfragen. Es scheint, daß solcher Anspruch schon als rechtens unterstellt werden muß, soll die Vernunft in das Geschäft der Selbstkritik sinnvoll einsteigen können, so daß also die Vernunft bei der Kritik ihres eigenen Vermögens ein verläßliches Kriterium für die Gültigkeit und Wahrheit bereits voraussetzen muß. Dann aber – so scheint es – ist

* „KrV" ist die Abkürzung für *Kants* „Kritik der reinen Vernunft". Die beiden Auflagen von 1781 und 1787 werden mit den Buchstaben A (Erstauflage) und B (Zweitauflage) gekennzeichnet.

„Erkenntnistheorie", sofern diese gerade die Aufgabe hat, „die Wahrheit und objektive Gültigkeit unserer Erkenntnis zu prüfen", unmöglich *(Nelson, L.,* 1975, 49). *Nelson* nennt das Kriterium, „durch dessen Anwendung wir entscheiden können, ob eine Erkenntnis wahr ist oder nicht", kurz „das erkenntnistheoretische Kriterium". Sodann argumentiert er wie folgt:

„Dieses Kriterium würde entweder selbst eine Erkenntnis sein oder nicht. Wäre es eine Erkenntnis, so würde es gerade dem Bereich des Problematischen angehören, über dessen Gültigkeit erst mit Hilfe des erkenntnistheoretischen Kriteriums entschieden werden soll. Es kann also nicht selbst eine Erkenntnis sein. Ist aber das erkenntnistheoretische Kriterium keine Erkenntnis, so müßte es doch, um anwendbar zu sein, bekannt sein, d.h. wir müßten erkennen können, daß es ein Kriterium der Wahrheit ist. Um aber diese Erkenntnis des Kriteriums zu gewinnen, müßten wir das Kriterium schon anwenden. Wir kommen also in beiden Fällen auf einen Widerspruch. Ein erkenntnistheoretisches Kriterium ist folglich unmöglich, und es kann daher keine Erkenntnistheorie geben" *(Nelson, L.,* 1975, 49).

Nelson behauptet hier, eine erkenntnisphilosophische Behandlung des Erkenntnisproblems sei zirkulär. Dazu ist festzustellen, daß jede Erkenntnis als Erkenntnis beansprucht, wahr und gültig zu sein. Die Frage ist dann, wie sie diesen Anspruch einlöst. Dafür lassen sich Kriterien nennen, z.B. im Falle empirischer Erkenntnisse die kontrollierende Beobachtung bzw. die experimentelle Überprüfung. Eben die Kriterien, die der Einlösung des Wahrheits- und Gültigkeitsanspruches (einer einzelnen Erkenntnis) dienen, sind aber nicht wiederum an den Anspruch selbst anzulegen. Eine Überzeugung könnte wahr sein, ohne daß wir uns ihrer Wahrheit auch schon versichert hätten. Aber erst mit dieser Versicherung wäre ihr Wahrheitsanspruch eingelöst. Und mit der durch gewisse Kriterien gewährleisteten, prinzipiellen Einlösbarkeit dieses Anspruches steht und fällt die Möglichkeit seiner Rechtfertigung.

Nelson konstruiert einen Widerspruch dadurch, daß er das Kriterium, durch das wir uns der Wahrheit und Gültigkeit einer Erkenntnis versichern, schon an den Erkenntnisanspruch (auf Wahrheit und Gültigkeit) selbst anlegt. Doch liegt ja die Erkenntnis in ihrem Wahrheitsanspruch bereits vor, wenn in eine Überprüfung eingetreten wird. „Nicht das Brechen des Strahls, sondern der Strahl selbst, wodurch die Wahrheit uns berührt, ist das Erkennen", bemerkt *Hegel* im Zusammenhang eines Vergleichs, in dem die Prüfung des Erkennens, welches als ein Medium vorzustellen ist, „uns das Gesetz seiner Strahlenbrechung kennen lehrt".* *Hegel* wendet gegen das Mißtrauen gegen die Möglichkeit der Erkenntnis, sofern diese ja zunächst ungeprüft ist, auch ein, diesem Mißtrauen könne man ja wiederum mit Mißtrauen begegnen, und die „Furcht zu irren" müsse wieder manches als Wahrheit voraussetzen, worauf sie „ihre Bedenklichkeiten und Konsequenzen" stützt, „was selbst vorher zu prüfen ist, ob es Wahrheit sei". Auf *Nelsons* Argument gegen die Möglichkeit der Erkenntnistheorie zugespitzt hieße das, daß *Nelson* selbst darin jenen Wahrheits- und Gültigkeitsanspruch erhebt, den zu rechtfertigen er (erkenntnisphilosophisch) für unmöglich erklärt.

2.3 Naturalistische Erkenntnisphilosophien

Den Ausdruck Naturalismus übernehmen wir von *E. Husserl.* In der Schrift „Philosophie als strenge Wissenschaft" charakterisiert *Husserl* jene (philosophischen) Auffassungen als naturalistisch, für die der Bereich des Psychischen und die Phänomene des Bewußtseins als „Natur", „im Sinne einer Einheit des räumlich-zeitlichen Seins nach exakten Naturgesetzen", erforschbar sind *(Husserl, E.,* 1971, 13). Dem Naturalismus geht es nach *Husserl* um die „Naturalisierung des Bewußtseins, . . . der Ideen, . . . aller . . . Ideale und Normen" *(Husserl, E.,* ebd., 14). *Husserl* schließt mit der genannten Schrift, die 1910/11 erstmals veröffentlicht wurde, an seine im ersten Band der Logische(n) Untersuchungen vorgebrachte Kritik an dem von ihm so genannten „Psychologismus" an; darunter faßte er den seiner Ansicht nach verfehlten Anspruch, die Probleme der Logik auf dem Wege experimenteller Psychologie behandeln und lösen zu können, und zwar derart, daß Psychisches als eine bloß abhängige Variable von Physischem aufzufassen sei. Wir können – ganz im *Husserlschen* Sinne – auch analoge Ansprü-

* *Hegel, G. W. F.,* Phänomenologie des Geistes, hg. v. *J. Hoffmeister,* 6. A., Hamburg 1952 (PhB 114), Einl., 64f.

che, die von der Biologie ausgehen, als naturalistisch kennzeichnen und näherhin als evolutionistisch. Der Ausdruck „Evolutionismus" wird weiter unten erläutert.*

Da die *Husserlschen* Argumente erkenntnisphilosophisch belangvoll und einer Abgrenzung philosophischer gegen naturalistisch verfahrende Erkenntnisuntersuchungen dienlich sind, soll hier *Husserls* Auseinandersetzung mit dem Psychologismus referiert werden.

2.3.1 Der Psychologismus

Nach psychologistischer Überzeugung ist die psychologische Erkenntnisweise als Grundwissenschaft zur Behandlung philosophischer, insbesondere logischer und erkenntnisphilosophischer Probleme anzusehen. Diese Auffassung wird im Kern bereits von *J. Locke, D. Hume* und *J. St. Mill* vertreten (vgl. *Husserl, E.*, 1968, 78ff.; ders., 1977, §§22–24). Im ersten Band seiner Logische(n) Untersuchungen (Prolegomena zur reinen Logik) geht *Husserl* mit psychologischen Verfälschungen, mit der Psychologisierung logischer Probleme scharf ins Gericht. Derartige Verfälschungen finden sich nach *Husserl* z.B. in den Logiken *Ch. v. Sigwarts, W. Wundts* und *Th. Lipps'*. Letzterer nennt die Logik „eine psychologische Disziplin, so gewiß das Erkennen nur in der Psyche vorkommt und das Denken, das sich in ihr vollzieht, ein psychisches Geschehen ist" *(Lipps, Th.*** zit. *Husserl, E.*, 1968, 52, Anm. 2). Die Psychologisten betreiben eine „Psychologie an falscher Stelle" *(Linke, P.F.*, 1961, 58ff.). Die Gesetze des Denkens fallen für sie mit den Naturgesetzen des Ablaufs der Denkprozesse zusammen, die Gültigkeits- und Wahrheitsfrage glauben sie dadurch beantworten zu können, daß sie die psychisch-faktische Entstehung, Regelung und Ergiebigkeit des Denkens und Erkennens erforschen.

* Es sei im übrigen angemerkt, daß eine naturalistische Tendenz von heutigen Philosophen teilweise wieder positiv aufgegriffen wird. So z.B. versucht *W. v. O. Quine* unter dem Titel einer „naturalisierte(n) Erkenntnistheorie" die Fragen der Erkenntnisphilosophie in empirisch-psychologische Fragestellungen zu überführen. (vgl.: Ontologische Relativität und andere Schriften, Stuttgart 1975, 97–126). *R. Rorty* (1984, 245ff.), der sich darauf bezieht, meint, über *Quine* insofern noch hinausgehen zu müssen, als er die Erkenntnisphilosophie nicht, wie dieser, zur Psychologie machen, sondern gleich ganz über Bord werfen möchte.

** Grundzüge der Logik, 1893

Eine nicht-empirische Wissenschaft, eine Wissenschaft a priori, eben die Logik, glauben sie durch eine Wissenschaft aus Erfahrung, eine Tatsachenwissenschaft ersetzen zu können. *Husserl* charakterisiert den Psychologismus als einen Empirismus und als skeptischen Relativismus. Er meint des weiteren, der Psychologismus lasse sich von gewissen Vorurteilen leiten. Die *Husserlschen* Einwände haben bis heute an Gültigkeit nichts verloren.*

Der Psychologismus als Empirismus *(Husserl, E.*, 1968, 4. Kap.): Die Psychologie als eine Tatsachenwissenschaft ist darauf aus, die Gesetzmäßigkeiten des Psychischen herauszufinden. Dabei handelt es sich um Verallgemeinerungen der Erfahrung, um Aussagen über ungefähre Regelmäßigkeiten, nicht um Gesetze absoluter Exaktheit. Die logischen Prinzipien und Gesetze der Syllogistik in ihrem uneingeschränkten Gültigkeitsanspruch lassen sich unmöglich als bloß empirische, ungefähre Regeln auffassen. Auf dem Wege der Erfahrung und durch Induktion läßt sich nur die mehr oder weniger hohe Wahrscheinlichkeit der Geltung eines (Natur)-Gesetzes begründen. Rein logische Gesetze teilen nicht den Rang bloßer Wahrscheinlichkeiten, sie sind vielmehr a priori gültig. Nehmen wir den Satz vom ausgeschlossenen Widerspruch, nach dem ein Satz und seine Negation nicht zusammen wahr sein können. Psychologisch gedeutet, etwa in dem Sinne, daß wir Menschen einander widersprechende Sätze nicht gleichzeitig für wahr halten können, handelt es sich bei dem Widerspruchsatz um einen Satz von höchster empirischer Allgemeinheit. Logische Sätze für nur vermutlich gültig zu halten, das aber hieße: für sie die Möglichkeit offen zu lassen, bei Erweiterung unseres allzeit begrenzten Erfahrungswissens evtl. nicht bestätigt zu werden. Die logischen Sätze psychologisch zu deuten heißt, sie i. S. von Kausalgesetzen aufzufassen, „als treibende Motoren im Denken" *(Husserl, E.*, 1968, 67), die bewirken, daß wir richtig denken. Angenommen, wir dächten einmal anders, als diese Naturgesetze es verlangen. Wären wir dann etwa von anderen „Denkgesetzen" geleitet, oder denken wir eigentlich gar nicht, wenn wir gelegentlich alogisch denken? Die kausalistische Deutung logischer Gesetze folgt aus einer Verwechs-

* Eine prägnante Darstellung der *Husserlschen* Kritik des Psychologismus findet sich auch bei *Stegmüller, W.*, 1969a, 51–55

lung zweier Gesetzesebenen; Ideal- und Realgesetze, rein logische Beziehungen und kausale Regelungen werden nicht unterschieden. Psychologische (Real-)Gesetze sind Gesetze für Tatsachen, die nur durch Induktion aus einzelnen Erfahrungen zu begründen sind. Logische (Ideal-)Gesetze sind nur als solche in ihrer absoluten Exaktheit und Wahrheit einsehbar. In ihnen wird nirgendwo auf psychische Tatsächlichkeiten Bezug genommen, sie haben in diesem Sinn kein fundamentum in re. Der modus Barbara z. B. sagt nichts als dies: Für beliebige Klassentermini A, B, C gilt, daß, wenn alle A B und alle B C sind, auch alle A C sind. In diesem Gesetz kommt Empirisch-Psychisches nicht vor, keine Tatsache ist daraus abzuleiten. Damit erweist sich die psychologische Deutung rein logischer Sachverhalte als solcher als verfehlter Empirismus.

Der Psychologismus als skeptischer Relativismus *(Husserl, E.,* 1968, 7. Kap.):
Es wäre widersinnig, die menschliche Konstitution bzw. gewisse Naturgesetze zum normierenden Maßstab des Denkens machen zu wollen. Denn daraus ergäbe sich, daß ein und derselbe Satz für ein Subjekt der Spezies homo wahr, für das Subjekt einer anders konstituierten Spezies falsch sein könnte. Der logische Satz vom Widerspruch sagt aber gerade, daß ein und derselbe Satz nicht beides, wahr und falsch zugleich sein kann. Es kann also nicht sinnvoll von einer „Wahrheit für . . ." die Rede sein, denn es ist evident unmöglich, daß demselben Satz die Prädikate wahr und falsch zugleich zukommen können. Was wahr ist, ist absolut, „an sich" wahr. Man kann der Wahrheit, so gesehen, nicht den Charakter einer Tatsache geben. Denn Tatsachen sind danach individuell und zeitlich bestimmt. Auch die Konstitution der Spezies ist eine Tatsache; die Wahrheit als konstitutionell gegründet ansehen hieße, sie als zeitlich und im Ursache-Wirkungs-Zusammenhang bestimmt zu sehen. Ich kann das Urteil 2+2=4 im Sinne des realen Urteilsaktes interpretieren; und dann ist zuzugestehen, daß mein Urteilen, d.i. der Vollzug des Urteilsaktes, verursacht ist. Damit aber darf der Urteilsinhalt nicht verwechselt werden. Es ist der Inhalt des Urteils 2+2=4, den wir wahr nennen. Wir meinen damit keine zeitliche Bestimmtheit, sondern etwas zeitlos Gültiges.

Auch die Selbstwidersprüchlichkeit des psychologistischen Relativismus ist leicht einzusehen. Träfe es zu, daß alle Wahrheit auf die allgemein menschliche Konstitution zurückführbar wäre, dann gälte auch, daß, bestünde keine solche Konstitution, es auch keine Wahrheit gäbe. M.a.W. es gälte der Satz: „Es besteht die Wahrheit, daß keine Wahrheit besteht." Die Widersinnigkeit dieses Satzes macht den Widersinn seiner Voraussetzung offenbar.

Noch einmal: Die Psychologisten verwechseln die Ebene logischer Idealgesetze mit der Ebene naturwissenschaftlicher Realgesetze. Sie glauben, in den „Denkgesetzen" drücke sich das reale Wesen menschlichen Denkens aus, derart, daß wir mit ihnen, als Realgesetzen, Einblick in die menschliche Konstitution nach ihrer Erkenntnisseite erhielten. Dagegen ist festzuhalten: Logische Gesetzmäßigkeiten drücken nichts Reales aus, sie drücken nur aus, was mit gewissen Wort- und Aussagebedeutungen untrennbar gesetzt ist.

Realgesetze haben hypothetischen Charakter, insofern sie an Bestand und Änderung der realen Welt gebunden sind. Zur Welt gehört auch unsere psychische Konstitution, die sich also ändern kann. Logische Gesetze und Sätze wären von einer derartigen Änderung nicht betroffen; denn sie sind Wahrheiten idealer Art, die durch die Beschaffenheit der Welt nicht berührt werden.

Insoweit der Psychologismus, wie ausgeführt, Voraussetzungen skeptisch-relativistischer Art enthält, entpuppt er sich als widersinnig und unhaltbar.

Die psychologistischen Vorurteile *(Husserl, E.,* 1968, 8. Kap.): Gewisse vermeintliche Selbstverständlichkeiten, auf die der Psychologismus sich stützt, erweisen sich bei näherem Hinsehen als unhaltbare Vorurteile.

Nach dem ersten Vorurteil sind Vorschriften zur Regelung des Denkens psychologisch fundiert. Dagegen ist zu sagen, daß logische Gesetze, an und für sich betrachtet, nicht schon normative Sätze i.S. von Vorschriften sind, d.h. i.S. von Sätzen, zu deren Inhalten es gehört, auszusagen, wie geurteilt werden soll. Angenommen, es gilt: jeder Gegenstand, der das Merkmal A hat, hat auch das Merkmal B; ein bestimmter Gegenstand, der das Merkmal A hat, hat dann auch das Merkmal B. In dieser Beziehung ist kein normativer Gedanke enthalten. Vielmehr hat das genannte Gesetz einen rein theoretischen Gehalt.

Allerdings kann es einer Normierung als Grundlage dienen, etwa, wenn man sagt: Wer urteilt, jedes A sei B und ein gewisses S sei A, der muß/soll auch urteilen, S sei auch B. Hier ist dem ursprünglichen logischen Satz der normative Gedanke angefügt worden.

Die Logik und – wie wir ergänzen dürfen – auch die Erkenntnisphilosophie haben es nicht mit den Realbezügen und mit spezifischen Inhalten der Erkenntnis und Wissenschaft zu tun, auch nicht in dem Sinne, daß sie normierend auf Denkverläufe einwirkten. Sie untersuchen vielmehr die idealen Bedingungen der Möglichkeit von Erkenntnis, Theorie und Wissenschaft. An diesen idealen Inhalten allerdings mißt sich zuletzt, ob das, was den Anspruch erhebt, Erkenntnis, Wissenschaft, Beweis zu sein, dem auch entspricht. Die Idee der Erkenntnis und Wissenschaft konstituiert sich zuletzt aus solchen Wahrheiten, die allein in Inhalt und Sinn solcher Begriffe gründen wie: Wahrheit, Satz, Subjekt, Prädikat, Gegenstand, Grund und Folge, Beziehung u. a. Derartige Wahrheiten gehören nicht in den Bereich einer Einzel- oder Tatsachenwissenschaft wie die Psychologie.

Nach einem zweiten psychologistischen Vorurteil ist in der Logik wie in der Erkenntnisphilosophie von Wahrnehmungen und Vorstellungen, von Urteilen, Schlüssen, Beweisen u. dgl. als von psychischen Phänomenen und Gebilden die Rede. Sogar, was unter Wahrheit zu verstehen ist, kann nur an Urteilen als psychischen Gegebenheiten aufgewiesen oder erlebt werden.

Husserl bezieht sich – zwecks Widerlegung dieses Vorurteils – auf das der Logik analoge Gebiet der Arithmetik *(Husserl, E.,* 1968, 170 ff.). Gewiß erhielten wir ohne Zählen keine Zahlen, ohne Summieren keine Summe und ohne Multiplizieren keine Produkte. In diesem Sinne weisen die arithmetischen Operationsgebilde auf die (psychischen) Akte arithmetischen Operierens zurück. Aber daraus ergibt sich keineswegs, daß gewisse mathematische Gesetze auf psychologische zurückzuführen sind. Vielmehr haben wir streng zu unterscheiden: auf der einen Seite das mathematische Operieren, z. B. das Zählen. Es handelt sich dabei um zeitlich verlaufende psychische Akte. Mit diesen Tatsachen hat die Psychologie zu tun. Dem Zählen stehen auf der anderen Seite die Zahlen gegenüber. Die Zahl „Fünf“ ist nicht identisch mit meiner Zählung oder Vorstellung „Fünf“. Sie ist nicht eine individuelle Tatsache zeitlicher Bestimmtheit, sondern eine Spezies idealer Art. Zählen, Summieren, Multiplizieren als psychische Akte sind nicht in eins zu sehen mit den Zahlen und den in ihnen gründenden idealgesetzlichen Beziehungen. Arithmetische Gesetze handeln in abstrakter Idealität von Zahlen und Zahlenverknüpfungen; über Reales sagen sie schlechterdings nichts aus.

Was von der Arithmetik gilt, gilt auch von der reinen Logik. Wenn in ihr von Vorstellung, Begriff, Urteil, Schluß, Beweis u. dgl. die Rede ist, dann ist damit nicht auf psychische Erlebnisse und Tatsachen abgestellt, sondern auf nicht-empirische Inhalte und rein logische Gesetzmäßigkeiten. Ein Urteil ist – logisch betrachtet – eine ideale Bedeutungseinheit, und in einem Schluß drückt sich eine idealgesetzliche Beziehung von Denkinhalten aus.

Wenn der Psychologismus rein logische Sachverhalte als psychische Tatsachen behandeln zu können glaubt, so ignoriert er den unaufhebbaren Unterschied von Real- und Idealwissenschaften.

Ein drittes psychologistisches Vorurteil behauptet, daß wir ein Urteil, in dem die Wahrheit liegt, nur im Evidenzfall als wahr erkennen. Mit „Evidenz" ist dabei ein subjektives Gefühl der Denknotwendigkeit gemeint.

Husserl entgegnet dem, daß die rein logischen Sätze erst durch gewisse äquivalente Umformungen in Beziehung zur Evidenz gebracht werden. Nach den Prinzipien vom ausgeschlossenen Widerspruch und vom ausgeschlossenen Dritten kann und muß von zwei Sachverhalten, die kontradiktorisch zueinander stehen, einer vorliegen. Erst nach Umformung kommen wir zu dem äquivalenten Satz, daß bei zwei kontradiktorischen Urteilen Evidenz nur bei einem auftreten kann. Unter Evidenz ist dabei jenes „Erlebnis" zu verstehen, „in dem irgendein Urteilender der Richtigkeit seines Urteils, d. i. dessen Angemessenheit an die Wahrheit inne wird" *(Husserl, E.*, 1968, 186). Wahr ist ein Urteil, wenn und indem es mit der beurteilten Sache zusammenstimmt, derart, daß im Urteilsgehalt das Vorliegen der Sache wiedergegeben wird. Die Wahrheit, als Idee solcher Zusammenstimmung, wird im evidenten Urteil aktuelles Erlebnis. Das evidente Urteil läßt sich vergleichen mit der Idee der (adäquaten) Wahrnehmung. Dasjenige, worauf ich wahrnehmend mich beziehe, wird in der (adäquaten) Wahrnehmung (sozusagen: restlos) gegenwärtig. So auch wird das, worauf – als Gemeintes – ich urteilend mich beziehe, im Evidenzfalle gegenwärtig. Ich weiß im evidenten Urteil, daß Gemeintes und Gegenwärtiges (Vergegenwärtigtes) zusammenstimmen. In diesem und nur in diesem Sinne kommt es auf eines hinaus, wenn ich sage: ein Urteil U (d.i. ein Urteil des Inhalts U) werde einsichtig vollzogen, und: es bestehe die Wahrheit U. Und damit verbindet sich auch die Einsicht, daß eines anderen Einsicht mit der unseren nicht streiten kann – sofern sich beide auf ein und dieselbe Wahrheit beziehen. Denn, „was als wahr erlebt ist, (ist) auch schlechthin wahr (und kann) nicht falsch sein“ *(Husserl, E.,* 1968, 191).

Die Behandlung, die *Husserl* dem Evidenzproblem angedeihen läßt, mag als unzureichend angesehen werden. Jedenfalls ist die Rede vom Evidenzerlebnis, durch das wir „der Wahrheit inne“ werden sollen, nicht unproblematisch. Denn es ist nicht zu leugnen, daß der Eindruck zweifelsfreier Evidenz nicht selten auch dort gewonnen wird, wo, wie sich nach genauerer Prüfung zeigt, wahre Einsicht (oder Evidenz) gar nicht besteht oder bestehen kann, wo also der Evidenzeindruck als Scheinevidenz sich entpuppt. M.a.W.: im Evidenzerlebnis selbst kann das Kriterium nicht enthalten sein, das zu entscheiden erlaubt, ob echte Evidenz vorliegt oder nicht. Vielmehr muß dieses Kriterium außerhalb des Evidenzerlebnisses : in den Erkenntnis- und Wissenschaftsmethoden sowie in intersubjektiver Kontrolle gesucht werden. Andererseits ist die Inanspruchnahme von Evidenz i. S. von Einsicht im Zusammenhang mit der Wahrheitssuche in Erkenntnis und Wissenschaft unumgänglich. Aber um im jeweiligen Evidenzerlebnis zwischen echter und unechter Evidenz entscheiden und so „der Wahrheit inne“ werden zu können, muß ich die Erlebnisebene selbst zunächst übersteigen (vgl. dazu: *Linke, P. F.,* 1961, 64ff.).

Doch zurück zu *Husserls* Psychologismuskritik. *Husserl* hat in seinen Einwänden überzeugend dargelegt, daß der Versuch, die Probleme der reinen Logik und, wie wir ergänzen, Erkenntnisphilosophie psychologisch, d. h. im Rahmen erfahrungswissenschaftlicher Psychologie, lösen zu wollen, in Irrtum und unhaltbare Konsequenzen führt.

2.3.2 Der Evolutionismus

Wenden wir uns nunmehr dem anderen Versuch zu, die Probleme der Erkenntnisphilosophie auf dem Wege einzelwissenschaftlicher, nämlich biologischer Erkenntnis einer Lösung zuzuführen, dem oben so genannten Evolutionismus.

Zur Klärung des Ausdrucks Evolutionismus muß kurz auf den Begriff der Evolution bzw. den der Evolutionstheorie Bezug genommen werden. Unter Evolution im engeren biologischen Sinne verstehen wir eine „Transformation der Organismen in Gestalt und Lebensweise, wodurch die Nachfahren andersartig als die Vorfahren werden“*. Die Evolutionstheorie sucht eine Antwort auf die Frage zu geben, wie sich derartige Transformationen vollziehen.

Die heute dominierende Variante dieser Theorie, der Darwinismus, geht dabei von den zwei zentralen Vorstellungen der Mutation und Selektion aus. Unter Mutation, genauer: Genmutation, wird die zufällige Änderung der Gen-„Informationen“ verstanden; es handelt sich dabei um eine Strukturänderung des einzelnen Gens oder Erbträgers. Auf diesem Wege – *Darwin* selbst konnte noch nichts von Mutationen, also von im Erbgut vor sich gehenden Varietäten, wissen und sprach deshalb allgemein von (Arten)-Variabilität – weichen die Nachkommen von ihren Eltern in bestimmten Eigenschaften ab. Erst bei Vorliegen gewisser Eigenschaftsänderungen morphologischer oder funktioneller Art kann das andere Evolutionsprinzip wirksam werden, das der Selektion. Die Selektion entscheidet darüber, welche der zufälligen Änderungen für das betreffende Lebewesen vorteilhaft sind oder nicht. Und zwar gewinnen einen Überlebensvorteil nur diejenigen Lebewesen, die sich – über Genmutationen – ihrer Umwelt besser anpassen. Die Unangepaßten bleiben im Kampf ums Dasein auf der Strecke.

Die Idee einer Entwicklung auf Grund von Mutation und Selektion blieb nicht auf die Biologie beschränkt. Vielmehr gerieten eine ganze Reihe wissenschaftlicher Disziplinen in den Sog des Darwinismus, insbesondere auch solche aus dem Bereich der Humanwissenschaften, wie Nationalökonomie, Soziologie und Politik, selbst die Ethik (vgl. *Spaemann, R./Löw, R.*, 1981, 220ff.).

* *Zimmermann, W.*, Evolution, Freiburg/München 1953, 4

Eben dies: „die Ausweitung der Evolutionstheorie auf das gesamte Gebiet der Wissenschaft“* sei hier als Evolutionismus bezeichnet.

Als Evolutionismus läßt sich jene historische Tatsache charakterisieren, daß „der Begriff der Evolution ... in den letzten zweihundert Jahren eine ... Veränderung zum absoluten Begriff durchgemacht“ hat *(Krings, H.* in: *Löw, R./Koslowski, P./Kreuzer, P.,* Hrsg., 1981, 38). *G. Vollmer,* ein Vertreter der sogenannten evolutionären Erkenntnistheorie, spricht von der „universellen Gültigkeit (des Entwicklungsgedankens) in der wissenschaftlichen Forschung“, die sich „sozusagen induktiv“ nachweisen lasse *(Vollmer, G.,* 1980, 56).

Die Evolution – metaphysikfrei in dem Sinne aufgefaßt, als darunter nicht mehr – wie in der Philosophie des Deutschen Idealismus *(Fichte, Hegel, Schelling)* – die Entwicklung eines Subjekts: das Göttliche, die Vernunft, der absolute Geist verstanden wird *(Krings, H.,* 1981, 38) – betrifft danach alle Wirklichkeitsbereiche – vom Organischen über das Psychische bis zum Kognitiven und Moralischen – und die Evolutionstheorie betrifft die auf diese Wirklichkeit als ihr Gegenstandsgebiet bezogenen Forschungsbereiche. Evolutionen, d.s. so kausale Abläufe ohne Anfang, Ende und Ziel, und über ein „Subjekt der Evolution können allenfalls die Molekularbiologie oder die Mikrophysik hypothetische Aussagen machen“ *(Krings, H.,* 1981, 38f.).

Man könnte zu der hier als Evolutionismus bezeichneten umfassenden Verwendungsweise des Evolutionsbegriffs anmerken, es sei doch möglicherweise zu rechtfertigen, bei der Erforschung der verschiedenen Wirklichkeitsbereiche vom Grundgedanken der Evolutionstheorie sich leiten zu lassen. Diese Theorie trage eben so weit und könne in den verschiedenen Disziplinen als durchaus fruchtbar sich erweisen. Es sei nicht bestritten, daß der Evolutionsgedanke in den verschiedenen Forschungsbereichen bis zu einem gewissen Ausmaß zur Geltung gebracht werden kann. Freilich richten sich schon an den Evolutionsgedanken selbst, insoweit er von der Evolutionstheorie im engeren, biologischen Sinn verwendet wird, kritische Rückfragen.**

* So überschreiben *Spaemann, R./Löw, R.* einen Unterabschnitt im 8. Kap. ihres Buches: Die Frage Wozu?, 1981

** vgl. *Spaemann, R./Löw, R.,* 1981, insbes. Kap. 8 und 9, 213–270. Eine

Bestritten werden sollen allerdings gewisse ins Philosophische ausgreifende Ansprüche des Evolutionsbegriffs und der Evolutionstheorie. Solche Ansprüche, so scheint uns, stecken z. B. in der evolutionären Erkenntnistheorie, deren Vertreter z. T. glauben, (traditionelle) Probleme der Erkenntnisphilosophie auf naturwissenschaftlichem, nämlich biologisch-evolutionstheoretischem Wege lösen zu können. So heißt es bei *G. Vollmer,* der die evolutionäre Erkenntnistheorie am geschlossensten vertritt: „Erkenntnistheoretische Fragen werden hier . . . über naturwissenschaftliche (biologisch-anthropologische) Theorien, vor allem über die Evolutionstheorie, beantwortet", und es ist kein Zweifel, daß *Vollmer* unter Erkenntnistheorie primär bestimmte philosophische und als solche seiner Ansicht nach freilich weitgehend ergebnislose Bemühungen versteht.*

Eben dies: die Anmeldung von Zuständigkeiten für Fragen erkenntnisphilosophischen oder auch ethischen Gehalts durch eine naturwissenschaftliche Position, nämlich die der biologischen Evolutionstheorie, sei hier als im engeren Sinn evolutionistisch charakterisiert. Von „Evolutionismus" sprechen wir danach in Analogie zu *Husserls* Ausdruck „Psychologismus". Als psychologistisch kritisierte *Husserl* nicht die erfahrungswissenschaftlichen Erkenntnisbemühungen um die Realgebilde, Vollzugsweisen und Leistungen des Denkens und Erkennens, sondern jene falsche, aus Überdehnung des einzelwissenschaftlichen Erkenntnisanspruchs erwachsende Philosophie, nach der rein logische und erkenntnisphilosophische Begriffe und Gesetzmäßigkeiten sich auf erfahrungswissenschaftlicher Ebene besser darstellen und erklären lassen sollen. Etwas Analoges geschieht unseres Erachtens, wenn die Evolutionstheorie ihre Kompetenz zur Lösung erkenntnisphilosophischer Fragen anmeldet. Die Evolutionstheorie als evolutio-

* *Vollmer, G.,* 1980, 56; vgl. auch ebd., 106; sowie *Vollmer, G.,* in *Lorenz, K./Wuketits, F.,* Hrsg., 1984, 45, wo erkenntnisphilosophische Fragen aufgeführt und jeweils mit der entsprechenden Kurzantwort der evolutionären Erkenntnistheorie versehen werden.

---

der Rückfragen geht bereits auf die Ober-Hypothese: Evolution. Diese wird von Vertretern der Evolutionstheorie als ein Faktum ausgegeben und eben nicht als eine Hypothese, für die, aber auch gegen die einiges sprechen könnte (ebd., 241f.).

näre Erkenntnistheorie bleibt damit nicht auf dem Boden einer Naturwissenschaft, sondern erweist sich als „ein philosophischer Entwurf" (*Löw, R.*, in *Lorenz, K. Wuketits, F.*, Hrsg., 1984, 332). Solcher Evolutionismus läßt sich andererseits dem Titel eines „Naturalismus" unterstellen, insofern er glaubt, die Phänomene des Bewußtseins als Natur und nach Naturgesetzen erforschen zu können (vgl. *Husserl, E.*, 1971, 13).

Es kann im folgenden nicht darum gehen, die evolutionäre Erkenntnistheorie in ihrem Gesamtaufbau nachzuzeichnen. Wir müssen uns vielmehr auf wenige zentrale Behauptungen beschränken, denen sich einige kritische Rückfragen anschließen. In eine umfassend-gründliche Auseinandersetzung mit dieser, in jüngster Zeit vermehrt diskutierten Position, die hier nicht geleistet werden kann, wäre auch die Analyse einzelner, von der evolutionären Erkenntnistheorie benutzter Begriffe einzubeziehen wie: Leben, Kausalität, Information, Bewußtsein u. a.*

Was ist, was will die evolutionäre Erkenntnistheorie?

Wir zitieren einige Antworten ihrer Vertreter. Nach *D. Campbell* in seiner Schrift „Evolutionary Epistemology" trägt „die evolutionäre Erkenntnistheorie . . . der Tatsache Rechnung und ist damit vereinbar, daß der Mensch Produkt der biologischen und in der Folge der sozialen und kulturellen Evolution ist, und als deskriptive Epistemologie (Erkenntnistheorie) erhebt sie überdies den Anspruch darauf, analytisch konsistent zu sein" (zit.: *Wuketits, F.*, in *Lorenz, K./Wuketits, F.*, Hrsg., 1984, 15).

Die evolutionäre (Erkenntnis-)Theorie strebt, wie *Lorenz* sagt, „ein natürliches Verständnis des Menschen und seiner Erkennt-

* Wichtige Hinweise dazu finden sich bei: *Spaemann, R./Löw, R.*:1981, 243–266;*Löw, R.* in *Lorenz, K./Wuketits, F.*, Hrsg., 1984, insbes. 341–350. Zur philosophischen Kritik des Evolutionismus vgl. auch *Baumgartner, H.M.* in *Poser, H.*, Hrsg., 1981, 39–64; *Frey, G.* in Ztschr. f. philos. Forschg., Bd. 34, H. 4, 1980, 1–17; sowie *Spaemann, R./Koslowski, P./Löw, R.*, Hrsg., Evolutionstheorie und menschliches Selbstverständnis (Civitas Resultate, Bd. 6), Weinheim 1984 (mit Beiträgen von *W. Stegmüller, F. Kambartel, H.M. Baumgartner, R. Spaemann, R. Löw*). Einen Bericht zur Diskussion der evolutionären Erkenntnistheorie gibt *E.M. Engels* in Information Philosophie 1985, Hefte 1 u. 2 (mit einer umfassenden Literaturliste zum Thema).

nisleistungen“ an. „Wie andere im Lauf der Stammesgeschichte entstandene und der Arterhaltung dienende Leistungen soll auch die des menschlichen Erkennens untersucht werden: als Funktion eines realen und auf natürlichem Wege entstandenen Systems, das mit einer ebenso realen Außenwelt in Wechselwirkung steht“ *(Lorenz, K.* 1977, 14). Danach „liegt die Hypothese ungemein nahe, daß das 'Apriorische‘ – d.s. die von *Kant* als a priori bestimmten Anschauungsformen und Kategorien der Erkenntnis-„auf stammesgeschichtlich gewordenen, erblichen Differenzierungen des Zentralnervensystems beruht, die eben gattungsmäßig erworben sind und die erblichen Dispositionen, in gewissen Formen zu denken, bestimmen“.*

Auf den Begriff des Apriorischen beziehen sich in diesem Sinne auch andere Vertreter der evolutionären Erkenntnistheorie. So heißt es bei *Wuketits:* „Die der (biologischen) Evolutionstheorie entsprungene Konzeption von Erkenntnis- bzw. Denkstrukturen hat in einer evolutionären Erkenntnistheorie ihren Niederschlag gefunden, die das apriorische Erkenntnisvermögen . . . als ein evolutives, in der Stammesgeschichte unserer Spezies und ihrer Vorläufer herausgebildetes Aposteriori zu erklären sucht.“ *(Wuketits, F.,* in *Lorenz, K./Wuketits, F.,* Hrsg., 1984, 11).

Für *Vollmer* lautet die Hauptfrage der evolutionären Erkenntnistheorie, „wie es kommt, daß die subjektiven Strukturen der Wahrnehmung, der Erfahrung und (möglicherweise) der wissenschaftlichen Erkenntnis mit den realen Strukturen wenigstens teilweise übereinstimmen bzw. auf die Welt passen“ *(Vollmer, G.,* 1980, 102). *Vollmer* gibt darauf eine Antwort, die die voranstehenden Zitate zur Frage nach dem Selbstverständnis der evolutionären Erkenntnistheorie zusammenfassend ergänzt und die man als die Hauptthese der evolutionären Erkenntnistheorie bewerten könnte: „Unser Erkenntnisapparat ist ein Ergebnis der Evolution. Die subjektiven Erkenntnisstrukturen passen auf die Welt, weil sie sich im Laufe der Evolution in Anpassung an diese reale Welt herausgebildet haben. Und sie stimmen mit den realen Strukturen (teilweise) überein, weil nur eine solche Übereinstimmung das Überleben ermöglichte“ *(Vollmer, G.,* 1980, 102).

* *Lorenz, K.,* Kants Lehre vom Apriorischen im Lichte gegenwärtiger Biologie. Bl. f. Deutsche Philosophie 15, 1941, S. 94–125; abgedr. in *Lorenz, K./Wuketits, F.,* Hrsg., Die Evolution des Denkens, 1984, 96

Mit der knappen Zitatensammlung haben wir die unseres Erachtens zentralen Behauptungen der fraglichen Theorie – in Form einer Abbreviatur – kennengelernt. Sie sollen nun etwas näher betrachtet werden.

Da ist die Behauptung (1), Erkenntnis sei im Sinne der Erfahrung und Erkenntnis der realen Außenwelt zu bestimmen. Diese Überzeugung wird als ein „hypothetischer Realismus" gekennzeichnet, der annimmt, „daß es eine reale Welt gibt, daß sie gewisse Strukturen hat und daß diese Strukturen teilweise erkennbar sind". „Hypothetisch" nennt dieser Realismus sich offenbar deshalb, weil die Behauptung (1) für ihn nur auf Annahmen beruht und weil er näherhin „prüfen (will), wie weit (er) mit diesen Hypothesen (kommt)" *(Vollmer, G.*, 1980, 35).

Diese Prüfung läuft bei *Vollmer* freilich sogleich darauf hinaus, das „Realitätspostulat" oder die „Realitätshypothese" durch eine ganze Reihe stützender Annahmen sichern zu wollen, darunter solche wie die psychologische Evidenz, die Einfachheit und den Erfolg dieser Hypothese *(Vollmer, G.*, 1980, 35–40).

Uns stellt sich angesichts dieser Hypothese zuerst die Frage, was für eine Welt das ist, die da als reale Außenwelt bezeichnet wird. Allem Anschein nach ist es die in naturwissenschaftlichen Begriffen beschreib- und erklärbare Welt, die als wirklich eingestuft wird, wobei daran vorbeigesehen ist, daß die physikalischen Vorstellungen und Begriffe selbst theoretischer Natur und „Konstrukte des menschlichen Geistes" sind *(Frey, G.*, 1980, 4). *G. Frey* weist im übrigen auf den metaphysischen Rang der Realitätshypothese hin. Die Annahme, eine reale Außenwelt sei erkennbar, läuft darauf hinaus, in jener Erkenntnis, in der diese Welt adäquat erfaßt wäre, die objektive Wahrheit schlechthin, i. S. einer vollständigen Adäquation, zu erblicken. Da die Realitätshypothese mit der Annahme der Existenz einer realen Außenwelt die der Erkennbarkeit eben dieser Welt verbindet, ist in ihr die Behauptung einer unüberholbaren objektiven Wahrheit antizipiert. Eine derartige Behauptung erscheint aber, zumindest im Rahmen evolutionistischen Denkens, als höchst problematisch. Denn menschliches Denken ist nach evolutionärer Auffassung selbst ein Produkt stammesgeschichtlicher, artspezifischer Entwicklung. Unser „Weltbildapparat" *(Lorenz, K.)* oder „ratiomorpher Apparat" *(Riedl, R.)* – d.i. das stammesgeschichtlich gewordene „Präformationssystem" unserer

Erkenntnis, um mit *Kant (Kant, I.,* KrV, B 167) zu sprechen – bestimmen, wie wir wahrnehmen und denken. Die mit den Ausdrücken „Weltbildapparat“ oder „ratiomorpher Apparat“ bezeichneten Mechanismen stellen dann eine Art Brille dar, die wir nicht abnehmen können.* Wenn dem aber so ist, wie soll dann sinnvoll die Rede davon sein, daß wir die objektive (wahre) Wirklichkeit wahrnehmen und erkennen können? (Vgl. *Frey, G.,* 1980, 5; *Löw, R.,* in *Lorenz, K./Wuketits, F.,* Hrsg., 1984, 336).

Lorenz gibt dem Buch, in dem er seine Ansichten über die Naturgeschichte menschlichen Erkennens zusammenhängend darstellt, den Titel: „Die Rückseite des Spiegels“. Diese „Rückseite“ – das wäre jener der realen Außenwelt selbst angehörende Erkenntnisapparat, und die spiegelnde Seite wäre die des Bewußtseins. Von Bewußtseinsseite her ist alles, was wir sehen, „gespiegelt“, bewußtseinsvermittelt. Und die Rückseite? Um im Bild zu bleiben: „Wenn das Bewußtsein ein Spiegel ist, so kennen wir (auch) die Rückseite des Spiegels nur gespiegelt“ *(Weizsäcker, C.F.v.,* 1980, 142) und d. h., die naturwissenschaftliche Erforschung des menschlichen Erkenntnisapparates findet gleichfalls auf der Spiegelseite statt. Die Realität nämlich, die vermeintlich hinter unserer (subjektiven) Vernunft steckende (objektive) Realität des Erkenntnisapparates (die sich naturwissenschaftlich fassen lassen soll), ist, insofern wir von ihr wissen, „Realität für uns“, „und Realität, von der wir nicht wissen können, (kommt) per definitionem in unserem Wissen nicht vor . . .“ *(Weizsäcker, C.F.v.,* 1980, 142).

Im übrigen ist auch die Verwendung des Terminus „Hypothese“ in der Wortverbindung „hypothetischer Realismus“ anfechtbar. Von einer Hypothese sprechen wir in der (empirischen) Wissenschaft als einer auf ihre Wahrheit bzw. ihren Wahrheitsanspruch hin (empirisch) überprüfbaren Annahme. Wir haben es beim „hypo-

* Nach *Riedl* ist unter dem „ratiomorphen Apparat“ „die Gesamtheit dieser vor-bewußten Erkenntnisleistungen“ zu verstehen, d. s. „jene Mechanismen . . ., von welchen wir annehmen müssen, daß sie die funktionalen Vorbedingungen der Entstehung unserer Vernunft darstellen. . .“. Der Ausdruck „ratiomorpher Apparat“ ist der Titelbegriff einer Untersuchung, in der ein „Gesamtbild jener Prinzipien“ gewonnen werden soll, „mit deren Hilfe alles Lebendige Kenntnis von dieser Welt gewinnt“ *(Riedl, R.,* Biologie der Erkenntnis. Die stammesgeschichtlichen Grundlagen der Vernunft. Unter Mitarbeit von *R. Kaspar,* Berlin/Hamburg 1980, 7f.).

thetischen Realismus“ aber gar nicht mit einer (falsifizierbaren) Hypothese, sondern mit einer metaphysischen Voraussetzung zu tun, die sich, soll sie überhaupt aufrechterhalten werden, der erkenntnisphilosophischen Diskussion zu stellen hätte (vgl. *Weizsäcker, C.F.v.*, 1980, 142; *Löw, R.*, in *Lorenz, K./Wuketits, F.*, Hrsg., 1984, 336, 339).

Damit kommen wir zur Behauptung (2) des Evolutionismus. In ihr sollen wir Auskunft erhalten auf die Frage, wie es möglich ist und erklärt werden kann, daß die subjektiven Strukturen der Erkenntnis auf die realen Strukturen der Außenwelt passen. Und die Auskunft lautet: Die Passung (unserer Erkenntnisstrukturen auf die Welt) ist ein Produkt stammesgeschichtlicher Anpassung (unseres Erkenntnisapparates an die Um-Welt), eine Anpassung, die unser Überleben ermöglichte.

Die Auskunft verbindet zwei Gesichtspunkte miteinander, deren Zusammengehörigkeit als äußerst fraglich erscheint. Zum einen kann man, gestützt auf gewisse Belege, die These vertreten, daß der Erwerb bestimmten Wissens bzw. bereits die Fähigkeit zu solchem Erwerb sehr wohl nützlich, ein Überlebensvorteil sein kann. Aber da wird zum anderen behauptet, daß dieses stammesgeschichtlich zustandegekommene Wissen auf die realen Strukturen (der Außenwelt) paßt. Das gilt vor allem für den Menschen, dessen Erkenntnisfähigkeiten allen anderen Arten überlegen und also zur Wirklichkeitserkenntnis besonders, ja eigentlich erst richtig geeignet sein sollen.

Daß allein die biologische Nützlichkeit, der Überlebensvorteil eine Bestätigung für die teilweise Passung, die partielle Isomorphie, sein soll, ist nicht einzusehen. Warum sollte – so ließe sich schlicht zurückfragen – Überleben nicht „auch durch Nicht-Angepaßtheit, durch Irrtum, Lüge etc. möglich“ sein? *(Baumgartner, H.M.,* in *Poser, H.* Hrsg., 1981, 48)

Im übrigen gerät der Evolutionismus hier wiederum in den schon aufgedeckten Selbstwiderspruch. Nach seinem Grundschema legen die selektiv entwickelten, artspezifischen Erkenntnisapparate die Art und Weise fest, wie ein Lebewesen die Wirklichkeit sieht. Was sollte es in diesem Deutungsschema für einen Sinn haben, zu sagen, daß ein bestimmtes Erkenntnis- (Wahrnehmungs- und Denk-)Vermögen den Selektionsvorteil habe, die Wirklichkeit korrekter zu erkennen als andere? (vgl. *Frey, G.*, 1980, 4ff.) *Frey* bringt ein Beispiel: Hat von zwei Tierstämmen der eine ein besseres Gehör – i.S. einer niedrigeren Hörschwelle –, dann haben die Angehörigen dieses Stammes, insofern sie ihre Feinde eher wahrnehmen, einen Selektionsvorteil. Aber damit ist doch nicht gesagt, daß das „bessere“ Gehör auch die korrektere Erkenntnis der Wirklichkeit liefert.

Wie will der Evolutionismus begründen, daß der Mensch durch biologische (und kulturelle Weiter-)Entwicklung – und das heißt ja: durch Steigerung der bereits im Bereich der Tiere angelegten Erkenntnisstrukturen* – zur richtigeren oder eigentlich überhaupt erst rechten Erkenntnis der Wirklichkeit gelangt? Wir haben keinen Grund zu der Annahme, daß mit besserer „Angepaßtheit“ – diese einmal zugestanden – „eine Entwicklung des Erkenntnisvermögens in Richtung auf eine immer richtigere Erkenntnis der Wirklichkeit und Wahrheit fortschreitet“ *(Frey, G.*, 1980, 6).

Wie auch sollten jene Theorien, die uns festzustellen erlauben, daß unsere Organstrukturen besser angepaßt sind als die anderer Lebewesen, uns zugleich die Entscheidung über ein Höher und Niedriger der Erkenntnis ermöglichen? Diejenige Instanz, die diese Entscheidung zu treffen hätte, wäre ja selbst ein Produkt der Anpassung, und sie träfe ihre Entscheidung gemäß jener Theorien, die ihrerseits Produkte des an die Umwelt angepaßten Erkenntnisvermögens wären.**

Es dürfte danach klar geworden sein, daß von einer zureichenden Begründung der Zusammengehörigkeit der mit der Behauptung (2) verbundenen Prinzipien: Passung und Anpassung nicht gesprochen werden kann.

Damit sind wir bei der Behauptung (3), die, genaugenommen, nur eine andere, aus philosophischer Sicht besonders pikante

* Es wird in betreff solcher Steigerung gar ein eigenes Entwicklungsprinzip, die sogenannte Fulguration (lat. fulguratio = Blitzstrahl): also das blitzartige Entstehen von etwas Neuem, in Anspruch genommen *(Lorenz, K.*, 1977, 47 ff.); die Schwierigkeiten mit diesem Prinzip deckt *Löw, R.*, in *Lorenz, K./Wuketits, F.*, Hrsg., 1984, 347 ff. auf.

** *Baumgartner, H.M.*, in *Poser, H.*, Hrsg., 1981, 46. *Baumgartners* Argumentation zielt auf den Nachweis der Zirkularität einer Erklärung naturgeschichtlichen Entstehens der Vernunft, insofern ja die Feststellung einer derartigen Geschichtlichkeit der Vernunft schon wieder eine Erkenntnis der Vernunft selbst darstellt.

Formulierung der Behauptung (2) darstellt. In (3) wird die *Kantsche* Annahme der Apriorität der reinen Anschauungsformen und Kategorien der Erkenntnis als eine bloße Teilwahrheit apostrophiert.* Denn schließlich sei ja nach der Herkunft dieser, von Kant als apriorisch eingestuften Strukturen zu fragen. Und darauf gibt es für den Evolutionisten nur eine, uns inzwischen vertraute Antwort: sie sind stammesgeschichtlich entstanden, das aber heißt: sie sind phylogenetisch a posteriori; a priori sind sie nur in ontogenetischer Sicht. A priori besagt dabei soviel wie: unabhängig von jeglicher Erfahrung des Individuums.** *Lorenz* bezieht sich besonders auf unsere Raumanschauung, also unsere Fähigkeit zur geometrischen Einsicht apriorischer Art. Ein derartiges apriorisches Wissen kann sich nach *Kant* nicht der Affektion durch Außen-Objekte verdanken und sagt uns also nichts über die Gegenstände an sich. *Kant* ist davon überzeugt, daß wissenschaftliche Erkenntnis nur möglich ist unter den unsere Erfahrung strukturierenden und unser Denken auf die Gegenstände der Erfahrung beziehenden, apriorischen Bedingungen. Es handelt sich bei dieser Überzeugung um eine rein gedankliche Konstruktion, die ihren Zweck, nämlich: die Möglichkeit gegenständlicher Erfahrung und damit auch der Erfahrungswissenschaft logisch aufzuweisen, verfehlen würde, wären die Kategorien angeborene Anlagen zum Denken. *Kant* selbst hat das klar gesehen und insofern die Kritik an *Lorenz* gleich mitgeliefert. Angenommen, jemand schlage vor, so heißt es bei ihm (KrV, B 167f.), die Kategorien als „eingepflanzte Anlagen zum Denken" („eine Art von Präformationssystem der reinen Vernunft") zu nehmen; die Folge dieses Vorschlags wäre, „daß in solchem Falle den Kategorien die Notwendigkeit mangeln würde, die ihrem

* *G. Vollmer* setzt sich mit *Kants* Erkenntnisphilosophie in dem Aufsatz: Kant and evolutionary epistemology, in: Akten des 7. Int. Wittgenstein-Symposiums (v. Aug. 1982), Wien 1983, 185–197, auseinander; dieser Aufsatz, um wesentliche Teile erweitert, erschien auch unter dem Titel: Kant und die evolutionäre Erkenntnistheorie, in: Allgm. Ztschr. f. Philos., Stuttgart 1984, H. 2, 19–71)

** Diese These wurde von *K. Lorenz* in dem schon genannten Aufsatz: Kants Lehre vom Apriorischen im Lichte gegenwärtiger Biologie (1941) entwickelt. *Lorenz* selbst ist sich offenbar bewußt, daß seine Auffassung eines „aposteriorischen A priori" auf eine Zerstörung des *Kantschen* Begriffs und nicht auf eine verträgliche Interpretation hinausläuft (vgl. in *Lorenz, K./Wuketits, F.*, Hrsg., 1984, 96).

Begriffe wesentlich angehört". Nehmen wir den Begriff der Ursache. Wäre dieser Begriff angeboren, dann hieße es nicht: „Die Wirkung ist mit der Ursache im Objekte (d.i. notwendig) verbunden", sondern: „Ich bin so eingerichtet, daß ich diese Vorstellung nicht anders als so verknüpft denken kann". Genau diese Aufweichung unserer Begriffe ist es, „was der Skeptiker am meisten wünscht; denn alsdann ist alle unsere Einsicht, durch vermeinte objektive Gültigkeit unserer Urteile, nichts als lauter Schein . . ."; und man könnte „mit niemandem über dasjenige hadern, was bloß auf der Art beruht, wie sein Subjekt organisiert ist".

Dem *Kantschen* Einwand, daß eine biologistisch-evolutionistische Deutung der Kausalitätskategorie in skeptischen Relativismus mündet, ein Einwand übrigens, der dem *Husserls* gegen den Psychologismus gleicht, läßt sich ein weiterer hinzufügen (vgl. dazu: *Spaemann, R./Löw. R.,* 1981, 244): Ist die apriorische Kategorie der Kausalität stammesgeschichtlich betrachtet ein Anpassungsprodukt, dann ist offenbar bereits die Natur an sich, der wir uns ja anpassen, kausal strukturiert. Eine, wie *Kant* meint, Naturerkenntnis überhaupt erst ermöglichende (Denk-)Kategorie der Kausalität ist damit zur Realkategorie in dem Sinne erklärt, daß die Natur als an sich kausal strukturiert anzusehen ist. Woher wir das wissen? Schlicht daraus, daß wir kausal denken! Die Gültigkeit des kausalen Denkens wird dabei implizit vorausgesetzt; andernfalls funktionierte ja das ganze Erklärungsschema des Evolutionismus nicht.

Wir wollen es mit diesen wenigen kritischen Anmerkungen zum Evolutionismus bewenden lassen. Es ging in unserem Zusammenhang darum, jene als naturalistisch bezeichneten Versuche als fragwürdig aufzudecken, in denen logische und erkenntnisphilosophische Untersuchungen des Denkens und der Erkenntnis durch einzel-(natur-)wissenschaftliche Erklärungsansätze ersetzt werden sollen.

Es wird zwar von Vertretern der evolutionären Erkenntnistheorie, wie z.B. von *Vollmer* und *Wuketits,* betont, daß sie diese Theorie nicht an die Stelle anderer Disziplinen, einschließlich philosophischer, setzen wollen, daß sie sich vielmehr als Partner in einem interdisziplinären Forschungsprogramm verstehen, so daß man ihnen auch nicht den Vorwurf machen könne, sie beabsichtigten, philosophische Probleme auf die Ebene der Biologie zu reduzieren; das hindert sie aber nicht daran, erkenntnisphilosophische Fragestellungen in betreff des Anspruchs unserer Erkenntnis auf objektive Geltung und Wahrheit in einen rein genetischen Erklärungszusammenhang zu bringen.

Sowohl der Psychologismus als auch der (biologische) Evolutionismus suchen die *Kantsche* Frage: quid iuris? hinter die Frage: quid facti? zurückzudrängen. Wir haben aufzuzeigen versucht, daß die Durchführung dieser Absicht in Irrtümer und Widersprüche führt. Die Fragen danach, welche Maßstäbe an eine Erkenntnis anzulegen sind, damit sie als eine solche gelten kann, welche Voraussetzungen erfüllt sein müssen, damit der Anspruch unserer Erkenntnis auf objektive Geltung gerechtfertigt werden kann und welche Kriterien möglicherweise kennzeichnend sind für die Wahrheit, lassen sich durch Fragen nach der biologischen Herkunft gewisser Erkenntnisstrukturen oder nach den psychologischen Eigenschaften und Vollzugsweisen gewisser Bewußtseins- oder Denkakte nicht ersetzen. Sie müssen eigens gestellt und auf logischem und erkenntnisphilosophischem Wege beantwortet werden.

3. Die Konstituentien unserer Erkenntnis: Erfahrung und Denken

Zwar waren in unsere bisherige Erörterung der Begriffe Erkenntnis und Erkenntnisphilosophie die Begriffe der Erfahrung und des Denkens bereits einbezogen, sie wurden aber noch nicht eigens zur Sprache gebracht. Dabei geht es in erkenntnisphilosophischen Untersuchungen um ein Verständnis gerade dieser Begriffe bzw. um den Nachweis, der (übergeordnete) Erkenntnisbegriff lasse sich in irgendeiner Form auf sie zurückführen. Beispielsweise besteht nach empiristischer Auffassung die Erkenntnis aus Urteilen, deren Wahrheitsgehalt sich unseren (Sinnes-)Erfahrungen verdankt; nach rationalistischer Überzeugung dagegen läßt sich von gewisser oder gesicherter Erkenntnis nur dann sprechen, wenn die Erkenntnis-Aussagen sich letztlich aus unbestreitbar wahren, evidenten (Vernunft-)Prinzipien ableiten lassen.

Kant distanziert sich von den Einseitigkeiten des Empirismus und des Rationalismus. Er zeigt auf, daß von Erkenntnis sinnvoll nur dann zu sprechen ist, wenn sich beides: die reinen Begriffe unseres Verstandes und die Eindrücke unserer Sinne in ihr zusammenfinden und gelangt damit zu einer kritischen, gegen dogmatischen Rationalismus und naiven Empirismus sich abgrenzenden Position. Ohne eine Bestimmung des Verhältnisses von Denken und Sinnlichkeit (im Sinne des Empfangens von Sinnesreizen und Speicherns von Sinneseindrücken), die dem Lösungsansatz *Kants* gerecht wird, ist ein philosophisch tragfähiger Erfahrungs- und Erkenntnisbegriff nicht zu gewinnen.

Für einen Einstieg in die Fragestellungen der Erkenntnisphilosophie, zu dem die vorliegende Einführungsschrift verhelfen will, dürfte es zweckmäßig sein, den historischen Dreischritt vom Rationalismus über den Empirismus zur Position *Kants* nachzuvollziehen, um so die Zusammengehörigkeit von Denken und Sinneserfahrung im Begriff der Erkenntnis zu erfassen.

Wir wenden uns zunächst dem Begriff der Erfahrung zu.

3.1 Erfahrung

In Orientierung an dem die Naturwissenschaften leitenden Erfahrungsbegriff und im Gefolge einer empiristischen Philosophie ist es gebräuchlich geworden, Erfahrung überhaupt mit Sinneserfahrung gleichzusetzen.

Der moderne Empirismus unterscheidet zwei Arten wissenschaftlich möglicher und sinnvoller Aussagen: formale oder analytische Aussagen, denen wir in Logik und Mathematik begegnen, und materiale oder synthetische Aussagen, denen Erfahrungsdaten zugrunde liegen und die wir in den Erfahrungswissenschaften antreffen. Äußerungen, die sich weder der einen noch der anderen Art zuordnen lassen, die also weder einen analytischen Charakter haben, derart, daß ihr Wahrheitsgehalt sich ohne Bezugnahme auf Erfahrungsdaten einsehen läßt, noch einen empirischen Bezug, so daß sich ihr Wahrheitsanspruch im Ausgang von (Sinnes-)Erfahrungsbelegen überprüfen läßt, haben danach in der Wissenschaft nichts zu suchen. Sie haben vielmehr einen privaten oder auch literarischen Charakter, selbst dann, wenn sie sich mit dem altehrwürdigen Namen der Metaphysik bekleiden. Von seiten der wichtigsten Vertreter des modernen Empirismus, des Wiener

Kreises *(M. Schlick, R. Carnap* u. a.), werden Fragen der Metaphysik – i. S. einer Wissenschaft von dem, was „hinter" der sinnlich erfahrbaren Wirklichkeit liegt – einem Sinnlosigkeitsverdacht ausgesetzt. Wissenschaftlich ernstzunehmende Aussagen sind, sofern sie nicht von rein logisch-mathematischer Art sind, Bestandteile einer empirischen Theorie und müssen sich als solche der Verifikationsforderung stellen, d. h. ihre Wahrheit muß sich an empirischen Daten aufzeigen oder im Sinne der Verknüpfung empirischer Feststellungen nachweisen lassen.

Diese Forderung und damit der Sinnlosigkeitsverdacht gegenüber metaphysischen Problemstellungen erwiesen sich als unhaltbar. Das bekannte und oft genannte Gegenargument besagt: Soll über Sinn und Unsinn aller wissenschaftlichen Aussagen generell, gemäß eines Sinnkriteriums, entschieden werden, so ist auch nach dem Sinn dieses Kriteriums zu fragen, und es zeigt sich, daß es selbst keiner der beiden, vermeintlich allein möglichen Arten wissenschaftlicher Aussagen zugehört. Es ist weder den analytischen noch den empirisch-synthetischen Aussagen zuzuordnen, zählt also selbst zu jenen (metaphysischen) Aussagen, die dem Sinnlosigkeitsverdacht verfallen (sollen).

Nun läßt sich freilich in Frage stellen, daß sich alle „sinnvollen" wissenschaftlichen Aussagen auf die zwei Klassen der logisch-mathematischen und der auf empirische Belege zu stützenden Aussagen aufteilen lassen. Des weiteren stellt sich die Frage, was wir überhaupt unter Erfahrung zu verstehen haben und was es zu bedenken gilt, wenn wir Erfahrung als Sinneserfahrung auslegen.

3.1.1 Umgangssprachliche Bedeutungen des Erfahrungsbegriffs

Im alltagssprachlichen Redezusammenhang begegnet uns das Wort Erfahrung in verschiedenen Bedeutungen.*

Sagt man von jemandem, daß er Erfahrung habe, dann kann damit gemeint sein, er wisse auf einem bestimmten, eben seinem Gebiet Bescheid, er sei für das, was in dieses Gebiet fällt, zuständig, entscheidungs- und handlungsfähig.

Das Bescheid-Wissen muß nicht auf einen engen, etwa handwerklichen Sektor beschränkt sein; es kann sich, vielleicht mit

* Vgl. zu folgenden Unterscheidungen: *Kessler, A./Schöpf, A./Wild, C.*, Artikel „Erfahrung", in *Krings, H.* u. a., Hrsg., 1973 (Bd. 2), 374

zunehmendem Alter, auf die für alle Menschen wichtigen Lebensfragen beziehen; Erfahrung ist dann im Sinne von Lebenserfahrung aufgefaßt. Jemand, der „reich ist an (Lebens-)Erfahrung", hat den anderen, den (jungen) Unerfahrenen etwas voraus, das diese nicht so ohne weiteres durch Lernprozesse im Zeitraffer einholen können. Und es gibt Situationen, in denen der an und im Leben Erfahrene dem Unerfahrenen, sofern dieser sich durch jenen nicht belehren lassen mag, mahnend sagt: „Du wirst schon noch durch Erfahrung klug."

Mit dem Ausdruck Lebenserfahrung verbindet sich die Vorstellung, es gebe so etwas wie einen Satz fundamentaler (Lebens-)Einsichten und Regeln, über die man erst relativ spät, im Fortgang des Lebens, Klarheit gewinne, obwohl man ihrer eigentlich schon viel früher bedürfte. *Kant* bezieht sich in einer Anmerkung seiner geschichtsphilosophischen Schrift über den mutmaßlichen Anfang der Weltgeschichte auf die „Ars longa, vita brevis" des *Hyppokrates* und fügt dann, wie der griechische Philosoph, bedauernd hinzu: „Es ist schade, daß man alsdann sterben muß, wenn man eben angefangen hat einzusehen, wie man eigentlich hätte leben sollen."*

Man kann der Tatsache, daß manche Einsicht, wenn überhaupt, erst relativ spät im Leben erworben wird, einen anderen Sachverhalt gegenüberstellen, den wir etwa so ausdrücken können: „Jeder muß seine eigenen Erfahrungen machen" oder „Ich möchte mich da lieber an meine eigenen Erfahrungen halten".

Hier klingt eine weitere Bedeutung von Erfahrung an, die der zuvor genannten entgegenzustehen scheint. War jene nämlich mit der Vorstellung verbunden, daß die Menschen, die nicht lediglich an Jahren alt, sondern durch Erfahrung klug geworden sind, etwas gemeinsam haben, nämlich eine Art von Lebensweisheit, so betont diese gerade den Wert der je eigenen Erfahrung, den individuellen Charakter der Erfahrung. Jemand, der sich auf seine eigene Erfahrung beruft, kann dies auch in dem Sinne tun, daß er sich und seine Lebensführung nicht aus übergeordneten Lebensregeln heraus, sondern als ein einmaliges, persönliches Unternehmen verstanden wissen möchte. Erfahrung wird dann nicht, wie im Falle der

* *Kant, I.,* Kleinere Schriften zur Geschichtsphilosophie, Ethik und Politik, hg. v. *K. Vorländer,* Hamburg (PhB 47[I]) 1959, 58, Anm.

Lebenserfahrung, als etwas aufgefaßt, worauf sich die verschiedenen Menschen, im Fortgang ihrer Lebensjahre, als das ihnen Gemeinsame zubewegen (können), sondern gerade umgekehrt: Erfahrung kann hier das die Menschen Unterscheidende sein, dasjenige, was die persönliche Biographie eines Menschen ausmacht.

Wiederum eine andere Bedeutung von Erfahrung treffen wir manchmal in negativer Fassung an, etwa, wenn über jemanden, der immer wieder die gleichen Fehler macht, gesagt wird: „Der wird auch durch Erfahrungen nicht klug."

Jemand, von dem so gesprochen wird, wird für unbelehrbar gehalten, für unfähig, aus Erfahrungen zu lernen. Positiv gewendet: Erfahrungen machen (können) heißt lernen, sich ändern und sein Verhalten verbessern zu können. Erfahrungen machen können setzt ein noch nicht Festgefahrensein, ein Offen- und nicht Voreingenommensein voraus; im deutschen Wort Erfahren steckt ja der Wortsinn eines Fahrens (Wanderns), durch das wir zur Erkenntnis gelangen können.

Die Vorstellung von Offensein und Neugierverhalten, des Sich-auf-den-Weg-Machens, des Versuchens und Probierens steckt auch im Begriff der Erfahrungswissenschaft; vielleicht dominiert das Bewußtsein, immer wieder von vorne, von neuem anfangen zu können, in der Erfahrungswissenschaft sogar zu einseitig, so daß dabei die „Vorstrukturierung aller Erfahrung" übersehen wird (*Kessler, A./Schöpf, A./Wild, C.,* in *Krings, H.* u.a., Hrsg., 1973 [Bd. 2], 374). Im Empirismus erstarrte die Idee der Unvoreingenommenheit zur Tabula-rasa-Formel, wonach unser zunächst leeres (unvoreingenommenes) Bewußtsein durch die von uns gemachten Erfahrungen nach und nach beschrieben wird. Diese Metapher sollte auf die einfachste Weise Klarheit darüber verschaffen, wie unsere Erkenntnis, unser Wissen von der Welt zustande kommt. Darauf wird zurückzukommen sein.

Was im übrigen die empiristische Deutung von Erfahrung i.S. eines Sich-Öffnens bzw. die Sinne-geöffnet-Haltens angeht, um die Weltdinge möglichst genau wahrzunehmen, so wie sie an sich selbst sind, so scheint mit ihr ein Verständnis des Erfahrungsgewinns als ein passiv-rezeptives Verhalten verbunden zu sein. Danach scheinen die Dinge uns, unseren Sinnen vorgegeben zu sein, und sie gewinnen über die von ihnen ausgehenden Sinnesreize für uns gegenständlichen Charakter. Es wird noch zu zeigen sein, daß die – auch durch die falsche Lesart von „Wahr-nehmen" begünstigte* – passivistische Deutung der Wahrnehmung, nämlich: Wahrnehmen als bloßes Aufnehmen, Empfangen von Sinnesreizen, derart, daß diese, als Eindrücke, im Sinne von Abbildern der Außenwelt – Dinge aufzufassen wären, einseitig und deshalb falsch ist. Die Wahrnehmung besteht nicht in dem vermeintlich rein rezeptiven Haben von Sinnesempfindungen, insofern ja diese Empfindungen raum-zeitlich strukturiert sind. Die Vorstellung bloßer Rezeptivität läßt sich schon gar nicht mit dem Begriff der Erfahrung in Einklang bringen, sofern wir unter „Erfahrung" ein Urteilen über Wahrnehmungen und damit ein Herstellen von Zusammenhängen zwischen Wahrnehmungen verstehen.** Der Aktivitätsaspekt wird in der empiristischen Deutung der Erfahrung als Sinneseindruck vernachlässigt.

Bevor wir mit einigen Überlegungen auf den Begriff der Sinneserfahrung eingehen, sei noch kurz ein weiterer Bedeutungsunterschied in dem Ausdruck Erfahrung zur Sprache gebracht, der gerade in erkenntnisphilosophischem Kontext häufig aufgegriffen wird, nämlich der von äußerer und innerer Erfahrung.

Mit äußerer Erfahrung ist die Wahrnehmung von etwas durch die

* Der Ausdruck Wahrnehmen täuscht eine Komplexität vor, wenn man ihn in die Wortbestandteile: „wahr" und „nehmen" auseinanderliest. Dabei hat die Silbe „wahr" in Wahrnehmen mit „wahr" im Sinne von Wahrheit etymologisch nichts zu tun. Vielmehr hat „Wahrnehmen" einen gleich einfachen Sinn wie andere Wahrnehmungsausdrücke, etwa Sehen und Hören. Für „Wahrnehmen" besaß das Deutsche ursprünglich den Ausdruck „wahren" (heute noch erhalten in: gewahren, bewahren), substantivisch: „Wahre." „Wahre nehmen von etwas" ist gleich „Kenntnis nehmen von etwas", d.i. wahrnehmen (vgl. dazu *Prauss, G.*, 1980, 116, Anm. 1, der sich dabei auf das Deutsche Wörterbuch von *Paul, H.* und *Betz, W.*, Tübingen 1968, bezieht).

** Der Gesichtspunkt der Aktivität kommt übrigens in dem Wort „Erfahren" besser zum Ausdruck als in dem Ausdruck „Wahrnehmen", wenn wir den Wortbestandteil „fahren" auffassen i. S., eines Sich-in-die-richtige-Lage-Bringens, um Übersicht zu gewinnen, so daß wir die betreffende Sache zu erkennen vermögen (vgl. dazu *Vries, J. de*, 1980, 58).

nach außen gerichteten Sinne gemeint.* Bei den Empiristen, z. B. *J. Locke,* wird zwischen äußerem und innerem Sinn unterschieden; ersterer vermittelt mir jene Bewußtseinsinhalte, die ich durch Sinnesreize gewinne, denen die Sinnesempfindungen – als Eindrücke von etwas sinnlich Einzelnem – entsprechen; letzterer wird zur Bezeichnung der Gefühle und Willensregungen verwandt.

Mit der Charakterisierung der Wahrnehmung als äußerer Erfahrung ist ein Weiteres verbunden. Angenommen, ich sehe dort drüben das herbstlich-gelbe Laub eines Baumes, und ich teile dies jemandem mit. Spreche ich dann lediglich über den Gesichtseindruck des Gelben bzw. über eine Gelbempfindung, die ich habe, also über so etwas wie eine innere Erfahrung? Wohl nicht! Vielmehr mache ich eine Mitteilung darüber, daß ich, der ich gelbes Laub (am Baum) sehe, ein Stück Welt „da draußen" wahrnehme. Nicht spreche ich über eine Gelbempfindung, so wenig das, was ich sehe, der Gesichtseindruck des Gelben ist. Äußere Erfahrung (Wahrnehmung) ist danach Erfahrung von Außenwelt, wenn wir freilich auch immer dann, wenn wir „da draußen" etwas sehen, in der Innenwelt eine Vorstellung haben. Es ist zwischen Wahrnehmung, durch die und in der uns Dinge der Außenwelt zu Gegenständen werden, und Sinneseindrücken, die als Vorstellungen der Innenwelt angehören, zu unterscheiden. Zwar liegen unserer Wahrnehmung von etwas Sinneseindrücke zugrunde, doch sind die Sinneseindrücke für sich (noch) keine Wahrnehmung. Erst auf der Wahrnehmungs- oder Erfahrungsebene, nicht bereits auf der der Vorstellungen, treten wir heraus aus der Innenwelt (unserer Vorstellungen).

Wir können uns bei der Hervorhebung des genannten Unterschiedes zwischen Vorstellungs- und Wahrnehmungswelt auf keinen Geringeren als *Kant* berufen. Nach *Kant* bleibt die Wahrnehmung, so sehr sie auf Anschauungen der Innenwelt beruht, „bei diesen Anschauungen . . . nicht stehen" (KrV, B XVII); solches Stehenbleiben bedeutete, daß wir unsere eigene Innenwelt wahrnähmen, so daß die Außenwelt lediglich – im Sinne logischer Konstruktionen aus Sinnesdaten – erschlossen und nicht eigentlich

* Die eben vorgenommene Differenzierung von Wahrnehmung, als Zusammenhang von Sinnesempfindungen, und Erfahrung, als Zusammenhang von Wahrnehmungen, kann hier vernachlässigt werden, so daß „äußere Erfahrung" synonym mit „Sinnes-Wahrnehmung" zu nehmen ist.

wahrgenommen wäre. Nach *Kant* wird in und vermittels der Wahrnehmung die Innenwelt zur Außenwelt hin überschritten. Das aber wäre unmöglich, beruhte die Wahrnehmung allein auf den Sinneseindrücken. Was nach *Kant* schließlich noch hinzukommen muß, damit wir über die Wahrnehmungen objektiv urteilen können, ist die Spontaneität des Verstandes, dessen Begriffe „a priori auf Objekte gehen" (KrV, B 105).

In dieser Überlegung *Kants,* nach der die Wahrnehmung nicht aus bloßen Sinneseindrücken besteht, sondern der die Eindrücke raum-zeitlich strukturierenden Formen der reinen Anschauung bedarf, und die Erfahrung durch die reinen Verstandesbegriffe geprägt ist, verbirgt sich eine Kritik am Empirismus.

Der klassische Empirismus *J. Lockes* und *D. Humes* glaubte, die Erfahrung – und damit die Erkenntnis des Realen – allein im Ausgang von Sinnesdaten gewinnen zu können. Dabei mußte die reale Existenz der Dinge vorausgesetzt und des weiteren angenommen werden, daß die Dinge sich in den Sinneseindrücken mehr oder weniger adäquat abbildeten. Dieser passivistischen Deutung der Erfahrung tritt *Kant* entgegen.*

Mit den letzten Bemerkungen zur Empirismuskritik, unter Anschluß an die Position *Kants,* sind wir über die Ebene der umgangssprachlichen Bedeutungen des Erfahrungsbegriffs bereits hinausgegangen. Dies erwies sich im Zusammenhang der Unterscheidung von äußerer und innerer Erfahrung als erforderlich, eine Unterscheidung, die über den umgangssprachlichen Gebrauch hinausgeht und von erkenntnisphilosophischem Belang ist.

Das gleiche gilt vom Begriff der Sinneserfahrung, der heute zumeist als Synonym für Erfahrung überhaupt auftritt.

3.1.2 Zum Begriff der Sinneserfahrung

Über diesen Begriff versucht man sich oft durch Aufdeckung des zugrundeliegenden Kausalmechanismus Verständnis zu verschaffen. Danach empfangen unsere Sinnesorgane physikalische oder chemische Reize aus der Umwelt und formen sie in Nervenerregung um. Diese wird über die entsprechenden Nervenzellen zu den Sinneszentren der Großhirnrinde weitergeleitet. Dort erfolgt die

* Vgl. zu den voranstehenden Überlegungen mit entsprechenden Bezugnahmen auf *Kant* auch: *Prauss, G.,* 1980, 45–51

Umschaltung der nervösen Erregungen in (bewußte) Sinnesempfindungen. Aus den Sinnesempfindungen setzen sich unsere Wahrnehmungen zusammen.

Bei näherer Betrachtung zeigt sich, daß diese kausale Deutung der Wahrnehmung in erkenntnisphilosophischer Sicht nicht ausreicht.

Die Sinnesreize (bzw. auch die entsprechenden Empfindungen), für sich allein genommen, ermöglichen noch keine Wahrnehmung oder (Sinnes-)Erfahrung; sie sind vielmehr eine Menge ungeordneter Signale und Eindrücke. Um ein raumzeitliches Ganzes und damit Wahrnehmung zu werden, muß etwas hinzukommen, nämlich jene Struktur oder Ordnung, die sich der Aktivität des (bewußt) wahrnehmenden Subjekts verdanken. Das läßt sich z. B. an der Farb- und Gestaltwahrnehmung aufzeigen (vgl. dazu *Vollmer, G.*, 1980, 45 ff.).

Bekanntlich geht aus dem Spektrum der Farben nur ein Ausschnitt in unsere Wahrnehmung ein. Dieser selektiven tritt eine konstruktive Leistung des wahrnehmenden Subjekts an die Seite. Den (wahrgenommenen) Farben liegen ja, in physikalischer Sicht, Lichtwellen bestimmter Längen zugrunde. Physikalischen Gegebenheiten, Wellenlängen des Lichtes, werden ganz neue Qualitäten, eben Farben beigelegt; und es sind diese Farben, nicht die Lichtwellen, die wir sehen, und in der qualitativen Verfaßtheit wird dem Wahrnehmenden die räumliche Struktur des Wahrgenommenen bewußt.

Die konstruktiv-strukturierende Leistung des wahrnehmenden Bewußtseins zeigt sich gleichfalls in der Gestaltwahrnehmung. Als wesentliche Merkmale der Gestalt sehen wir ihre Übersummativität: das Ganze ist mehr als die Summe seiner Teile und ihre Transponierbarkeit an: auch in transponierter Form bleibt die Gestalt erhalten, wie etwa eine Melodie, die von einer Tonart in die andere übertragen wird. Gestalten heben sich für uns als komplexe Wahrnehmungseinheiten von ihrer Umgebung ab. Offenbar wird hier von seiten des wahrnehmenden Subjekts eine ungeordnete Menge von Signalen in z. B. räumliche oder zeitliche oder raumzeitliche Beziehungen gebracht, derart, daß daraus eine Ganzheit oder Gestalt entsteht.

Von der Infragestellung der Auffassung, daß unsere Wahrnehmung durch die Aufdeckung der ihr zugrunde liegenden physikalisch-physiologischen Kausalmechanismen zureichend erkannt sei, ist auch jene naiv-realistische bzw. -empiristische Annahme mit betroffen, nach der sich in den Sinneseindrücken Daten der Außenwelt manifestieren, so daß uns also die Wahrnehmung, insofern sie sich aus den Sinneseindrücken zusammensetzt, ein mehr oder weniger adäquates Abbild der Außenwelt lieferte.

Da unsere Wahrnehmung gar nicht allein von den Sinneseindrükken her, sondern zugleich als eine der Aktivität des Bewußtseinssubjekts sich verdankende Leistung verstanden werden muß, kann sie auch nicht im Sinne passiven Abbildens der Außenwelt-Dinge interpretiert werden.

Der traditionelle Empirismus und der klassische Positivismus gehen davon aus, daß Erfahrung und Real-Erkenntnis sich allein vom Gegebenen der Sinnesdaten her bzw. auf der Basis jener Beobachtungs- oder Protokoll-Sätze, die solche Daten kodifizieren, aufbauen und konstruieren lassen. Die Rede vom unmittelbar Gegebenen mag zwar auf die Sinneseindrücke als solche zutreffen, nicht aber läßt sie sich auf die Wahrnehmung anwenden.

Die Gegenstände der Wahrnehmung sind, im Unterschied zu den Sinneseindrücken, nicht unmittelbar gegeben, sondern vermittelt, d.h. die Sinneseindrücke werden von seiten des wahrnehmenden Bewußtseins so strukturiert, daß sich aus ihnen der Gegenstand allererst bildet. Weder kann ohne diese strukturierende Leistung das Zustandekommen des Gegenstands – und d.h. zugleich das Überschreiten der Innenwelt der Sinneseindrücke oder Vorstellungen – erklärt werden, noch ist es sinnvoll, die Existenz einer gleichsam fertigen Außenwelt vorauszusetzen, deren Eigenschaften sich in unseren Sinneseindrücken als Daten niederschlügen. Vielmehr ist die Gegenständlichkeit der Außenwelt durch das wahrnehmende, erkennende Subjekt (mit-)konstituiert.

Die Auffassung, unsere Wahrnehmung leite sich von den unmittelbar gegebenen Sinneseindrücken und allein von ihnen ab, ist in zweifacher Hinsicht problematisch.

Zum einen führt sie in den unaufhebbaren Dualismus von Außenwelt und Innenwelt. Die Außenwelt muß dabei als das „an sich“ Bestehende vorausgesetzt werden. Daß die unmittelbar gegebenen Sinneseindrücke – und unmittelbar können die Sinneseindrücke jeweils nur dem gegeben sein, der sie gerade hat –

(subjektive) Entsprechungen von Außenwelt-Eigenschaften sein sollen, kann nur unterstellt, im Rahmen eines Außenwelt-Innenwelt-Dualismus aber prinzipiell nicht überprüft werden.

Versteht man dagegen unter Wahrnehmung die ordnende – und zwar die die Sinneseindrücke strukturierende – Leistung des Bewußtseins (des wahrnehmenden Subjekts), dann entfällt jener unüberbrückbare Dualismus. Wir sind danach in der Wahrnehmung auf die Außenwelt gerichtet; insofern wir aber etwas (in ihr) als strukturiert wahrnehmen, ist das Wahrgenommene nicht bloßes Kompositum von Sinneseindrücken. Wie auch sollte der Umschlag von Innen- in Außenwelt sich vollziehen? Das Wahrgenommene ist insoweit das Produkt des wahrnehmenden Bewußtseins, als dieses Sinneseindrücke (als Elemente) gestaltend zusammenfügt.*

Es sei hier noch ergänzend vermerkt, daß die voranstehende Kritik einer passivistischen Interpretation der Wahrnehmung auch mit Konsequenzen bezüglich des Verständnisses von wissenschaftlicher Erkenntnis verbunden ist. Würde nämlich an jener verfehlten Wahrnehmungstheorie festgehalten, nach der die Wahrnehmung nichts als das Gegebene der Sinnesempfindungen repräsentiert (während in diesen die Daten einer als „an sich" bestehend vorausgesetzten Außenwelt manifest werden sollen), dann könnte die Erkenntnis des Realen schwerlich im Ausgang von Wahrnehmungen begründet werden. Wird dagegen die Wahrnehmung selbst schon als eine konstruktive Leistung des Bewußtseinssubjekts interpretiert, dann entfällt damit auch der Dualismus von Empirie und Theorie (in der Wissenschaft). Theorie steckt dann vielmehr schon in der Wahrnehmung, und die Theorienbildung beginnt bereits mit ihr (vgl. auch *Albert, H.*, 1982, 19ff.).

Selbst der im Hinblick auf das Selbstverständnis der Erfahrungs- als Tatsachenwissenschaften so fundamentale Begriff der Tatsache ist hier betroffen.

* Die hier vorgenommenen Unterscheidungen: unmittelbar gegeben und vermittelt, Innenwelt und Außenwelt, gegeben und gegenständlich lehnen sich z. T. an die sorgfältigen und erkenntnisphilosophisch aufschlußreichen Differenzierungen von *G. Prauss,* 1980, 51ff. an. *Prauss* spricht hinsichtlich der strukturierenden Leistung des wahrnehmenden Bewußtseins – bzw. zwecks Charakterisierung des Schrittes aus der bloßen Innenwelt (der Sinneseindrücke) in Richtung Außenwelt – von einem Deutungsprozeß.

Nach dem kausal-mechanistischen Verständnis der Wahrnehmung manifestieren sich in den Sinneseindrücken, aus denen sich die Wahrnehmungsbilder zusammensetzen sollen, Daten der Außenwelt, für die unsere Sinnesorgane empfänglich sind. Die Wahrnehmung, als Summe von Eindrücken aufgefaßt, enthielte nichts als pure empirische Daten; wir hätten in ihr und durch sie unmittelbaren Kontakt zur „an sich" bestehenden Außenwelt, und es gäbe also eine sichere, unverrückbare Basis unseres Wissens (vom Realen), die nicht selbst wieder schon Wissensvoraussetzungen enthielte.

Aber eben diese Auffassung ist verfehlt, und die Annahme der Existenz von Fakten i. S. purer empirischer Daten ist zu bezweifeln. „Denn da jede Beobachtung bereits mitbestimmt ist durch theoretische Implikationen und da insbesondere für die Interpretation von experimentell gewonnenen Daten die Geltung bestimmter Naturgesetze schon vorausgesetzt werden muß, auf Grund deren das Funktionieren der Meßapparaturen erklärt wird, läßt sich jede experimentell ermittelte Tatsache als ‚Tatsache' nur im Bezugsrahmen bereits akzeptierter theoretischer Voraussetzungen konstatieren" *(Ströker, E.,* 1977, 82).

Die Reduzierung der Wahrnehmung auf die Sinneseindrücke und die Rede vom unmittelbar Gegebenen in der Wahrnehmung ist noch in zweiter Hinsicht problematisch.

Unmittelbar gegeben: das hieße jeweils mir oder dir, also privat gegeben. Unmittelbar gegeben wären allein die privaten psychischen Erlebnisse, von denen dann die Erfahrungserkenntnis ihren Ausgang nähme.*

Angenommen, ich sehe beim Blick durchs Fenster das herbstliche Gelb von Bäumen, und ich gebe meinen Gesichtseindruck in den Worten wieder: hier: jetzt: gelb. Darin teile ich nichts Privates mit, sondern ich spreche über etwas, das ich als das gelbe Gebilde „da draußen" sehe und das andere gleichfalls so sähen, wären sie an meiner Stelle.

* In diesem Sinne heißt es bei *R. Wohlgenannt* (Was ist Wissenschaft?, Braunschweig 1969, 155): Die „Sätze über das wirkliche, konkrete Erleben von konkreten Personen sind als einfache Beobachtungssätze für die Wissenschaft Fakten, die nicht mehr weiter aufgelöst werden können. Man wird sie daher als letztes, nicht mehr tieferlegbares Fundament der empirischen oder faktischen Erkenntnis bewerten".

Würde ich, wenn ich sage: hier jetzt gelb, bzw. wenn ich vergleichbare Sachverhalte ausdrücke, meine und nur meine Empfindungen zum Ausdruck bringen – wie könnte ich dann überhaupt von anderen richtig verstanden werden?

L. Wittgenstein hat darauf hingewiesen, daß die Rede vom unmittelbar Gegebenen bzw. die Vorstellung, die Basissätze der Wissenschaft brächten nichts weiter zum Ausdruck als psychische Erlebnisinhalte, in die Paradoxien einer Privatsprache münden. „Das Wesentliche am privaten Erlebnis" – so heißt es in den Philosophischen Untersuchungen I, Nr. 272 – „ist eigentlich nicht, daß jeder sein eigenes Exemplar besitzt, sondern daß keiner weiß, ob der Andere auch dies hat, oder etwas anderes. Es wäre also die Annahme möglich – obwohl nicht verifizierbar – ein Teil der Menschheit habe eine Rotempfindung, ein anderer Teil eine andere".

Der Gebrauch einer, persönliche und nichts als persönliche Empfindungen ausdrückenden Privatsprache unterläge keinen allgemein zugänglichen Regeln, und also wäre weder kontrollierbar, ob jemand, der seine Empfindungen ausdrückt, seine Sprache richtig benutzt noch ob der, der ihn anhört, den Sprechenden richtig versteht.

Weiter heißt es bei *Wittgenstein* (Philosophische Untersuchungen I, Nr. 275): „Schau auf das Blau des Himmels, und sag zu dir selbst ‚Wie blau der Himmel ist!' – Wenn du es spontan tust – nicht mit philosophischen Absichten – so kommt es dir nicht in den Sinn, dieser Farbeneindruck gehöre nur dir. Und du hast kein Bedenken, diesen Ausruf an einen Anderen zu richten. Und wenn du bei den Worten auf etwas zeigst, so ist es der Himmel. Ich meine: Du hast nicht das Gefühl des In-dich-selber-Zeigens, das oft das ‚Benennen der Empfindung' begleitet, wenn man über die ‚private Sprache' nachdenkt."

Wenn ich sage: Sieh das Blau (des Himmels) oder: Ich sehe das Gelb (der Bäume im Herbst), so drücke ich darin keine Privat-Empfindungen (Blau- und Gelb-Empfindungen) aus, sondern ich äußere mich über etwas, das ich wahrnehme, über „etwas ‚uns allen Gegenüberstehendes'" und „etwas uns gemeinsam Bekanntes" – wie *Wittgenstein* (Philosophische Untersuchungen I, Nr. 273) bemerkt. Ich äußere mich über Dinge der Außenwelt, auf die ich in der Wahrnehmung bezogen bin, wobei die Strukturiertheit dieser

Dinge (als in der Wahrnehmung geschaut) sich zugleich der Aktivität des wahrnehmenden Bewußtseins verdankt; äußern schließlich tue ich mich in einer uns gemeinsamen Sprache, die mit unseren Wahrnehmungen – und nicht mit privat-psychischen Sinnesempfindungen – korrespondiert.

Wären Aussagen von der Art: Ich sehe das Blau (des Himmels) oder das Gelb (der Bäume) Aussagen über Privaterlebnisse, dann wären sie zudem „gegen jede Form von Kritik immun, d.h. wenn ich behaupte, daß ich eine ‚Rotempfindung' habe, dann ist der spezifische Inhalt dieses Erlebnisses für andere irrelevant" *(Theobald, D. W.,* 1973, 38). M. a. W.: Würden (Privat-)Empfindungen – ausgedrückt in einer Privatsprache – die alleinige Basis unseres Wissens vom Realen darstellen, so bedeutete dies das Ende rationaler Kommunikation.

Zudem mag es durchaus sein, daß wir, wenn wir eine Aussage machen von der Art: „Die Blätter der Bäume dort sind gelb", auf Sinnesreize reagieren. Solche Kausalzusammenhänge sind hier nicht geleugnet. In Frage gestellt ist jedoch, daß der (mögliche) Ursachcharakter von Eindrücken oder Empfindungen bzw. auch Wahrnehmungen etwas damit zu tun hat, daß wir die Bedeutung der betreffenden Aussage verstehen. „Um die Bedeutung zu verstehen, muß man wissen, worauf sich die Aussage bezieht, und in welchem Zusammenhang; und das hat mit irgendwelchen Eindrükken, die man hat, nichts zu tun. Eindrücke und Empfindungen können mit zu den Ursachen gehören, die jemanden veranlassen, eine bestimmte Aussage zu machen; aber man darf sie deshalb noch nicht mit den Gründen verwechseln, aus denen er diese Aussage macht" *(Theobald, D. W.,* 1973, 39).

Damit seien die Bemerkungen zum Begriff der Sinneserfahrung beendet. Es ging hier um eine Reihe von Hinweisen, die bei der Verwendung des Begriffs im philosophischen Kontext zu berücksichtigen sind. Im übrigen wird an diese Überlegungen zu erinnern sein, wenn an die Position des Empirismus kritische Rückfragen zu stellen sind.

3.2 Denken

Erfahrung und Denken bilden die Bestandteile unserer Erkenntnis – so oder ähnlich lautete wohl unsere spontane Antwort auf die Frage, wie Erkenntnis ursprünglich zustandekommt oder woraus sie sich zusammensetzt. Wir haben uns diese Antwort im Titel des dritten Kapitels zu eigen gemacht. Dieser Titel bedarf einer kurzen Erläuterung.

Wir verstehen nämlich unter Denken und Erfahrung zunächst jene (menschlichen) Fähigkeiten und Tätigkeiten des Bewußtseins, durch die das Erkennen sich vollzieht und also Erkenntnisse zustandekommen.* Allerdings bestehen Erkenntnisse, als Ergebnisse des Erkennens, nicht aus irgendwelchen Fähigkeiten oder Tätigkeiten. Sie setzen sich vielmehr aus den Produkten jener Tätigkeiten zusammen, wenn wir darunter die sinnliche Anschauung einerseits, die Begriffe, durch die wir unsere Erfahrungen in Urteile überführen und unter unseren Urteilen einen Zusammenhang herstellen, andererseits fassen. Oder anders: Fassen wir Erkenntnis im Sinne von Erkenntnis-Aussage auf, deren Wahrheitsgehalt wir zu überprüfen imstande sind, so kann sich eine derartige Aussage aus zwei Arten von Ausdrücken zusammensetzen, nämlich aus solchen, deren Sinn wir nur mit Bezugnahme auf Wahrnehmungen erfassen, und aus solchen, die demgegenüber einen theoretischen Charakter haben.

In einem heute naheliegenden Beispiel: Über Automobile wird sich näherhin nur der äußern können, der auf gewisse Erfahrungswerte zurückgreifen kann. Schon in der Definition von Automobil aber, als ein durch Motor angetriebenes (Land-)Fahrzeug, sind Begriffe vorausgesetzt, die nicht erst aus den Erfahrungen gewonnen werden, die man im Umgang mit Autos erwirbt, die vielmehr diesem Umgang, sofern er mit Verständnis vollzogen wird, logisch vorgeordnet sind. Die Bedeutung von Begriffen wie: Energie und Kraft(-stoff) mag sich zwar an irgendwelchen Bewegungsvorgängen, wie dem Fahren des Autos, veranschaulichen lassen, sie ist

* Mit der hier vorgenommenen Einschränkung der Ausdrücke Erfahrung und Denken auf den Bereich menschlicher Bewußtseinstätigkeiten soll nicht implizit ausgeschlossen sein, diese Ausdrücke seien in einem verwandten oder erweiterten Sinne auch auf tierisches Verhalten anzuwenden.

aber nicht erst aus ihnen zu gewinnen, insofern diese Begriffe bereits Bedingung eines verständigen Urteils über derartige Vorgänge sind. Allgemein: Wir müssen, um Erfahrungsurteile zu gewinnen und diese untereinander in Beziehung setzen zu können, immer schon Begriffe, als Konstruktionen unseres Verstandes, in Anspruch nehmen, auch wenn dieser dabei auf vorausliegende Erfahrungen bezogen ist.

Daß Erkenntnisse nicht aus bloßen Erfahrungen, i. S. von (geordneten) Sinneseindrücken, zu gewinnen, sondern immer zugleich begrifflich vermittelt sind, ist bereits im Zusammenhang unserer Überlegungen zum Erfahrungsbegriff zur Sprache gebracht worden.

Es gab in der Geschichte der Philosophie auch den, gegen den Empirismus stehenden, rationalistischen Standpunkt, wonach allein unser Denken als Bürge des Wahrheitsanspruchs unserer Erkenntnis in Betracht kommt. Denn, insofern und solange wir uns in unserem Wissen auf Erfahrungen stützen, behält dieses den Makel der Ungesichertheit. Die Reihe unserer Erfahrungen in betreff eines und jedes bestimmten Gegenstandes nämlich ist unabgeschlossen, und es kann logisch nicht ausgeschlossen werden, daß wir jeweils noch andere, vom bisherigen Erfahrungsstand abweichende Erkenntnisse gewinnen. Der rationalistischen Erwartung, daß wir vermittels des Denkens zu einer fundierten Sicherung unseres Wissens gelangen könnten, ist jedoch zu entgegnen, daß alles inhaltliche Wissen (von Gegenständen der Erfahrung) eben die Erfahrung dieser Gegenstände zur Voraussetzung hat und daß wir derartiges Wissen nur mit Bezug auf Erfahrungen kontrollieren können. Demgegenüber ist unser Denken zunächst – so jedenfalls hat es den Anschein – auf die formalen (logischen) Aspekte unseres Wissens beschränkt.

Bevor wir auf die Positionen des Rationalismus und des Empirismus zu sprechen kommen, ist zuvor zu fragen: Was heißt überhaupt Denken?

3.2.1 Umgangssprachliche Bedeutungen des Begriffs Denken

Wir gehen wiederum von Beispielen aus.*

1. Beispiel: Jemand will in Urlaub fahren. Er weiß von einem Bekannten, daß dieser sich schon des öfteren in dem betreffenden Gebiet aufgehalten hat und fragt ihn: „Wann warst du das letzte Mal dort?“ Der Gefragte zuckt mit den Schultern: „Das ist schon länger her: ich weiß es nicht mehr genau.“

„Dann denk doch mal nach!“

Mit dem „Denk nach!“ verbindet sich die Erwartung des Fragenden, der Gefragte möge sich aus den gerade gegenwärtigen Zeit- und Erlebnisbezügen herausbegeben und in jenen zurückliegenden Erfahrungszusammenhang seines letzten Aufenthaltes an dem fraglichen Ort hineinversetzen.

Durch Nachdenken soll das Nicht-Erinnerte und also Unbestimmte der Vergessenheit entrissen und so bestimmt werden.

2. Beispiel: Jemand wird von einem Bekannten, der nicht gut zu Fuß ist, gebeten, eine Kleinigkeit zu besorgen. Der Gebetene sagt zu. Später jedoch kehrt er ohne das von seinem Bekannten Erwartete zurück. Nicht, daß er sich des Auftrages entzogen hätte. Nein – er hatte nur, in Gedanken woanders, vergessen, was er jenem hätte besorgen sollen. Sein anfänglich auf die Erledigung des Auftrags zielender Gedanke war durch dazwischentretende Vorstellungen abgelenkt oder unterbrochen worden.

Ist nach dem ersten Beispiel das Denken als jene intellektuell-intentionale Tätigkeit aufgefaßt, durch die etwas zuvor Unbestimmtes bestimmt wird, so besteht nach dem zweiten Beispiel das Denken in der Vorwegnahme eines bestimmten Zieles; freilich kann dieses Ziel im Vollzug einzelner Schritte, die seiner Verwirklichung dienen sollen, aus den Augen verloren und so realiter verfehlt werden.

3. Beispiel: Jemand ist eingeladen. Auf der abendlichen Fahrt zu seinem Gastgeber, der in einer dem Eingeladenen unbekannten

* Die Beispiele (1–3) sind denen von *H. Krings* (Meditation des Denkens, München 1956, 12ff.) nachgebildet. Auch in der Interpretation der Beispiele folgen wir *Krings*.

Gegend wohnt, fragt er seine Begleiterin, ob sie wohl auf dem richtigen Wege seien. Diese antwortet: „Ich denke, es ist der richtige Weg."

Wäre sich die Befragte des Weges sicher, dann müßte sie sich anders ausdrücken, nämlich so: „Es ist der richtige Weg."

Dies könnte sie – korrekterweise – nur sagen, wenn sie den Weg, etwa infolge häufiger Benutzung, kennen würde. Aus eigener Erfahrung heraus könnte sie dann jene unzweideutige Antwort geben. So aber sagt sie: „Ich denke, es ist der richtige Weg." Sie ist sich nicht sicher, ob der Weg zu dem Gastgeber führt. Vielleicht liest sie den Weg an bestimmten Anhaltspunkten ab; dabei könnte sie sich irren.

Hier begegnet uns eine dritte Deutung des Denkens, nach der wir durch Denken Erfahrungen zu ergänzen oder zu erweitern, vielleicht teilweise zu ersetzen vermögen.

Wir hätten anstelle des in den Beispielen verwendeten Ausdrucks Denken auch andere Ausdrücke benutzen können, etwa: sich Erinnern oder Nachdenken, Meinen oder Vermuten, Beurteilen. Damit ist nicht gesagt, daß solche Ausdrücke im Umgangssprachlichen eine so vage Bedeutung hätten, daß man sie beliebig durcheinander ersetzen könnte. Vielmehr besitzen die mit diesen Ausdrükken bezeichneten intellektuellen Fähigkeiten oder Tätigkeiten eine Gemeinsamkeit; es geht in ihnen um die Möglichkeit, sich aus einer bestimmten Lage (Zeit und Ort; Lebensumstände und Erfahrungsbezüge) imaginativ heraus- und in eine andere Lage hineinversetzen zu können. Auf diesen gemeinsamen Grundzug zielt vornehmlich der Ausdruck Denken.

Mit Denken meinen wir danach ein Überschreiten, einen Hinausgang über den gegenwärtigen Bewußtseinsstand (aus Erfahrung), ein Erschließen und Entdecken neuer Bewußtseinsfelder.

Stellt die Rede vom Hinausgang des Denkens nicht eine Übertreibung dar? Ist Denken nicht allemal eine Tätigkeit, die im, durch Erfahrungen gegenwärtigen, „Inneren" des Bewußtseins verbleibt, wobei auch Vergangenes durch das Gedächtnis und Zukünftiges durch die vorwegnehmende Fantasie vergegenwärtigt werden?* Ist unser Denken nicht jeweils darauf beschränkt, mit den

* *E. Heintel* (1972, 108f.) macht darauf aufmerksam, daß man in

Vorstellungen, die wir durch Erfahrung gewonnen haben, kombinatorisch umzugehen, so daß sich daraus zwar neuartige Beziehungen zwischen den bereits vorhandenen Vorstellungen und Wissenselementen ergeben mögen, nicht aber völlig neue Bewußtseinsfelder gewonnen werden?

Dieser Einwand läßt sich anhand eines vierten, auf die umgangssprachliche Bedeutung des Ausdrucks Denken bezogenen Beispiels erläutern:

Jemand scheint in Gedanken weit weg zu sein. „Woran denkst du?" wird er gefragt.

„Ich denke an meinen kranken Vater."

Der Gefragte, der in Gedanken bei seinem Vater weilt, ist eigentlich gar nicht „weit weg", er ist vielmehr ganz „bei sich", erinnert sich jener, beim letzten Krankenbesuch gewonnenen Wahrnehmungen, die als Vorstellungen in ihm haften.

Der Nachdenkliche ist mit diesen Vorstellungen befaßt, was nicht heißt, er sei passiv einem Strom an gespeicherten Bildern ausgeliefert, sondern eher in dem Sinne aufzufassen ist, daß er die Vorstellungen aktiv in sich hervorruft, die (ihm) seinen kranken Vater (re-)präsentieren.

Denken ist danach also doch ein Umgehen mit Vorstellungen (aus Erfahrung) und ein Kombinieren?

Das zuletzt angeführte Beispiel über die Bedeutung des Ausdrucks Denken läßt sich auch daraufhin betrachten, ob sich in ihm eine Ähnlichkeit mit den drei zuvor angeführten Beispielen zeigt.

In diesen ging es um die Bestimmung eines (zuvor) Unbestimmten, um die Vorwegnahme eines Zieles und um das Ergänzen von

---

gewissen philosophischen Äußerungen auf Wörter wie: innen oder innerlich nur schwerlich verzichten kann. Man müsse beim Gebrauch solcher Metaphern jedoch im Auge behalten, daß sie ursprünglich und in wörtlicher Bedeutung eine Beziehung zum Raume haben. „Innen" oder „innerlich" ist dann relativ zu „außen" oder „äußerlich", ist also ein vergleichsweises, komparativisches „Innen". In Wendungen wie: das „Innere" des Bewußtseins bzw. das „im" Bewußtsein Gegebene, das Wesen „in" der Erscheinung u. ä. ist, wie *Heintel* meint, mit Innen und Außen eine Differenz angezeigt, in der das Unterschiedene zugleich in seiner Zusammengehörigkeit gesehen werden muß.

(unzureichenden) Erfahrungen, kurz darum, in einer (vergangenen, gegenwärtigen oder zukünftigen) Angelegenheit klar zu sehen, zu wissen, wie es um eine Sache steht.

Und eben darum geht es auch im vierten Beispiel. Der an seinen kranken Vater Denkende will ein möglichst klares Bild des Kranken gewinnen.

Im Denken, so können wir unsere Beispiele zusammenfassend auswerten, gehen wir einer Sache nach, um über sie Klarheit zu erlangen. Wir wollen in der Sache Bescheid wissen, und das Denken ist der Weg zu diesem Wissen.

Was aber ist mit der Rede vom Hinausgang des Denkens? Sollte sie nicht besser ersetzt werden durch einen anderen Ausdruck, den des Hineinstiegs des Denkens in das Erfahrungs-Bewußtsein, um in dessen Inhalte Ordnung und Struktur zu bringen und dadurch zur Klarheit der Vorstellungen zu gelangen?

Denken als Weg zur Klärung des Wissens – heißt das aber nicht zugleich, daß die Elemente dieses Wissens, noch ungeordnet, ungeklärt, vom Denken bereits vorausgesetzt werden? Wissen, so hat es den Anschein, ist immer Wissen von etwas, von einem gegenständlich Seienden, dessen Kenntnis wir der Erfahrung verdanken.

Hier nun drängen sich kritische Rückfragen auf.

Ist Seiendes eo ipso gegenständlich Seiendes? Wenn nicht – wie kommt das Seiende zu seinem Gegenstandscharakter? Und wem wird das Seiende zum Gegenstand?

Beziehen wir uns wiederum auf ein Beispiel:

Da drüben steht ein Baum. Ich sehe ihn, indem ich meinen Blick durchs Fenster auf ihn richte. Eben dadurch ist er der mir hier und jetzt anschaulich gegebene Gegenstand.

Aber was heißt: anschaulich gegeben? Und ist mir der Gegenstand (Baum) überhaupt zur Gänze anschaulich gegeben? Ist es nicht vielmehr so, daß ich den Gegenstand (Baum), um ihn ganz zu haben oder zu wissen, aus seiner bloßen Anschaulichkeit gleichsam herauslösen, daß ich seine nur anschauliche Einheitlichkeit auflösen und in Teile zerlegen muß, um den Gegenstand (Baum) dann, vermittels des Denkens, als ganzen wieder – ja eigentlich überhaupt erst zu gewinnen?

Um im Beispiel zu bleiben: Ich betrachte den Baum da drüben

genauer, und erst jetzt entdecke ich an ihm einen gelben Punkt (das letzte herbstliche Blatt).

Habe ich in der bloß anschaulichen Gegebenheit des gelben Punktes dessen Gegenständlichkeit erfaßt? Ja und nein! Ja – insofern mir gerade in dem Sinneseindruck: gelber Punkt jenes Gebilde am Baum von meinem Fensterplatz aus gegenwärtig – bewußt wird.

Nein – wenn ich mich denkend auf diesen Sinneseindruck beziehe und mich so der Gegenständlichkeit des gelben Punktes zu versichern suche. Ich sage mir dann etwa, daß es den gelben Punkt für mich gar nicht gäbe, würde ich ihn nicht auf einem andersfarbigen Hintergrund sehen; daß es sich dabei um ein ausgedehntes Etwas handeln muß, andernfalls ich den Farb„punkt" gar nicht sähe, daß ein Ausgedehntes eine Form oder Gestalt haben muß, die ich aus dieser Entfernung nur nicht wahrzunehmen vermag u.a.m. Ich gelange auf diesem Wege und unter Einbeziehung weiterer, konkreter Gesichtspunkte dazu, den gelben Punkt als jenes spätherbstliche Blatt zu identifizieren.

Eben dies nennen wir Denken: das Zerlegen eines anschaulichen, komplexen Ganzen in seine Teile, das Vergleichen, das von allen Seiten Betrachten (der Teile) des Gegebenen und das Anlegen von Begriffen.

An dieser Stelle nun könnte die Meinung aufkommen, die vorgenommene Interpretation unseres Beispiels laufe hinaus auf eine Entgegensetzung von konkreter Anschauung und abstraktem Denken.

Konkret wäre danach der Sinneseindruck: gelber Punkt.

Ins Abstrakte dagegen ginge das gedankliche Zergliedern des Anschaulichen; die dabei benutzten Begriffe sind, dieser Meinung nach, „von außen" an das anschaulich Gegebene angelegt. Die Begriffe, das abstrakt Allgemeine, werden so in Gegensatz gebracht zu dem anschaulichen, konkreten Einzelnen, das uns in der Sinneswahrnehmung begegnet.

Dieser Meinung können wir uns allerdings nicht anschließen. Angenommen, ich würde allein am hier und jetzt gehabten Sinneseindruck: gelber Punkt festhalten; was könnte ich mit einem derart „Konkreten" anfangen, was ließe sich von ihm aussagen? Der Sinneseindruck als solcher wäre völlig beziehungslos , unbestimmbar, und so wüßte ich über den augenblicklichen Eindruck nicht hinauszugelangen. Ich hätte dieses, von aller Allgemeinheit entblößte Einzelne nur in Form unmittelbarer, sinnlicher Gewißheit, die sich, genauer betrachtet, als ein nur vermeintliches Wissen des Einzelnen entpuppt; denn: auf der Stufe bloßer Sinnlichkeit vermag ich ja über das, was ich (darin) zu wissen vermeine, näherhin nichts auszusagen *(Heintel, E.,* 1972, 172).

Selbst wenn ich mich bei der Artikulation meines Sinneseindrucks: gelber Punkt auf die Äußerung: hier – jetzt – gelb beschränke, sage ich mehr, als ich aus der unmittelbar sinnlichen Gewißheit sagen könnte. Denn entweder sind „hier" und „jetzt" im Sinne spezifischer Angaben aufzufassen, und das setzt das Wissen um sie als räumliche und zeitliche Bestimmungen, die die Fixierung des im Sinneseindruck unmittelbar Gegebenen, sinnlich Gewissen, ermöglichen, bereits voraus; oder aber den Ausdrücken: hier und jetzt kommt keine Bedeutung zu, und sie sagen nichts aus.

So zeigt sich, daß die Konstruktion eines Gegensatzes: konkret Einzelnes – abstrakt Allgemeines auf eine Fiktion hinausläuft. Das Nur-Einzelne, das Individuelle im radikalen Sinne, wäre etwas schlechthin Unbestimmtes/Unbestimmbares; das Nur-Allgemeine wäre eine nichtssagende Begriffshülse ohne jeden Inhalt. In Wahrheit ist uns, sofern uns etwas sinnlich gegeben ist, dieses nicht völlig unmittelbar-unbestimmt, sondern immer schon vermittelt-bestimmt gegeben, sofern wir eben überhaupt ein Wissen von ihm besitzen.

„Das unmittelbar Gegebene als Einzelnes ist . . . immer schon ein vom Allgemeinen her vermitteltes ‚Individuelles' als Aufhebung des . . . Nur-Einzelnen (in seiner vermeintlichen Abgetrenntheit vom Nur-Ideellen und Abstrakten) und des Nur-Allgemeinen (in seiner vermeintlichen Abgetrenntheit von allem Realen und ‚Konkreten')" *(Heintel, E.,* 1972, 175)*.

* *E. Heintel* (1972, 169 ff.) entwickelt hier, aus sprachphilosophischem Zusammenhang heraus, einen Lösungsansatz des Universalienproblems. In dem mittelalterlichen Streit um die Daseinsweise der Allgemeinbegriffe/Universalien schälten sich drei Positionen heraus. Die erste eines platonistischen Realismus nahm an, die Universalien seien im Sinne objektiver, ideeller, von den Einzeldingen unabhängiger Wesenheiten aufzufassen; das Allgemeine liege dem Einzelnen voraus (ante rem). Nach der zweiten, nominalistischen Position, die u. a. von *W. v. Ockham* (ca. 1285–1347/50) vertreten wurde, sind die Allgemeinbegriffe bloße, im nachhinein gebildete

Wir haben uns bislang auf den Typus jenes Denkens beschränkt, in dem ein Wissen von Gegenständen unter Anknüpfung an zuvor sinnlich Angeschautes zustande kommt.

Zu berücksichtigen ist aber auch der andere Denk-Fall, in dem wir nicht von sinnlicher Gewißheit bzw. einem anschaulich Gegebenen ausgehen können.

Nehmen wir an, es gehe um eine Wahrheit der Art, daß, wenn A B und B C ist, dann auch A C ist. Sie ist als solche rein begrifflicher Art, und wir können sie uns nur am Faden bloß formaler Begriffe und Relationen vergegenwärtigen.

Aber auch in dem ganz anders gelagerten Fall, in dem wir aus gewissen theoretischen Erwägungen heraus eine Hypothese darüber bilden, wie es sich mit einer realen Sache verhalten könnte, stehen wir nicht unvermittelt auf dem Boden der Anschauung. Vielmehr tasten wir uns hier an der Kette von Begriffen, Urteilen und Schlüssen an den – zuvor als direkt anschaulich noch nicht gegebenen – Gegenstand heran; nicht geht dann die Anschauung dem Denken, sondern umgekehrt das – freilich am betreffenden Gegenstandsfeld orientierte – Denken der Anschauung voran. Erst vermittels der Hypothese, mit Sachen einer bestimmten Art könne

---

Namen, in denen Ähnliches, insoweit wir dieses unter den konkret existierenden Dingen festzustellen vermögen, zusammengefaßt ist (post rem). Die dritte Position läßt sich als gemäßigter Realismus bezeichnen. Danach kommt den Allgemeinbegriffen objektive Gültigkeit zu, insofern in ihnen das Wesen des konkret Existierenden erfaßt ist (in re). *Heintel* grenzt sich insbesondere gegen die „post rem“-Position kritisch ab. Zwar lasse sich das Allgemeine vom anschaulich gegebenen Besonderen (post rem) abstrahieren, aber es müsse dabei in gewisser Weise als Allgemeines immer schon vorausgesetzt werden, damit jene Abstraktion im nominalistischen Sinne überhaupt denkbar sei. Konsequenter Nominalismus laufe auf Sprachlosigkeit hinaus; denn eine „Sprache“, die sich erst nachträglich und im Blick auf das vermeintlich zunächst unsprachlich-sinnlich Gegebene bilden soll, verbleibe im Bereich lautlicher Gesten bloß situativer Relevanz. Demgegenüber betont *Heintel* den universalistischen Charakter unserer Sprache. *Heintels* sprachphilosophische Überlegungen sind hier zugleich im erkenntnisphilosophischen Sinne aufzufassen. Aus seinen Ausführungen, in denen die Abgrenzung gegen nominalistische Interpretationen stärker ins Auge fällt, ergibt sich auch die Problematisierung einer reinen „ante rem“-Position, wenn er, in obigem Zitat, von der „Aufhebung des Nur-Allgemeinen“ (aus Sicht der Erfahrung des Realen) spricht.

es sich so oder so verhalten, kommt die betreffende Sache bzw. der Sachzustand überhaupt erst zur Anschauung.

Beim unanschaulichen Denken, wie in Logik oder Mathematik, aber auch beim zwar auf den Anschauungsbereich bezogen bleibenden, aber der konkreten Wahrnehmung vorausgehenden Denken, wie es uns in den Realwissenschaften begegnet, ist der gegenstandskonstituierende Charakter des Denkens offenbar.

Diesen Charakter behält das Denken aber auch, wie aufgezeigt wurde, wenn es sich auf das hier und jetzt gegebene Anschauliche bezieht. Denn das bloß sinnlich Gegebene als solches ist noch nicht der (ganze) Gegenstand, wenn wir unter Gegenstand das zu Wissende oder Gewußte verstehen.

Wenn hier vom Konstituieren des Gegenstandes durch das Denken (in Begriff und Urteil) gesprochen wird, dann ist das allerdings nicht mißzuverstehen. Es kann damit nicht gemeint sein, das Denken selbst bringe den (zu bedenkenden) Gegenstand oder Sachverhalt als sein Objekt überhaupt erst hervor, hieße das doch, ein (anschaulich gegebenes) Wirkliches (ens reale) lasse sich in ein Gedankending (ens rationis) verzaubern. Gemeint ist vielmehr dies, daß das Denken den Was-Gehalt dessen, worauf es – als sein Objekt – bezogen ist, dadurch erkenn- und wißbar macht, daß es ihn Begriffen und Urteilen unterstellt.

Wir sind inzwischen über eine Klärung der umgangssprachlichen Bedeutung des Denkbegriffes hinausgelangt; doch sei daran erinnert, daß gerade der zuletzt erörterte Gedanke über die (gegenstands-)konstituierende Funktion des Denkens aus dem umgangssprachlichen Gebrauch des Denkbegriffs hervorging, aus der Vorstellung nämlich vom Hinausgang des Denkens (über das momentan Be-/Gewußte).

3.2.2 Urteilendes und schließendes Denken – Deduktion und Induktion

Denken, so sagten wir, ist der Weg zum Klarsehen in einer fraglichen Sache, zur Klärung jener noch unbestimmten, wenn auch durchaus schon – als Insgesamt der Sinneseindrücke oder als Anschauung – be- und gewußten „Was“-Gehalte der Sache. Im Urteilen meldet sich das Denken gegenüber der sinnlichen Anschauung gleichsam zu Wort; aus der zu beurteilenden Sache wird durch das Urteil ein bestimmter gewußter Sachverhalt.*

Die in Sätzen ausgedrückten Urteile (Propositionen) sind Verbindungen von Begriffen. Es ist das urteilende Denken, das die Verbindung der zuvor unverbundenen Begriffe, die Vereinheitlichung oder Synthesis des Differenten leistet.

Die Synthesis urteilenden Denkens ist nicht in eins zu sehen mit jenem Vereinheitlichem der Mannigfaltigkeit einzelner Sinneseindrücke, das sich bereits auf der Ebene der sinnlichen Anschauung vollzieht. Vielmehr verfährt das Denken dem anschaulich Gegebenen, den Anschauungseinheiten gegenüber analysierend; es zerlegt das unmittelbar Anschauliche in begriffliche Bestandteile. Das Denken selbst setzt so jene Differenz von Begriffen, die es im Urteil in die Synthesis zu überführen gilt. Das zuvor nur unmittelbar-anschaulich „Gewußte“ hat sich damit in die Bestimmtheit begrifflichen Wissens verwandelt.

Die im Urteil zu vereinigenden Begriffe, insoweit sie für die Was-Gehalte der Sache stehen, können als Sach- oder Materialbegriffe bezeichnet werden. In ihnen ist das zuvor bloß anschaulich „Gewußte“ in die Begriffsgehalte zerlegt, durch die die Beurteilung der Sache – im Sinne der Überführung der Sache in den Sachverhalt des Urteils – überhaupt erst möglich wird.

Den Materialbegriffen gegenüber stehen die Formbegriffe oder Kategorien.** Die Unterscheidung der beiden Begriffsarten läßt sich an einem Beispiel verdeutlichen. Betrachten wir den Satz: Dieser Teppich hier unter meinen Füßen entspricht hinsichtlich seiner Farbgebungen meinen ästhetischen Erwartungen.

* Vgl. zu Folgendem: *H. Krings,* Artikel „Denken“, in *H. Krings* u. a., Hrsg., 1973/74, Bd. 1, 274–288

** Die Unterscheidung von Sach- und Formbegriffen findet sich bei *H. Krings,* in *Krings* u. a., Hrsg., 1973/74, Bd. 1, 277

Der komplexe Satz läßt sich in mehrere (Teil-)Sätze oder Urteile zerlegen, die sich in die folgende Ordnung einer Schlußfolgerung bringen lassen:

1. Ein Teppich muß in seiner Farbgebung bestimmten Regeln genügen, um gewissen ästhetischen Ansprüchen zu entsprechen. 2. Die Farben: Rot, Blau, Gelb des Teppichs hier sind entsprechend geregelt. 3. Dieser Teppich entspricht meinen ästhetischen Erwartungen.

In dieser Satz- und Urteilsfolge finden sich Materialbegriffe wie: Teppich, Farbgebung, Rot, Blau, Gelb. Die darin enthaltenen Formbegriffe dagegen sind versteckter. In dem Wort: dieser z. B. verbirgt sich die Kategorie der Realität. Wenn ich sage: Dieser Teppich hier, dann meine ich damit das (mir anschaulich gegebene) wirkliche Ding, nicht ein (bloß vorgestelltes) Gedankending.

Und die Worte: „Teppich muß . . . bestimmten Regeln genügen" drücken eine Variante der Kategorie der Notwendigkeit aus, nämlich den Begriff einer ästhetischen Norm. Nur mit Bezug auf eine solche Norm wird der Satz verständlich, daß der Teppich (meinen) ästhetischen Erwartungen entspricht.

Die Frage, welche Formbegriffe oder Kategorien Bedingung der Möglichkeit gegenständlicher Erkenntnis (der Wirklichkeit) sind, hat in der Geschichte der Philosophie eine große Rolle gespielt.

Aristoteles kommt auf die Kategorien im Rahmen seiner Einführungsschriften zu sprechen.* Er führt dort zehn Kategorien an: Wesenheit, Quantität, Qualität, Relation, Ort, Zeit, Lage, Besitzen, Bewirken, Erleiden, geht aber nur auf die vier zuerst genannten näher ein.**.

Unter Wesenheit versteht *Aristoteles* ein Doppeltes: zum einen „ein bestimmtes (sinnlich gegebenes) Einzelnes" als das den näheren Eigenschaften „Zugrundeliegende" (1961, 141), von dem das (von uns vermittels der Kategorien) Ausgesagte gilt; zum anderen „die Arten und Gattungen als Wesenheiten zweiter Ordnung" (1961, 139).

Das als Art oder Gattung gefaßte Wesen erscheint zwar nicht als

* *Aristoteles*, Einführungsschriften: 2. Die Kategorienlehre, hg. v. *O. Gigon,* 1961

** Allerdings dürfte der Text dieser Frühschrift nur in verstümmelter Gestalt erhalten sein (vgl. Einführungsschriften, Vorbemerkungen von *O. Gigon,* 1961, 131)

solches im sinnlich vorhandenen, zeitlich gegenwärtigen Einzelnen, ist aber gerade deshalb das dem Einzelnen vorausliegende, allgemeine Wesen. Im Beispiel von *Aristoteles* (1961, 137f.): Man bedarf, will man einen beliebigen Menschen als Mensch charakterisieren, des Artbegriffs „Mensch"; und gilt es, noch Allgemeineres von einem Menschen auszusagen, dann wird der Gattungsbegriff „Lebewesen" leitend.

Oder: Jeder beliebige Baum fällt unter den Artbegriff „Baum", dieser wiederum unter den Gattungsbegriff „Pflanze".

Das Allgemeine – als das dem veränderlichen Einzelnen gegenüber in sich Unveränderliche – bildet nach *Aristoteles* den eigentlichen Gegenstand der Wissenschaft.

Dem Quantitätsbegriff, unter dem alles dinglich Seiende als aus Teilen zusammengesetzt bemessen werden kann, stellt *Aristoteles* die Kategorie der Qualität entgegen; er läßt sich dabei von der Vorstellung leiten, daß es elementare Qualitäten gibt, die sich auf Quantitäten nicht zurückführen lassen, eine Vorstellung, die in der neuzeitlichen Naturwissenschaft fallengelassen wurde.

Die Relationskategorie findet Anwendung auf das Seiende, insofern es – nicht unwandelbar in sich ruhend – auf anderes sich bezieht und nur von dem anderen her in seiner Bedeutung zu erfassen ist. Dem griech. Wort kategorein entspricht das lat. Wort praedicare, dt.: aussagen. Kategorien sind für *Aristoteles* oberste Aussageformen, die uns die Bildung verbindlicher Urteile über das Seiende überhaupt erst ermöglichen.

Kant definiert die Kategorien als „reine Verstandesbegriffe, welche a priori auf Gegenstände der Anschauung überhaupt gehen" (KrV, B 105). Er führt 12 Kategorien an, eingeteilt in die vier Gruppen der Quantität, Qualität, Relation und Modalität, darunter die der Einheit und Vielheit, der Realität, der Substanz und Kausalität, der Möglichkeit und der Notwendigkeit (KrV, B 106).

Kant leitet die Kategorien aus den Urteilsformen der Logik ab, in denen sich nach ihm die logische Funktion des Verstandes bzw. des Denkens darstellt (KrV, B 95).

Der entscheidende Unterschied zwischen *Aristoteles'* und *Kants* Kategorienlehre liegt darin, daß für *Aristoteles* die obersten Formbegriffe, insofern sie Aussagen über das Was und Wie des Seienden selbst ermöglichen, einen sowohl logischen als auch ontologischen Status besitzen, also Denk-/Erkenntnis- und Seinskategorien zugleich sind, während sie nach *Kant* Begriffe des reinen Verstandes sind, insofern dieser sich auf Anschauungen und nicht auf Seiendes i. S. der Dinge „an sich" bezieht.

Beide stimmen jedoch in formaler Hinsicht dahingehend überein, daß aller Erkenntnis des Realen – als Erkenntnis in den Grenzen raum-zeitlicher Erfahrung – gewisse Letztbegriffe immer schon vorausliegen.

Mit diesen wenigen Hinweisen zum Begriff der Kategorie begnügen wir uns an dieser Stelle.

Analog dem Urteil – als Verknüpfung/Synthesis von Begriffen – begegnet uns im Schluß (Syllogismus) eine Verknüpfung von Urteilen. Nehmen wir folgende Sätze:

(1) Alle Philosophen sind weise.
(2) Schopenhauer ist ein Philosoph.
(3) Schopenhauer ist weise.

Diese Sätze stellen eine Deduktion dar. Allgemein haben Deduktionen, bezogen auf die Aussagen „p" und „q", die Form:

„Wenn p dann q" (1. Prämisse),
„nun p" (2. Prämisse),
„also q" (Konklusion).

Die Wahrheit des Schlußsatzes, der Konklusion, ist aus der Wahrheit der Vordersätze, der Prämissen, gefolgert. Logisch möglich ist dies, insofern der Satz (3) bereits in den Sätzen (1) und (2) enthalten ist. Er fügt den Vordersätzen (1) und (2) nichts Neues hinzu, sondern expliziert nur das in ihnen Implizierte. Der Schlußsatz ist gegenüber den Vordersätzen leer an zusätzlichen Informationen. Diese „Leerheit" ist kennzeichnend für die Deduktion; sie ist gleichsam der Preis der notwendigen Wahrheit des Deduzierten.

Die Wahrheit der durch einen gemeinsamen Begriff miteinander verbundenen Prämissen vorausgesetzt, gelangen wir, bei korrektem Gebrauch der formalen Schlußregeln, notwendig zu einem wahren Ergebnis.

Auf Deduktionen sind wir angewiesen, wenn wir zu Aussagen auch dort gelangen wollen, wo wir uns nicht auf direkte Wahrnehmung oder unmittelbare Einsicht berufen können. Die Rechtfertigung derartiger Aussagen steht und fällt mit der Möglichkeit, uns ihrer Wahrheit dadurch zu vergewissern, daß wir sie (folge-)richtig aus wahren Prämissen erschließen.

Einen ganz anderen Typus von Schließen treffen wir in der sogenannten Reduktion an. Sie geht – in bezug auf die Aussagen „p" und „q" – zunächst von der gleichen Konditionalaussage aus wie die Deduktion:

„Wenn p, dann q."

Danach folgt die Abweichung:

„nun q",

„also p".

Der Unterschied zwischen einem korrekten deduktiven Schluß und einer Reduktion sei an folgenden Beispielen (A) und (B) aufgezeigt.

(A) Wenn es regnet, dann ist die Straße naß.

Nun regnet es.

Also ist die Straße naß.

(A) stellt einen korrekten deduktiven Schluß dar.

(B) 1) Wenn es regnet, dann ist die Straße naß.

2) Nun ist die Straße naß.

3) Also hat es geregnet.

Aus B/1) und 2) folgt keineswegs notwendig B/3), wenn auch ein derartiger Rückschluß von der nassen Straße auf den (vorhergehenden) Regen aus der alltäglichen Erfahrung heraus naheliegen mag. Es ist durchaus möglich, daß die Straße naß ist, ohne daß es geregnet hat, z. B. weil gerade der Sprühwagen entlanggefahren ist.

(B) stellt also einen logisch fragwürdigen Schluß dar.

Den wichtigsten und zugleich häufigsten Fall reduktiven Schließens bildet die Induktion. In der Induktion wird aus einigen Erfahrungen bzw. aus der Beobachtung von Einzelfällen auf eine All- oder Gesetzesaussage, die alle möglichen Fälle derselben Art in sich begreift, geschlossen.*

* Unter „Induktion" ist hier genauer die „unvollständige Induktion" verstanden, die gegen den Fall der sogenannten „vollständigen Induktion" abzugrenzen ist. Bei der vollständigen Induktion im empirischen Bereich ist an der Gültigkeit und Gewißheit des Schlusses nicht zu zweifeln, insofern hier die Gesamtheit der in Frage kommenden Fälle begrenzt ist, so daß alle Fälle durchkontrolliert werden können. Das trifft z. B. auf die allerdings triviale Aussage zu: „Alle Monate des Jahres haben mindestens 27 Tage." Von vollständiger Induktion in einem nicht-trivialen Sinne kann im mathematischen Bereich, in bezug auf unendliche Kollektive, gesprochen werden. Wenn hinsichtlich der natürlichen Zahlen F(n) für alle n nachge-

Die der Induktion zugrundeliegende Regel läßt sich so formulieren:

Wenn alle z C sind, dann auch diese z.

Aus dieser korrekten Konditionalaussage wird sodann über den Zwischen-(Erfahrungs-)Satz:

Nun aber sind diese z C

gefolgert: Also sind auch alle z C.

Im Beispiel: Es ist zwar richtig zu sagen, daß, wenn alle Philosophen weise (w) sind, dann auch auf diese hier – der Leser (L) mag die ihm bekannten Philosophen Revue passieren lassen – die Eigenschaft (w) zutrifft.

Aber der Schluß von den (L) als (w) bekannten Philosophen darauf, daß allen Philosophen (w) zukommt, ist zweifellos ein Wagnis.

Gerade dieser Typ von Schluß jedoch, die Induktion, scheint ein unentbehrliches Mittel erfahrungswissenschaftlicher Erkenntnisgewinnung zu sein, insoweit Wissenschaft auf Gesetzesaussagen bezogen ist bzw. auch in Prognosen ihren Ausdruck findet, die sich i. S. der Folgerung eines Unbekannten/Unbeobachteten aus Bekanntem/Beobachtetem verstehen lassen. Rechtfertigen kann ich eine prognostische Aussage wiederum nur mit Bezug auf eine Gesetzesaussage, die ihrerseits induktiv gewonnen wäre.

Wenn die Induktion ein logisch fragwürdiges, nichtsdestotrotz unentbehrliches und fruchtbares Verfahren erfahrungswissenschaftlicher Erkenntnisgewinnung ist, dann wird die Suche nach Argumenten zur Rechtfertigung dieses Verfahrens dringlich. Diese Suche bildet den Inhalt des sogenannten Induktionsproblems, für das es bis heute keine allgemein anerkannte Lösung gibt. Wir werden darauf im Zusammenhang der Darstellung des Empirismus zurückkommen.

Es sei an dieser Stelle jedoch – von der Frage der logischen

---

wiesen werden soll, so genügt es zu zeigen: „Für alle n gilt: Falls F(m) für alle m < n gilt, dann F(n)“ (*H. Burckhard,* Art. „Induktion“, in *Ricken, F.,* Hrsg., 1984, 92). Die unvollständige Induktion unterscheidet sich von der vollständigen bei endlichen Kollektiven dadurch, daß die Anzahl der jeweils in ihr anvisierten Fälle unbegrenzt ist, von der vollständigen bei unendlichen Kollektiven dadurch, daß die Aufzählung ihrer Fälle, da diese ja unabgeschlossen sind, prinzipiell nicht vollständig sein kann.

Begründbarkeit der Induktion einmal abgesehen – auf einen wichtigen Unterschied aufmerksam gemacht:

Die Frage der logischen Rechtfertigung der Induktion als solche ist nämlich nicht in einen Topf zu werfen mit der Frage der Rechtfertigung der einzelnen induktiv gewonnenen Allgemein-Aussagen, sind diese doch, als Aussagen, intersubjektiv überprüfbar. Sie sind Bestandteile eines wissenschaftlichen Systems, derart, daß sich aus ihnen Hypothesen gewinnen lassen, die wiederum dem Aufbau von Theorien dienen. Die Allgemein- oder Gesetzesaussagen eignen sich des weiteren zur Ableitung von Prognosen, an deren Eintreffen sich dann (indirekt) das jeweils betroffene Gesetz bestätigt. Und mit jeder Bestätigung wächst die Bewährung des Gesetzes. Eben dies: gut bewährte, weil oft erprobte Gesetze, ist es auch, was wir von induktiv gewonnenen Erkenntnissen erwarten dürfen (vgl. *Keller, A.*, 1982, 67f.).

Mit diesen sparsamen Angaben zum Begriff der Induktion seien unsere Unterscheidungen von urteilendem und schließendem Denken und, innerhalb des schließenden Denkens, von Deduktion und Induktion abgeschlossen.

4. Rationalismus und Empirismus

Rationalismus und Empirismus werden zumeist als einander entgegengesetzte Erkenntnisphilosophien aufgefaßt. Danach beruft sich der Rationalismus, zwecks Gewinnung und Sicherung wahrer Erkenntnisse, auf die Ratio, auf die Ausstattung unserer Vernunft mit gewissen obersten Ideen oder Prinzipien und auf ihr Vermögen zu schließen.

Dagegen stützt sich der Empirismus auf die Empirie und verweist auf Beobachtungen und Experimente als Ausgangs- und Kontrollinstanz unseres gegenständlichen Wissens.

Die Entgegensetzung von Rationalismus und Empirismus erfolgt nicht selten i. S. eines „Entweder-Oder“; nach dieser Sicht leugnet der Rationalist die Erfahrung als Wissensquelle, während der Empirist den Wert des begrifflichen Denkens geringachtet.

Nun trifft es zwar zu, daß die Rationalisten die Leistungsfähigkeit der (rationalen) Vernunft ungleich höher einschätzen als die Empiristen, aber sie beziehen durchaus auch die unserer Erfahrung zugänglichen, natürlichen Phänomene in ihre Überlegungen mit ein; und die Empiristen übersehen keineswegs, daß unsere Erfahrungen der theoretischen Deutung bedürfen, inswoweit sie in den Rahmen verläßlichen Wissens eingeholt werden sollen.

Will man die Positionen von Rationalismus und Empirismus in ihrer Gegensätzlichkeit herausstellen, so sollten zuvor ihre Gemeinsamkeiten nicht übersehen werden. Beide sind Ausdruck neuzeitlicher Philosophie und durch die Kennzeichen des neuzeitlichen Geistes bestimmt.

Nach *E. Friedell* umfaßt der Ausdruck Neuzeit den Zeitraum von 1500 bis 1900 *(Friedell, E.,* Kulturgesch., o.J., 232 ff.). Als kennzeichnend für das Neue dieser Zeit sieht er die Entthronung des mittelalterlichen Weltbildes einerseits, das Aufkommen und die Entwicklung einer immer weiter reichenden, auf die Einbeziehung aller Lebensbereiche zielenden rationalistischen Geisteshaltung andererseits an. Nach *Friedell* bedeuten Rationalismus und Empirismus bzw. Sensualismus für jenen Zeitgeist im Grunde dasselbe: Glaubt der Empirist/Sensualist nur an das, was ihm seine Sinne melden, und baut der Rationalist nur auf das, was seinem Verstande einleuchtet, so sind doch „beide . . . nur der modifizierte, gewissermaßen verschieden pointierte Ausdruck desselben Seelenzustandes: des unbedingten Vertrauens des Menschen auf sich und seine natürlichen Hilfsquellen *(Friedell, E.,* ebd., 233).

Diese Charakterisierung der Neuzeitlichkeit läßt sich durch weitere Angaben ergänzen (vgl. *Specht, R.,* in *Bubner, R.,* Hrsg., Bd. 5, 1979, 11ff.; ders., in *Schnädelbach, H.,* Hrsg., 1984, 70ff.).

Das Vertrauen auf die „natürlichen Hilfsquellen" eigener Vernunft und Sinneserfahrung und die Abkehr neuzeitlicher Philosophie von den großen Autoritäten der Vergangenheit, wie *Platon, Aristoteles* und *Thomas von Aquin,* sind die zwei Seiten einer Medaille. Zwar mag es nützlich sein, die Schriften der Alten zu lesen, doch hätten wir von dieser Lektüre nichts, so bemerkt *Descartes*, wenn wir über die dort behandelten Gegenstände kein eigenes, klares Urteil gewännen; „alsdann hätten wir offenbar nicht Wissenschaft, sondern Geschichte gelernt" *(Descartes,* Regeln III, 2*). Und zur Überprüfung der traditionellen Lehren auf ihren

* Regeln = Regeln zur Leitung des Geistes.
III = Regel (III).
2 = Abschnitt (2).

Wahrheitsgehalt hin bedarf es eines von den überkommenen Schulen freien, philosophischen Geistes.

Dieser Geist setzt sich ab von riskanten metaphysischen Spekulationen; er wendet sich jenen Gegenständen zu, über die wir vermöge unserer Vernunft oder im Ausgang von nachvollziehbaren Erfahrungen Klarheit zu gewinnen vermögen. Die Rede von philosophisch-wissenschaftlicher Erkenntnis ist sinnvoll nur unter Zugrundelegung bestimmter Exaktheitsansprüche. Deshalb ist, bevor wir uns einzelnen Wissensbereichen zuwenden, zu fragen, welchen Maßstäben oder Kriterien unser Wissen (von irgendwelchen Gegenständen) überhaupt zu genügen hat. Welche Methode ermöglicht uns den Zugang zu zweifelsfreien Wahrheiten? Welche Kriterien müssen wir an unsere Aussagen anlegen, damit wir falsche von wahren Aussagen abzusondern vermögen? Welche Ansprüche hat eine wahrheitsfördernde oder erklärungtüchtige Theorie zu erfüllen?

Das sind die Fragen, die den Beginn neuzeitlichen Philosophierens markieren.

Das Interesse der neuzeitlichen Philosophie an Fragen der Methode schließt ihren Bezug zur Praxis, zur Wirklichkeit des menschlichen Lebens in Gesellschaft und Staat nicht aus. Denker wie *Descartes, Hobbes, Locke, Leibniz, Hume* oder *Kant* haben nicht Theorie um der bloßen Theorie willen betrieben, sie sehen das Ziel ihrer Untersuchungen durchaus in einer praktischen Philosophie, die über bloßes Wissen hinaus – und zur Begründung unseres Handelns führt, indem sie die Grundlagen vernünftiger Lebensgestaltung freilegt. Allerdings hat dem eine philosophisch tragfähige Theorie der Erkenntnis vorherzugehen. In diesem Sinne bemerkt *Descartes*, daß er, da er von Vernunft wegen (noch) nicht in der Lage sei, ein Handeln nach festen, gültigen Regeln einzurichten, sich darauf beschränken müsse, eine „Moral auf Zeit" zu entwikkeln (Discours, III, 1*).

Mit der Forderung nach Exaktheit philosophisch-wissenschaftlichen Wissens geht die Orientierung an der Mathematik einher, als der Wissenschaft mit dem Charakter größter Systematik und

* Discours = Discours de la Méthode, Von der Methode
III = Teil (III)
1 = Abschnitt (1)

unwiderleglicher Evidenz. Damit verbindet sich der Glaube, alle Phänomene seien als mathematisch strukturiert aufzufassen. So be- und nachrechenbar die rein mathematischen Beziehungen sind, so sollen es auch, in der (mathematischen) Darstellung, die Sachverhalte der Natur sein. Naturwissenschaft wird als angewandte Mathematik aufgefaßt. Voraussetzung der exakten Erfassung der natürlichen Phänomene ist freilich die Abkehr von der tradierten, *aristotelischen* Vorstellung des teleologischen Charakters der Naturerscheinungen. Nicht Ziel- und Zweckbestimmungen, nicht unreduzierbare qualitative Eigenschaften machen das Wesen der Natur aus, sondern rein quantitative Größenverhältnisse. Eben die Quantifizierung der Natur ermöglicht deren mathematische Betrachtung.

Zusammenfassend läßt sich von einem aufklärerischen Grundzug der neuzeitlichen Philosophie sprechen, die in der Philosophie *Kants* ihren Scheitelpunkt erreicht. Mit „Aufklärung" muß im übrigen nicht immer eine metaphysik- oder auch religionsfeindliche Haltung zusammengedacht werden. Das zeigt sich gerade bei *Kant,* dem es nicht um die Ablehnung und Aussperrung metaphysischer und religionsphilosophischer Fragestellungen geht, sondern – im Gegenteil – um ihre Differenzierung und ihre Einholung in die „Grenzen der bloßen Vernunft", um einen Titel *Kants* zu verwenden.* *Kant* ist auch der Überwinder des für die neuzeitliche Philosophie so charakteristischen Gegensatzes von Rationalismus und Empirismus, indem er ihn als einen relativen durchschaut.

Worin genauer besteht der Gegensatz von Rationalismus und Empirismus?

Beiden geht es, wie gesagt, um die Quellen und Rechtfertigungsgrundlagen unseres Wissens; diese sollen jedermann prinzipiell zugänglich sein. Jedoch stützen sich die Rationalisten mehr auf das Urteilsvermögen der Vernunft, während die Empiristen die Wahrheit informativer Aussagen in unseren Erfahrungen und Beobachtungen gegründet sehen.

* *Kant*: Religion innerhalb der Grenzen der bloßen Vernunft, Hrsg. *K. Vorländer,* Einleitg. H. *Noack,* 6.A., Hamburg. (PhB 45) 1956. Allerdings nahm *Kant* bei der Wahl dieses Titels einen Konflikt mit der preußischen Zensurbehörde bewußt in Kauf. Vgl. *H. Noack,* Einleitung zu der genannten Religionsschrift Kants, 1956, LXXII.

Die Ratio, Vernunft, als ein den Menschen gegenüber den Tieren auszeichnendes Vermögen, ist dabei durch zwei Eigenschaften gekennzeichnet (vgl. *Specht, R.*, in *Schnädelbach, H.*, Hrsg., 1984, 72ff.):

zum einen durch ein unmittelbares Wissen um letzte Erkenntnisgrundlagen i. S. oberster Ideen und Prinzipien, das im engeren Sinne „natürliche Licht" (der Vernunft). „Vernunft" charakterisiert danach so etwas wie einen Besitzstand an axiomatisch-begrifflichen Voraussetzungen aller weiteren Wissens- und Theorienbildung.*
Näherhin ist hier zwischen theoretischer und praktischer Vernunft zu unterscheiden, so daß all unser Erkennen auf die obersten Ideen der theoretischen Vernunft sich stützt und unser Handeln (bzw. die Begründung des Handelns) auf die der praktischen Vernunft.

Zum zweiten äußert und bewährt sich unser Vernünftigsein im

* *John Locke* widmet das erste Buch seines Versuchs über den menschlichen Verstand der Widerlegung der Annahme, es existierten angeborene spekulative Prinzipien. Selbstverständlich leugnet *Locke* nicht, daß es bestimmte angeborene Anlagen und Fähigkeiten des Menschen gibt, Ideen zu erwerben; insoweit ist er mit den Rationalisten *(Descartes* und *Leibniz)* einig. Was *Locke* allerdings umso schärfer und polemischer verwirft, das ist der Gedanke der Angeborenheit gewisser inhaltlicher Vorstellungen, wozu *Descartes* zu neigen scheint, wenn er an erster Stelle die Gottesidee, aber dann auch die Ideen des Bewußtseins (als Cogitatio) und der Substanz der Dinge zu den eingeborenen Ideen zählt. Dabei ist die Annahme, bestimmte inhaltliche Ideen seien der unhinterfragbare Bestandteil unserer Vernunft, mit dem aufklärerischen Ethos cartesianischen Philosophierens eigentlich unverträglich. Und man kann gar nicht umhin, *Locke* darin zuzustimmen, daß die Inanspruchnahme letzter inhaltlicher Voraussetzungen der Erkenntnis einer Dogmatisierung von Vorurteilen gleichkommt. Andererseits ist zu fragen, ob *Lockes* Kritik die eigentliche, mit dem fraglichen Begriff eingeborener Ideen bezeichnete Stoßrichtung *Descartes'schen* Denkens überhaupt erfaßt. Denn das cartesianische Denken zielt vor allem auf den Aufweis der Geltungs- und Rechtsgrundlagen unserer Erkenntnis und weniger auf die Herkunft inhaltlicher Erkenntnis (aus vorausgesetzten Sätzen). Es geht um die Antwort auf die quaestio iuris der Erkenntnis; dabei glauben die Rationalisten auf gewisse apriorisch-begriffliche Voraussetzungen zurückgehen zu müssen, während die Empiristen darin prinzipiell anderer Meinung sind.

deduktiven Schließen. Das als wahr eingesehene Wissen ist begründetes Wissen, und im Ausgang von rationes, Gründen, vermögen wir unser Wissen in der Form theoretischer Systeme auf- und auszubauen; analog sind wir im Bereich der Praxis in der Lage, unsere Handlungen und Handlungsfolgen zielgerecht miteinander zu verknüpfen *(Specht, R.,* in *Schnädelbach, H.,* Hrsg., 1984, 74).

Die Empiristen, für die unser gegenständliches Wissen einen nur hypothetischen Charakter hat, gerade indem es auf die Basis unserer Beobachtungen gestützt ist, lehnen den Vernunftbegriff der Rationalisten keineswegs pauschal ab. Hinsichtlich der Bedeutung des Schlußvermögens der Vernunft stimmen sie mit den Rationalisten überein. Für beide, Rationalisten und Empiristen, ist die Aufdeckung und Herstellung von Grund-Folge-Beziehungen unentbehrlich zur Systematisierung des Wissens – und nur im Rahmen eines theoretischen Systems hat ja eine einzelne Aussage ihren Stellenwert, aus dem heraus sie ihre wahrheitserschließende Kraft entwickelt.

Die Bedeutung des anderen Vernunftaspekts dagegen, des „natürlichen Lichts“ oberster Ideen und Prinzipien, wird von Rationalisten und Empiristen unterschiedlich eingeschätzt.

Während bei den Rationalisten die Absicht dominiert, unserem Wissen ein letztes Fundament zu geben und die obersten Ideen als die zweifelsfreien, selbst-evidenten rationes anzusehen, sehen die Empiristen in dem natürlichen Licht der Vernunft eher ein (inhaltlich nicht fixiertes) Vermögen, dem verschiedene, geschichtlich wandelbare Ideen, als metaphysische Annahmen, zugeordnet werden können; diesen kommt im Rahmen von Systematisierungsversuchen unseres Wissens ein gewisser heuristischer Wert zu *(Specht, R.,* in *Schnädelbach, H.,* Hrsg., 1984, 85).

Für die Empiristen sind derartige oberste Annahmen freilich von mehr sekundärer Bedeutung. Primär ist für sie der Bezug unseres (informativen) Wissens zu den die Wahrheit dieses Wissens sichernden Erfahrungen, wobei freilich eine zweifelsfreie Sicherung nicht zu erreichen ist; denn es ist von Vernunft wegen nicht auszuschließen, daß bisherigen Erfahrungen jederzeit neue, abweichende Erfahrungen an die Seite treten können.

Es zeigt sich danach, daß Rationalismus und Empirismus nicht in dem Sinne einander gegenüberstehen, als schlösse der Rationalist die Erfahrung als Wissensquelle völlig aus, bzw. als vertrete der

Empirist einen Standpunkt, nach dem sich die Erkenntnis allein aus der Erfahrung und in Absehung von möglichen Leistungen der Vernunft begründen lasse.

Richtig ist vielmehr, daß die Rationalisten allein auf die Verfahren der Vernunft, i. S. selbstevidenter Prinzipien und des Schlußvermögens, setzen, wenn es um den Nachweis der Wahrheit unseres Wissens geht; nur durch den Rückgang auf Vernunft-Evidenzen ist danach Wahrheitsvergewisserung möglich.

Die Empiristen dagegen sprechen, wenn überhaupt, von Gewißheit nur im Hinblick auf den sinnlichen Einzelfall. Jede informative, über eine begrenzte Klasse von Einzelfällen hinausgehende Allgemeinaussage dagegen ist ungewiß; ihre Wahrheit steht und fällt mit ihrer empirischen Bewährung. Den Verfahren der Vernunft kommt die sekundäre Funktion der Verarbeitung und theoretischen Sicherung des Erfahrungswissens zu.

4.1 Die rationalistische Auffassung vom deduktiven Charakter unseres Wissens

Die neuzeitliche, rationalistische wie empiristische Philosophie steht überkommenen philosophischen Positionen skeptisch gegenüber. Nur diejenigen Urteile, deren Wahrheit wir mittels der Verfahren der Vernunft zu sichern vermögen, haben vor dem Exaktheits- und Gewißheitsanspruch der Rationalisten Bestand. Diesem Anspruch werden, nach Auffassung der Rationalisten, jene Urteile nicht gerecht, die sich auf die Sinneserfahrung als Basis stützen. Solchen Urteilen ist vielmehr mit Zweifeln zu begegnen, insofern sie an die trügerischen Sinne geknüpft und in ihrem Gültigkeits- und Wahrheitsanspruch an die jeweiligen Erfahrungsgrenzen rückgekoppelt bleiben.

Der volle Wahrheitsanspruch unserer Urteile ist nach rationalistischer Auffassung letztlich nur dadurch einzulösen, daß wir sie über Schlußfolgerungen aus obersten Ideen und Prinzipien abzuleiten vermögen. Nur auf diesem Wege ist zweifelsfreies Wissen, Wissen nach Art der Mathematik zu gewinnen.

Die obersten Ideen und Prinzipien, das natürliche Licht der Vernunft, würde jedermann bei sich auffinden können, sofern er sich nur in sein eigenes Denken, in die spezifischen Vernunftbedingungen zu vertiefen vermöchte. *Descartes* spricht – in einer freilich mißverständlichen Sprache – von den Vernunftideen als eingeborenen Ideen (ideae innatae), die unsere Vernunft bei oder an sich selbst auffindet und die aller weiteren Urteils- und Wissensbildung jeweils schon zugrunde liegen. Alle Wahrheiten sind so vernunftvermittelt, ihre Gewißheit ist eine aus selbstevidenten Prinzipien abgeleitete.

Der Rationalist vertritt danach die Auffassung vom deduktiven Charakter unseres Wissens. D. h.: er wählt zur Erklärung der ihm erklärungsbedürftig erscheinenden Phänomene nur solche Hypothesen, die er deduktiv, aus Hypothesen höherer Ordnung abzuleiten vermag, derart, daß er zuletzt zu möglichst allgemeinen und einfachen, sprich: evidenten Prinzipien gelangt (vgl. *Specht, R.*, in *Schnädelbach, H.*, Hrsg., 1984, 76; 84 f.; ders. in *Bubner, R.*, Hrsg., Bd. 5, 1979, 15).

Diese Auffassung über die Hypothesenbildung steht der des Empirismus entgegen, nach der erklärungstüchtige Hypothesen induktiven Charakters sind.

Die Vorgehensweise des Rationalisten sei kurz anhand *Spinozas* „Ethica more geometrico demonstrata" (1677) skizziert.

Spinoza drückt seiner „Ethik", die eigentlich eine umfassende Metaphysik zum Inhalt hat, das äußere Schema mathematischer Lehrbücher auf und setzt damit die Forderung *Descartes'*, alle Wissenschaft müsse nach Art des *Euklidschen* mathematischen Lehrbuches, also geometrico modo aufgebaut sein, in die Tat um. Jede Art von Wahrheit ist für den rigorosen Rationalisten *Spinoza* allein durch die mathematische Denkweise zu erreichen.

Die fünf Teile seiner Ethik beginnen jeweils mit Definitionen und Axiomen.

Die erste Begriffsbestimmung des ersten Teiles (Von Gott) z. B. lautet: „Unter Ursache seiner selbst verstehe ich dasjenige, dessen Wesen die Existenz notwendig einschließt, oder dasjenige, dessen Natur nicht anders als existierend gedacht werden kann" *(Spinoza,* übers. v. *C. Vogl,* hg. v. *F. Bülow,* 1955, 1).

Der erste Grundsatz (Axiom) lautet: „Alles, was ist, ist entweder in sich oder in einem anderen" *(Spinoza,* 1955, 2).

Aus den Grundsätzen wiederum leiten sich Lehrsätze oder Propositionen ab, z. B.: „Die Substanz ist von Natur früher als ihre Erregungen" (Erster Lehrsatz), verbunden mit jeweiligen Beweisen/Demonstrationen, insoweit diese aus den Begriffsbestimmungen und Grundsätzen hervorgehen.

Aus den Lehrsätzen ergeben sich weitere Folgesätze (Korollarien), die schließlich mit erläuternden und erklärenden Anmerkungen (Scholien) versehen werden.

Von grundlegender Bedeutung für *Spinozas* Beweisführungen ist der siebte Lehrsatz des zweiten Teiles der Ethik (Von der Natur und dem Ursprunge des Geistes), in dem die Parallelität der Vernunft- und Seins- oder Naturordnung behauptet wird: „Die Ordnung und Verknüpfung der Ideen ist dieselbe wie die Ordnung und Verknüpfung der Dinge“ *(Spinoza,* 1955, 54). *Spinoza* glaubt, diesen Satz unter Voraussetzung bestimmter Definitionen und Grundsätze beweisen zu können. Als letzte Beweisgrundlage ist dabei seine Überzeugung von der einen Substanz: Gott oder Natur (deus sive natura) anzusehen, die das Wesen alles Wirklichen ausmache, so daß das uns so sehr verschieden Erscheinende, wie Geist/Bewußtsein und Körper/Ausdehnung, als Modifikation der einen Substanz und folglich im Sinne völliger Parallelität aufzufassen sei. Dementsprechend haben logische Grund-Folge-Beziehungen in ontologischen Ursache-Wirkungs-Beziehungen ihre strenge Entsprechung. Eigentlich brauche ich die logisch-mathematische Ordnung des Denkens gar nicht zu verlassen, wenn ich über die Ordnung des Seins etwas ausmachen will. Aus der „Ordnung der Ideen“, d. h. aus bloßen Begriffen und Begriffsbeziehungen, ist auf die „Ordnung der Dinge“, auf die Eigenschaften und Beziehungen der Körper, z. B. ihre Verteilung im Raume, zu schließen.

Diese heute kurios anmutende Annahme wird nur aus der strikt am Modell der Mathematik orientierten Vorgehensweise einsehbar. Denn in der analytischen Geometrie leistet die Methode tatsächlich mehr als „ein bloßes Einordnen in fertig zu denkende Klassen“; vielmehr fallen in ihr Methode und Gegenstand in dem Sinne zusammen, als die Methode „ein begründendes ‚Erzeugen‘ des Gegenstandes aus seinen Bedingungen (ermöglicht): das Verhältnis der Kegelschnitte zu ihren Gleichungen“. M.a.W.: es gibt evidente Grundsätze, „die dem ‚Geiste‘ eingeboren, allen Erkenntnissen als analytische Bedingung jeder Gegenstandsbestimmtheit (vorausgehen)“, so daß „die Struktur des Gegenstandes in der erkenntnismäßigen Ordnung seiner Bedingungen zutage (liegt), und die ‚Wahrheit ist genau dasselbe wie das Sein‘“*.

Spinoza war davon überzeugt, daß die gesamte Wirklichkeit durch und durch deterministisch strukturiert sei. Der Herrschaft des Kausalgesetzes auf der einen Seite entspreche auf der Seite des Denkens die Herrschaft der Mathematik. Und aus der Parallelität beider Seiten ergibt sich für ihn zwingend die Möglichkeit einer rein mathematischen Betrachtung und Erklärung alles Wirklichen, auch jener für gewöhnlich als irrational eingestuften Bereiche des Wirklichen. In den einleitenden Bemerkungen zum dritten Teil seiner Ethik (Von dem Ursprunge und der Natur der Affekte) wendet sich *Spinoza* an diejenigen, „welche die Affekte und Handlungen der Menschen viel lieber verwünschen oder belachen denn verstehen wollen". Dagegen wolle er, *Spinoza,* sich anschikken, „die Fehler und Torheiten der Menschen nach der geometrischen Weise zu untersuchen . . . und die menschlichen Handlungen und Begierden genauso (zu) betrachten, als handle es sich um Linien, Flächen oder Körper" *(Spinoza,* 1955, 112).

Wenn *Friedell Spinoza* „als ein Unikum in seiner Zeit, ja in der ganzen Menschheit" einstufen zu können glaubt, wenn er gar meint, auf *Spinoza* lasse sich ein Wort *Chestertons* anwenden, wonach „große Rationalisten . . . nicht selten geisteskrank und Geisteskranke . . . in der Regel große Rationalisten (sind)" (Kulturgesch., 461f.), so ließe sich demgegenüber auf *Galileo Galileis* „Saggiatore" (Prüfer mit der Goldwaage) verweisen, einer Papst Urban VIII. gewidmeten Schrift von 1623, in der sich der Satz findet: „Das Buch der Natur ist in mathematischer Sprache geschrieben, und die Schriftzüge sind Dreiecke, Kreise und andere Figuren, ohne deren Hilfe es unmöglich ist, auch nur ein Wort zu verstehen."** *Friedells/Chestertons* Bonmot bedürfte dann dahingehend der Ergänzung, daß gewisse „Geisteskranke" in der Erkenntnisgeschichte der Naturwissenschaften eine sehr erfolgreiche Rolle gespielt haben.

Was *Spinozas* Annahme einer durchgehenden Parallelität von logischen und kausalen Beziehungen betrifft, so steht ihr auch

* *Hönigswald, R.,* Geschichte der Erkenntnistheorie, Nachdr. der Ausg. v. 1933, Darmstadt 1966, 92f.

** Zit. *Kropp, G.,* Erkenntnistheorie I – Allgemeine Grundlegung, Berlin 1950, 42

Leibniz so fern nicht, ohne daß dieser sich freilich *Spinozas* metaphysische Identitäts- und Parallelitätslehre (nach der, da substantiell alles eins – deus sive natura – ist, das verschieden Erscheinende also i. S. paralleler Modifikationen und Attribute gedeutet werden muß) zu eigen macht.

Leibniz benennt zwei Prinzipien unseres Vernunftgebrauchs, das „Prinzip des Widerspruchs" und das „Prinzip des zureichenden Grundes". Nach letzterem geschieht „niemals etwas ohne eine Ursache oder wenigstens ohne einen bestimmten Grund" (Theodizee, 1. Teil, 44). In der Monadologie heißt es ergänzend, „daß sich keine Tatsache als wahr oder existierend, keine Aussage als richtig erweisen kann, ohne daß es einen zureichenden Grund dafür gäbe, weshalb es eben so und nicht anders ist" (Monadologie, 32).

Es handelt sich bei dem genannten Prinzip um einen allen empirischen Kenntnissen vorausliegenden Grundsatz, weshalb *Leibniz* auch von einem „gewissen Grund a priori" spricht, „warum etwas existiert und nicht lieber nicht existiert und warum es lieber auf diese als auf jede andere Weise existiert", wenn uns auch im einzelnen Falle bzw. gar „in den meisten Fällen" die näheren Gründe (einer Sachlage) nicht bekannt sein mögen (Theodizee, 44; Monadologie, 32).*

Leibniz ordnet das Kausalprinzip, nach dem eine Erklärung der Art und Weise, wie etwas existiert oder geschieht, auf Ursachen überhaupt (und näherhin auf die jeweils besonderen Ursachen) gestützt sein muß, soll sie unserer Vernunft einleuchten, dem Prinzip des zureichenden Grundes unter. Genauso, wie unsere Vernunft eine Behauptung nur dann als wahr einzustufen vermag, wenn diese sich aus Wahrheitsgründen versteht, kann sie ein und jedes beliebige Geschehen nur aus (seinen) Ursachen heraus verstehen. Die den Grund-Folge-Beziehungen eigene logische Struktur findet sich analog in den Ursache-Wirkungs-Beziehungen wieder.

* Von seiten des sogenannten „Kritischen Rationalismus" wird die Inanspruchnahme und das Festhalten am Prinzip vom zureichenden Grunde zum Sündenfall des klassischen Rationalismus erklärt. Mit dem Verzicht auf dieses Prinzip geht bei *H. Albert* die Reformulierung des anderen, von *Leibniz* genannten Prinzips des Widerspruchs einher, welches zum methodologischen Ausgangspunkt eines anderen, eben des kritischen Rationalismus erklärt wird *(Albert, H.,* 1968)

Diese Auffassung ist von der Vorstellung geleitet, daß es eine der logischen Notwendigkeit, wie sie für folgerichtige Ableitungen von Sätzen aus Sätzen gilt, parallele kausale Notwendigkeit geben müsse, die den Ursache-Wirkungsbeziehungen zugrunde liegt.

D. Hume bestreitet eine derartige kausale Notwendigkeit (vgl.: Eine Untersuchung über den menschlichen Verstand, 7. Abschn.). Von Vernunft wegen zwingt sich nach *Hume* der Gedanke der Kausalität gar nicht auf, denn es widerspricht der Vernunft nicht, sich z.B. auf eine Ursache hin eine Reihe verschiedenartiger, ja gegensätzlicher Wirkungen vorzustellen. M.a.W.: das Gegenteil existierender Tatsächlichkeiten läßt sich widerspruchsfrei denken. „Daß die Sonne morgen nicht aufgehen wird, ist ein nicht minder verständlicher Satz und nicht widerspruchsvoller, als die Behauptung, daß sie aufgehen wird" *(Hume,* Unters., 36*). Ganz anders bei logischen Beziehungen oder Urteilsgehalten; das Gegenteil des Satzes, daß das Quadrat der Hypothenuse gleich ist den Quadraten der beiden Katheten, ist selbstwidersprüchlich und unmöglich klar zu denken.

Ist nach *Hume* das Kausalitätsprinzip also keinesfalls die auf Realgeschehen bezogene Variante eines für Wahrheitsansprüche geltenden Prinzips, nämlich des Prinzips vom zureichenden Grunde, so ist es nach ihm andererseits auch nicht Gegenstand der Erfahrung. Nirgendwo gewinnen wir nach *Hume* den Eindruck des Verursachens; lediglich die Aufeinanderfolge von Ereignissen, nicht aber ihre Auseinanderfolge, nehmen wir wahr.

Hume glaubt dem Skeptizismus, der mit einem – von seiner Kritik her vielleicht naheliegenden – Verzicht auf das Kausalprinzip einhergehen könnte, dadurch zu entgehen, daß er das Kausalprinzip als eine Gewohnheit menschlichen (Erklärungs-)Verhaltens ansieht, die sich mit jedem Erfolg verstärkt und vertieft.

Humes fragwürdiger Lösung setzt *Kant* seine Auffassung von der Kausalität als einer Kategorie des reinen Verstandes, als einer Bedingung a priori der Möglichkeit von Erfahrung entgegen (KrV, Analogien der Erfahrung, zweite Analogie, B 232ff.). *Kant* stimmt *Hume* im eingeschränkten Sinne zu, insofern er sowohl den (metaphysischen) Gedanken einer Kausalordnung der Dinge an sich – parallel der „Ordnung unserer Ideen", mit *Spinoza* zu

* Unters. = Untersuchung über den menschlichen Verstand

sprechen – verwirft, als auch die Auffassung teilt, daß wir, im Rahmen bloß sinnlicher Anschauung, lediglich die Aufeinanderfolge gewisser Erscheinungen zu registrieren vermögen. So aber, also im Rahmen sinnlicher Anschauung, vermögen wir das „objektive Verhältnis" der Erscheinungen, nämlich ihre kausale Beziehung, nicht zu bestimmen (KrV, B 234). Erst der Verstandesbegriff der Kausalität, der nicht in der Wahrnehmung als solcher liegt, ermöglicht uns überhaupt die Bestimmung gewisser Erscheinungen i. S. kausaler Verknüpfung, macht also die empirische Erkenntnis derselben allererst möglich (KrV, B 234).

Und eben in diesem Punkte steht *Kant Hume* diametral entgegen; nicht hält sich der Mensch, wenn er die Inhalte der raumzeitlichen Erfahrung kausaler Deutung unterstellt, an bloße Gewohnheiten, vielmehr ist die Bestimmung der Beziehung gewisser Erscheinungen i. S. der Kausalität ein Erfordernis unseres Denkens, insoweit sich dieses auf die raumzeitlichen Erscheinungen bezieht.

Worin unterscheiden sich dann die Kausalauffassungen von *Leibniz* und *Kant?*

Leibniz verbindet das Kausalprinzip, wie wir festgestellt haben, mit dem Prinzip des zureichenden Grundes; die Begriffe des Grundes und der Ursache sind bei ihm analog gesetzt.

Spinoza behauptet, daß alles, was aus der einen Substanz: deus sive natura hervorgehe, mit eben jener Notwendigkeit vor sich gehe, mit der aus der Natur des Dreiecks folge, daß dessen drei Winkel gleich zwei rechten sind (Ethik, 1. Teil, 17. Lehrsatz, Erläuterung zu Folgesatz 2).

Zum Begriff der Notwendigkeit erklärt *Leibniz* (Monadologie, 33): „Ist eine Wahrheit notwendig, so kann man ihren Grund durch Analyse finden, indem man sie in einfachere Ideen und Wahrheiten auflöst, bis man zu den ursprünglichen kommt."

Von derart notwendigen Wahrheiten spricht *Kant* als analytischen Urteilen; sie sind bloße „Erläuterungsurteile", weil sie „durch das Prädikat nichts zum Begriff des Subjekts hinzutun, sondern diesen nur durch Zergliederung in seine Teilbereiche zerfällen, die in selbigem schon (obgleich verworren) gedacht waren" (KrV, B 11). Ein analytisches Urteil zu leugnen, liefe auf einen formellen Widerspruch hinaus.

Nach *Leibniz* bedürfen alle Wahrheiten – sowohl die notwendigen (Vernunft-)Wahrheiten, deren Gegenteil unmöglich ist, als auch die zufälligen Tatsachen-Wahrheiten – eines zureichenden Grundes, kraft dessen sie wahr sind (Monadologie, 32; 33). Der Grund der zufälligen Wahrheiten liegt zunächst in den sie jeweils verursachenden Tatsachen, läßt sich also vorerst „in der Folge und im Zusammenhang aller erschaffenen Dinge" eruieren (Monadologie, 36). Jedoch ist in der Reihe der ihrerseits wieder kontingenten Gründe kein letzter Grund zu finden, an dem unsere Frage nach dem zureichenden Grunde (dieser oder jener kontingenten Tatsache) ihr Ende fände. „So muß also der letzte Grund der Dinge in einer notwendigen Substanz liegen, . . . und diese Substanz nennen wir Gott" (Monadologie, 38).

Leibniz' Argumentation hat eine gewisse Ähnlichkeit mit der von *Spinoza,* insofern er das Kausalprinzip dem Prinzip des zureichenden Grundes zuordnet und dieses Prinzip offensichtlich als eine notwendige (weil analytische) Wahrheit unterstellt. Von hier aber ist der Weg zur Behauptung einer durchgehenden (mathematischen) Erkennbarkeit aller Wirklichkeit – wie bei *Spinoza* – nicht weit.

Kant tritt dem entgegen, wenn er aufzeigt, daß das Kausalprinzip keinen analytischen Charakter hat, sondern ein synthetisches Urteil a priori ist (KrV, B 13; B 232).

Mit der Bezugnahme auf *Humes* und *Kants* Kausalitätsauffassungen – eine Bezugnahme, der hier, im Zusammenhang der *Leibnizschen* Formulierung des Prinzips vom zureichenden Grund, nur der Stellenwert einer Anmerkung zukommt – sind wir dem Stand unserer Darstellung vorausgeeilt.

Im folgenden soll die rationalistische Auffassung vom deduktiven Charakter unseres Wissens am Beispiel *Descartes'* verdeutlicht werden.

4.1.1 Descartes als Repräsentant des Rationalismus

Die Untersuchungen *Descartes'*, des „urstiftenden Genius der gesamten neuzeitlichen Philosophie"*, gelten als herausragendes Beispiel rationalistischen Philosophierens.

* *Husserl, E.,* Die Krisis der europäischen Wissenschaften und die transzendentale Phänomenologie, hg. v. *E. Ströker,* Hamburg (PhB 292) 1977, 80

Der folgende Kennzeichnungsversuch des cartesianischen Vernunft- und Erkenntnisbegriffes dient zur Verdeutlichung und Ergänzung der voranstehenden Äußerungen über den Rationalismus.*

Descartes geht es um eine Antwort auf die Frage, wie eine über bloße Wahrscheinlichkeitsannahmen hinausgehende und wiederholter Bezweifelbarkeit entzogene philosophisch-wissenschaftliche Erkenntnis überhaupt möglich ist. Die Annahme der Möglichkeit solcher Erkenntnis hängt nach ihm davon ab, ob wir entsprechende Kriterien besitzen, nach denen wir gewisse Wahrheiten von zweifelhaften „Erkenntnissen" zu unterscheiden vermögen.

Die erste der Hauptregeln der Methode richtigen Gebrauchs der Vernunft (bzw. des Herausfindens der Wahrheit in den Wissenschaften) besteht aus dem Postulat, „niemals eine Sache als wahr anzuerkennen, von der ich nicht evidentermaßen erkenne, daß sie wahr ist". Das aber heißt zugleich, „über nichts zu urteilen, was sich meinem Denken nicht so klar und deutlich (si clairement et si distinctement) darstellte, daß ich keinen Anlaß hätte, daran zu zweifeln" (Discours, II, 7). Diese Evidenzregel bindet die Wahrheit an die Klarheit und Deutlichkeit/Distinktheit unseres Denkens, unserer Gedanken (Discours, IV, 3). Sofern ich mich bei der „Erforschung der Wahrheit" nicht lediglich auf möglicherweise fragwürdige, wenn auch anerkannte, weil tradierte Lehrmeinungen stützen will, muß ich von meiner eigenen Einsichts- und Urteilsfähigkeit ausgehen (Regeln III). Ich kann jener Erforschung nur solche Erkenntnisse, Ideen oder Propositionen zugrunde legen, die ich, „reinen und aufmerksamen Geistes", durch Intuition als einfach, als in und durch sich klar begreife (Regeln III, 5) und die sich in ihren Merkmalen vollkommen deutlich von allen anderen unterscheiden.

Sich nicht auf herrschende philosophisch-wissenschaftliche Positionen verlassen zu wollen, das läuft darauf hinaus, einen neuen, tragfähigen Begriff von Wissenschaft bzw. Wissenschaftlichkeit

* Wichtige Anregungen verdankt die vorliegende Charakterisierung des *Descartes'schen* Erkenntnisbegriffs der Darstellung des cartesianischen Systems durch *W. Röd* (1964), auch wenn dies im Fortgang nur durch wenige ausdrückliche Bezugnahmen auf den *Rödschen* Text sichtbar gemacht wird.

erarbeiten zu müssen, der sich der Evidenzregel, der Forderung nach völliger Klarheit und Deutlichkeit des Wissens stellt.

Dem hochgesteckten Ziel der Erkenntnisgewißheit können wir nur dadurch näherkommen, daß wir eine sichere Vorstellung von den Möglichkeiten unserer Vernunft gewinnen, klar und distinkt zu urteilen. Allen Wissenschaften, insofern sie als die Instanzen oder Bereiche derartigen Urteilens aufgefaßt werden, muß eine Wissenschaft von der Vernunft selbst, als der Bedingung der Möglichkeit jenes Urteilens, zugrunde gelegt werden. Diese, den Einzel-Wissenschaften, die „nichts anderes sind als Gewißheit in sich schließende Urteile" (Erforschung, 4*), nämlich das Insgesamt derartiger Urteile, immanent zugrundeliegende Universalwissenschaft (sapientia universalis) muß ausdrücklich zur Sprache gebracht werden (Regeln I, 2). Denn, welchen näheren oder ferneren Zielen die Einzelwissenschaften immer dienen mögen – etwa auch dem der Sicherung und behaglicheren Einrichtung unseres Lebens oder dem der Verringerung von Schmerz und Mißstand – zuoberst verfolgen sie das Ziel der Wahrheitsförderung. Sie erweisen sich damit als untereinander verknüpft bzw. als Bestandteile der einen universellen Wissenschaft der Vernunft (Regeln I, 4).

Schon die ersten Entdecker der Philosophie und Wissenschaft wollten Einblick in die sapientia unversalis gewinnen; es ging ihnen darum, jene Einfachheit und Klarheit, die sie in der mathematischen Erkenntnis vorfanden, in allen anderen Wissensbereichen wiederzufinden (Regeln IV, 8).

Descartes sieht die Idee der Wissenschaft in der Mathematik (grch. mathema = Wissenschaft) verkörpert. Diese Orientierung resultiert aus seiner Forderung nach völliger Klarheit und Deutlichkeit unserer Gedanken als Kriterien ihrer Wahrheit. Danach sollten wir uns „nur den Gegenständen zuwenden, zu deren klarer und unzweifelhafter Erkenntnis unserer Geist zuzureichen scheint" (Regeln II). Wir weisen demgemäß – so fährt Descartes fort (Regeln II, 2) – „alle bloß wahrscheinlichen Erkenntnisse zurück und stellen fest, daß man nur denen Glauben schenken darf, die vollkommen erkannt sind und an denen sich nicht zweifeln läßt".

* Erforschung = *Descartes:* Die Erforschung der Wahrheit durch das natürliche Licht; 4 = Abschnitt (4)

Descartes kann sein an der Mathematik abgelesenes Ideal der Wissenschaftlichkeit unter den bestehenden Wissenschaften zunächst auch nur in der Mathematik wiedererkennen. Allein Arithmetik und Geometrie beschäftigen sich mit derart reinen und einfachen Gegenständen, nämlich idealen, erfahrungsunabhängigen Inhalten, über die wir zu sicheren Urteilen gelangen können (Regeln II, 6).

Haben wir uns also in unserer Suche nach Erkenntnisgewißheit auf die Mathematik zu beschränken? Das zwar nicht. Aber es heißt, sich auf solche Gegenstände zu beschränken, von denen man „eine den geometrischen und arithmetischen Beweisen gleichwertige Gewißheit zu erlangen imstande" ist (Regeln II, 7). Man kann die für die Erforschung solcher Gegenstände zuständige Wissenschaft als Universalmathematik (mathesis universalis) bezeichnen (Regeln IV, 9). In ihren Zuständigkeitsbereich fällt alles, was „der Ordnung und dem Maße unterworfen" ist (Regeln IV, 9), was sich mathematisch, geometrico modo, erfassen und ausdrücken läßt.

Daraus ergibt sich in bezug auf die unserer Sinneserfahrung zugänglichen Gegenstände, daß wir von der Vielfalt ihrer qualitativen Eigenschaften und Unterschiede, wie sie sich in sinnlichen Eindrücken niederschlägt, absehen müssen. Wir haben uns, soll eine Behandlung der Sinnendinge more geometrico überhaupt möglich sein, auf die von Vernunft wegen einsehbare, wesentliche Eigenschaft der Ausgedehntheit/Räumlichkeit der Dinge sowie ihrer Attribute der Figur (Lagebeziehungen) und Bewegung zu beschränken. Alles Qualitative ist auf Quantität zu reduzieren, weil nur letztere mathematischer Behandlung zugänglich ist. Die Zurückführbarkeit von Qualität auf Quantität versucht *Descartes* u. a. am Beispiel der Farbe aufzuzeigen. Was immer man über das Wesen der Farbe annimmt, über eines, so meint er, läßt sich nicht streiten, nämlich, daß die Farbe Ausdehnung und „die Natur einer Figur" besitzt (Regeln XII, 6). „Man kann dasselbe aber ganz allgemein behaupten, da es gewiß ist, daß die unendliche Vielfalt der Figuren genügt, um alle Verschiedenheiten der Sinnendinge auszudrücken" (Regeln XII, 6).

Ein anderes Beispiel aus der zweiten Meditation: Eine Reihe der ins Auge fallenden Eigenschaften eines Stückchens Wachs, wie Geschmack und Duft, Farbe, Gestalt, Tasteigenschaften wie Härte und Kälte, lösen sich unter bestimmten Bedingungen (Erhitzen) auf, bzw. sie verändern sich; und nur unter Absehung von den (zufälligen) Qualitäten des Wachsstückes tritt – für die Einsicht des Verstandes – die Wesenseigenschaft der Ausgedehntheit hervor. So zeigt sich, daß ich von dem, „was ich mit meinen Augen zu sehen vermeinte, einzig und allein durch die meinem Geiste innewohnende Fähigkeit zu urteilen“ weiß.

Für *Descartes* wird die Physik zur angewandten Geometrie, und die Sätze der Physik – zum Bereich des Physikalischen zählen für ihn auch die Phänomene des Vitalen und des Psychischen, wie die Affekte/Leidenschaften, die Auswirkungen physiologischer Vorgänge im Nervensystem sind und als solche nach physikalischen Prinzipien sich erklären lassen – erhalten dann einen den mathematischen Gesetzen analogen Gewißheitsgrad.

Der Aufbau des Systems der Wissenschaften stellt sich danach für *Descartes* wie folgt dar (vgl. *Röd, W.*, 1964, 31ff.):

Grundlegende (Anfangs-)Wissenschaft*, prima philosophia, ist die Wissenschaft von der menschlichen Vernunft oder Erkenntnis

* Es ist bemerkenswert, daß *Descartes* sein wohl wichtigstes Werk über die Grundlagen der Philosophie mit dem Titel „Meditationen“ (Meditationes de prima philosophia) versieht. Unter „Meditation“, nach dem lat. „meditari“, verstehen wir ein nach-sinnendes, besinnliches Betrachten. Der primäre Betrachtungsgegenstand ist dabei das innere Selbst des Betrachtenden; auf den eigenen innersten Grund hin will der Meditierende sich versammeln (vgl. *Lotz, J. B.*, Meditation – der Weg nach innen. Frankf./M. 1954). *Descartes* charakterisiert mit dem Titel: Meditationen sein Nachdenken als ein Sich-hinein-Versetzen in Wesen und Eigenschaften der eigenen Vernunft, und er leitet zugleich den Leser zum Nachvollzug dieses Philosophierens an. *Descartes* steht mit dem genannten Titel in einer großen Tradition, die bis auf *Platon* zurückgeht. Unter dem Einfluß von *Augustinus, A. v. Canterbury* u. a. wurden Meditationen zu geistlichen Übungen mit den Forderungen der Abkehr von Alltagsgeschäften und -sorgen, der Einkehr bei sich selbst und der Umkehr und Umgestaltung des eigenen Lebens (vgl. *Mojsisch, P.*, Artikel: Meditation, in *Ritter, J./Gründer, K.*, Hist. Wörterbuch der Philosophie, Bd. V, 1975). *Descartes* zeigt mit seinem Titel auch an, daß es ihm in seinen metaphysischen Betrachtungen weniger um die Aufzählung von Argumenten und die Anführung von Beweisen geht, als vielmehr darum, „eine Denkübung zu praktizieren“, die – auf dem Wege des universalen Zweifels – zu evidenten metaphysischen Wahrheiten führt. Eben deswegen „hat *Descartes* keine ‚Theoreme‘ oder ‚Quästionen‘, sondern eben ‚Meditationen‘ geschrieben“ *(Oeing-Hanhoff, L.* in *Speck, J.*, Hrsg., Philosophie der Neuzeit I, Göttingen 1979, 44).

selbst. Nur im Rahmen eines radikalen, auf die Wurzeln aller Erkenntnis zielenden Denkens kann der universale Zweifel (an den bestehenden, als wahr behaupteten Überzeugungen) legitimiert und in letzte, allen Zweifeln Halt bietende Erkenntnisgewißheit verwandelt werden. Als metaphysische Grundwissenschaft liegt die prima philosophia selbst noch der Mathematik als Einzelwissenschaft, Arithmetik und Geometrie, voraus.

An die Mathematik schließt sich die mathematische oder theoretische Physik an, die in Technik, Medizin und Moral ihre Anwendung findet.

Die Struktur der Wissenschaften verläuft also vom Theoretischen (der Metaphysik, Mathematik und mathematischen Physik) über die angewandten Wissenschaften bis hin zu der – in einer mechanistischen Affektenlehre (vgl. *Descartes:* Die Leidenschaften der Seele) kulminierenden – Erklärung unseres Handelns. *Descartes'* Wissenschaftsideal bleibt ja nicht auf die Gewißheit(en) der theoretischen Erkenntnis beschränkt, sondern zielt letztendlich auf Sicherheit im Handeln ab.

Deutlichere Gestalt nimmt der Rationalismus *Descartes'* an, wenn wir die von ihm genannten Methoden der Wahrheitsfindung und -sicherung betrachten. Es sind dies die Intuition und die Deduktion. Die ebenfalls von ihm angeführte Induktion oder Enumeration (Aufzählung) erweist sich bei näherem Zusehen als ein Unterverfahren der Deduktion.

Die Intuition ist „das spezifische Erkenntnisvermögen des lumen naturale" *(Peters, K.* u. a., 1975, 12), durch das wir Gewißheit erlangen über die in sich völlig klaren Grundlagen der Erkenntnis (Regeln III, 5). Es handelt sich dabei um ein „über jeden Zweifel erhabene(s) Begreifen" gewisser einfacher Aussagen, vergleichbar etwa mathematischen Evidenzen wie der, daß die Kugel eine einzige Oberfläche hat (Regeln III, 5, 7). Durch Intuition erfassen wir begriffliche Relationen, denen der Charakter der Notwendigkeit eignet, d. h. die sich als untrennbar erweisen (Regeln XII, 17, 18). Eine Untrennbarkeit von Begriffen besteht in allen Fällen, in denen die Begriffe, über die eine Aussage gemacht wird, den ausgesagten (Prädikats-)Begriff bereits – wenn auch „in verworrener Weise" – in sich enthalten. *Descartes* nennt als Beispiele die Beziehungen der Begriffe Gestalt und Ausdehnung oder Bewegung und Dauer bzw. Zeit (Regeln XII, 17).

Begriffliche Beziehungen der von *Descartes* genannten Art haben prima facie einen bloß analytischen Charakter, wie z. B. auch die Aussage: Wirkungen sind verursacht (insofern die Begriffe: bewirkt und verursacht logisch äquivalent sind).

P. Natorp (1978, 17 ff.) ist dagegen der Meinung, *Descartes* gehe es nicht um analytische Urteile, sondern er ziele auf synthetische Urteile a priori i. S. *Kants* ab. Denn nur solche Urteile hätten eine erkenntnisbegründende Funktion, insofern Erkenntnis sich auf raum-zeitliche Gegenstände bezieht. Wenn *Descartes* Naturwissenschaft als in seinem Sinne strenge Wissenschaft, nämlich als angewandte Mathematik, ausweisen will, so gelingt ihm dies nur unter Zugrundelegung des Grundsatzes, daß alle Materie ihrer Substanz nach Ausdehnung ist. Von Körpern habe ich, so meint er, nur die eine unhintergehbar klare Idee ihres Ausgedehntseins (Regeln XIV; Sechste Meditation). Nur diese Idee kann ich letztlich der Physik zugrunde legen. Abgesehen von der Frage, ob man *Descartes* hierin zustimmen kann – und dies kann man nicht (vgl. *Weizsäcker, C.F.v.*, 1976, 201 ff.) – der genannte Grundsatz vermöchte die Physik als Realwissenschaft nur dann zu begründen, wenn er mehr darstellt als eine bloß analytisch-begriffliche Beziehung. In diesem Sinne können wir uns *Natorps* Interpretation der Absichten *Descartes'* anschließen.

Dazu noch eine ergänzende Bemerkung. Wenn Physik more geometrico möglich sein soll, dann kann das besagen, daß sie selbst als Mathematik aufgefaßt wird, und nicht nur, daß die Mathematik in ihr zur Anwendung kommt (vgl. *Weizsäcker, C.F.v.*, 1976, 212). Wie aber sollte dann – die Mathematik als rein formales System aufgefaßt – die Physik als Realwissenschaft möglich sein, d. h. als ein System von Aussagen über die Welt? Ein rein formales System von Aussagen ist ja i. S. eines bloß analytischen Beziehungsgeflechts zu interpretieren. Es hat jedoch den Anschein, als vertrete *Descartes,* ähnlich wie *Kant,* die Auffassung vom nicht-analytischen Charakter der Mathematik, so daß etwa die Gleichung: 4+3=7 als ein synthetisches Apriori aufzufassen wäre (Regeln XII, 17).

Die Deduktion ist das andere der beiden zulässigen Vernunftverfahren (da, wie schon gesagt, die Induktion als Unterverfahren der Deduktion anzusehen ist). Sie setzt dort ein, wo die Einsichtnahme in selbstevidente Sachverhalte endet, d. h. wo die einfachen

Aussagen intuitiver Gewißheit zu komplexeren Aussagenverbindungen umgeformt werden (sollen). Unter Deduktion verstehen wir, „was sich aus bestimmten anderen, sicher erkannten Dingen, mit Notwendigkeit ableiten läßt" (Regeln III, 8). Da die Deduktion die intuitiv gewissen Wahrheiten zur Voraussetzung hat, vertritt sie selbst keinen autonomen Wahrheitsanspruch. Vielmehr führt sie die ermittelten Wahrheiten auf den Wahrheitsanspruch der zugrunde gelegten Intuitionen zurück *(Peters, K.* u. a., 1975, 12). Freilich, gerade insofern die deduktiv gewonnenen Erkenntnisse in intuitiven Wahrheiten gründen, geht auch – die Korrektheit der Deduktion vorausgesetzt – der Gewißheitsgrad der Intuition auf das Deduzierte über (Regeln III, 8). Und umgekehrt: Bestehen Zweifel an der Wahrheit gewisser Aussagen eines deduktiven Systems, so daß das System als Ganzes in Frage steht, so braucht man nicht jeden Satz dieses Systems zu widerlegen, sondern es genügt, „den Angriff sogleich auf . . . die Prinzipien (zu) richten, . . . da nach der Untergrabung der Grundlagen alles darauf Gebaute von selbst zusammenstürzt" (Erste Meditation, 4). Mit einem deduktiven System ist es wie mit einer langen Kette, „. . . wenn wir erkennen, daß der letzte Ring . . . mit dem ersten verknüpft ist, wenngleich wir nicht mit einem einzigen Blick unserer Augen alle Zwischenringe, von denen jene Verknüpfung abhängt, umfassen können. Wenn wir aber die einzelnen Glieder successiv durchlaufen haben, so werden wir uns erinnern, daß sie durch die Nachbarglieder vom ersten bis zum letzten aneinanderhängen" (Regeln III, 8).

Angenommen, ich deduziere S aus P auf dem Weg über Q und R. Was geschieht da? P habe ich intuitiv erkannt; ich erkenne sodann intuitiv, daß Q aus P folgt; gleichfalls intuitiv erkenne ich, daß R aus Q und S aus R folgt. Somit kann ich schließlich sicher sein, daß S aus P folgt. Denn da ich mich erinnere, daß die Wahrheit von P intuitiv erkannt und die Zwischenschritte über Q und R gültig waren, kann ich auch der Wahrheit von S versichert sein *(Williams, B.,* 1981, 158).

Die Intuition bleibt folglich nicht auf die Erkenntnis der ersten Prinzipien beschränkt; auch im Falle eines einfachen, durchsichtigen Schlusses erkenne ich intuitiv, daß der Schlußsatz aus den Vordersätzen folgt (Regeln XI, 1). Dagegen bedarf es bei komplexeren Kettenschlüssen eines zusätzlichen Faktors, um die Kette der

Intuitionen zusammenzuhalten, nämlich eines funktionstüchtigen Gedächtnisses (Regeln III, 8). Auf die Probleme, die daraus für *Descartes'* Zielvorstellung der Erkenntnisgewißheit erwachsen, soll hier nicht eingegangen werden (vgl. *Williams, B.*, 1981, 158ff.).

Induktion nennt *Descartes* „eine derart sorgfältige und genaue Erforschung von all dem, was zu einer vorliegenden Frage gehört, daß wir daraus mit Gewißheit und Evidenz schließen können, daß wir nichts versehentlich ausgelassen haben" (Regeln VII, 4). Wir können die Induktion als eine Schlußfolgerung auffassen, „die sich aus vielen und getrennten Dingen ergibt" (Regeln XI, 1).

In den Fällen verwickelter Probleme sind zunächst alle Beweisstücke sorgfältig zusammenzutragen, ehe an die Problemlösung überhaupt herangegangen werden kann. Die Lösung als solche ist dann wieder als Deduktion auszulegen, soll sie verbindlich sein. Und wenn die Lösung eines Problems auf diesem Wege nicht erreicht wird, dann können wir, so meint *Descartes,* wenigstens sicher sein, daß sie auf keinem anderen Wege erreichbar gewesen wäre (Regeln VII, 4).

Auch in bezug auf den Induktionsbegriff bzw. die Zusammengehörigkeit der Induktion mit der Deduktion zeigt sich wiederum *Descartes'* Orientierung an der Mathematik.

Als Kriterien der Wahrheit sieht *Descartes* die Klarheit und Deutlichkeit unserer Gedanken an. Anhand dieser Kriterien vergewissern wir uns der Wahrheit(en), werden wir uns ihrer gewiß. Aber welche unserer Gedanken, auch derjenigen, die wir für Erkenntnisse halten, erfüllen das mit jenen Kriterien gesetzte Evidenzpostulat? Müssen wir nicht, wollen wir je zu Erkenntnisgewißheiten gelangen, den Weg des Zweifels einschlagen, der von vermeintlichen Gewißheiten gesäumt ist? *Descartes* ist überzeugt davon, daß wir nur über den radikalen, universalen Zweifel zur Erkenntnisgewißheit gelangen können.

Was ist unter Erkenntnisgewißheit zu verstehen?

Mit Bezug auf *Sokrates* führt *Descartes* ein Beispiel an (Regeln XII, 17).

Wenn *Sokrates* sage, er zweifle an allem, so wolle er damit zugleich zum Ausdruck bringen, daß er einsehe, daß er zweifelt. Damit erkenne er aber auch, daß etwas wahr oder falsch sein kann. Denn, so dürfen wir ergänzen, es ist widersinnig, beispielsweise an einer Überzeugung zu zweifeln, wenn diese gar nicht falsch sein kann, d.h. dasjenige, was wir klar und deutlich, d.h. evident erfassen, ist nicht mehr sinnvoll zu bezweifeln. Das Bezweifelte und möglicherweise Falsche könnte sich jedoch – sofern der Zweifel nicht aufrechtzuerhalten – als wahr entpuppen.

Descartes (Erforschung, 12) knüpft an das *sokratische* Wissen des Nichtwissens an (vgl. *Natorp, P.*, 1978, 30), das dem Sophistenwissen entgegensteht, wie der Zweifel den schlichten Überzeugungen. Im Zweifel an nur vermeintlich wahren Überzeugungen weiß ich zumindest dies, daß jene Überzeugungen, streng genommen, gar nicht gewußt sind. Dann aber ist der Zweifel eine Art Wissen des Nichtwissens und als solches der erste Schritt zur Erkenntnisgewißheit.

Worauf richtet sich der universale, methodische Zweifel? Auf alle Voraussetzungen, auf die unser Wissen sich stützt, denn gerade an die Voraussetzungen muß die Gewißheitsforderung angelegt werden.

Viele Überzeugungen, an denen wir festhalten, verdanken sich unserer Sinneserfahrung. Wir sind vom Vorhandensein dessen, was uns augenscheinlich umgibt, überzeugt, weil wir unseren Sinnen vertrauen, weil wir davon ausgehen, daß unsere Sinne uns Abbilder der uns umgebenden Realität liefern. Das aber trifft im Einzelfall durchaus nicht zu; denn es gibt die Sinnestäuschung, die wir nachträglich bzw. auf der Ebene gesicherten Wissens als solche durchschauen können (wie z.B. im Falle des in das Wasser gehaltenen geraden Stockes, der uns gebrochen erscheint). *Descartes* nennt es nun aber „ein Gebot der Klugheit, niemals denen ganz zu trauen, die auch nur einmal uns getäuscht haben" (Erste Meditation, 5). Also trifft der universale Zweifel zuerst alles durch die Sinne ‚Gewußte' (Erforschung, 8; Discours, IV, 1).

Ob diese Folgerung übernommen werden muß, erscheint freilich als fraglich, wenn man sich den empirischen Charakter der *Descartes'schen* Kritik der Sinne klarmacht. Aus gelegentlicher Sinnestäuschung ist wohl kaum eine prinzipielle Unzuverlässigkeit der Wahrnehmungen abzuleiten (vgl. *Röd, W.*, 1964, 64).

Descartes aber geht zu weiteren Folgerungen über. Die Sinne sind es ja auch, die uns die vielfältigen Qualitäten – Form, Farbe, Temperatur, Ton u.a. – des uns umgebenden Realen vermitteln und aus denen also das Bewußtsein einer äußeren Welt von Körpern sich nährt.

Gegen die, natürlicherweise für gewiß gehaltene Annahme der Existenz der realen Welt konstruiert *Descartes* einen weiteren Einwand, sein Traum-Argument.

Es könnte doch sein – und dieses anzunehmen enthält keinen inneren Widerspruch – daß die Welt, von der wir meinen, sie sei real und existiere unabhängig von unserem Bewußtsein, ein bloßes Bewußtseins- und Phantasieprodukt ist. Können wir ausschließen, daß die Objekte unseres – vermeintlich wachen –Bewußtseins in Wahrheit Traumgebilde sind? Wir können es nicht – so meint *Descartes,* und der Typus seines Arguments pflanzt sich bis in die moderne Literatur fort. Gegen Ende von *Samuel Becketts* „Warten auf Godot" spricht Wladimir an seinem Schicksalsgefährten Estragon vorbei: „Ich weiß nicht mehr, was ich denken soll. . . . Habe ich geschlafen, während die anderen litten? Schlafe ich denn in diesem Augenblick? Wenn ich morgen glaube, wach zu werden, was werde ich dann von diesem Tage sagen? Daß ich mit . . . Estragon an dieser Stelle bis in die Nacht . . . gewartet habe? Daß Pozzo . . . vorbeigekommen ist und daß er mit uns gesprochen hat? Wahrscheinlich. Aber was wird wahr sein von alledem?" (Übers. v. *E. Tophoven,* Frankf./M. 1960). Und eben um die Sicherung der Wahrheit(en) geht es *Descartes.* Wie aber kann Wahrheit, soll sie unzweifelhaft gelten, auf Annahmen wie die der Existenz einer realen Welt aufbauen, über die wir, nicht wissend, ob wir wachen oder schlafend träumen, keine Klarheit gewinnen können? Im Traum erscheint mir manches so deutlich, als sehe ich es (im Wachsein) wirklich, wie ich umgekehrt vielleicht dasjenige nur erträume, was ich wirklich zu sehen glaube. Schlafen und wachen – wie da eindeutig unterscheiden? Selbst wenn es ein Kriterium der Unterscheidung gäbe, es könnte wiederum sein, daß man bloß träumt, dieses Kriterium wäre erfüllt. Das aber heißt, es könnte gar kein Kriterium sein.* Wie also können wir sicher sein, daß nicht unser Leben ein fortwährender Traum ist? (Erforschung 11; Discours, IV, 1; Erste Meditation, 7). Alle nähere Einzelheiten der uns umgebenden Welt – einschließlich der Augen, mit denen wir zu sehen und der Hände, mit denen wir zu greifen glauben – sind dem

* Vgl. *Williams, B.*, 1981, Anhang 3, 263. *Williams* nimmt dabei Bezug auf *Norman Malcolm,* Dreaming, London 1959

aus der Kritik der Sinne bzw. aus dem Traum-Argument sich ergebenden Zweifel ausgesetzt.

Am Schluß seiner Meditationen allerdings glaubt *Descartes* zeigen zu können, daß sein Zweifel, insoweit er die Unterscheidbarkeit von Wachen und Träumen betrifft, übertrieben war. Die Erfahrungen im Wachen sind danach – im Unterschied zu Traumerlebnissen – von gewissen natürlichen Regelmäßigkeiten bestimmt. Wenn mir im Wachheitszustand (in der Wirklichkeit) ein Mensch begegnet, dann bemerke ich, woher er kommt, wo er steht und geht, wohin er sich wendet usw., und ich kann diese Wahrnehmungen – vermittels des Gedächtnisses – mit meinem übrigen wachen Leben verknüpfen. Im Traum dagegen tritt plötzlich jemand auf ohne Woher und Wohin und verschwindet ebenso plötzlich wieder. Geschähe mir das im Wachen, so würde ich überzeugt sein, es mit einer bloßen Vorspiegelung oder einem Trugbild zu tun zu haben (Sechste Meditation, 44). *B. Williams* (1981, 267) weist darauf hin, daß *Descartes,* wenn er das Traum-Argument in der sechsten Meditation hinsichtlich der – in der ersten Meditation unterstellten – Indifferenz von Wachen und Träumen einschränkt, eine Asymmetrie zwischen Wachen und Träumen zugesteht. Denn im Träumen entfallen die natürlichen, rational oder logisch bestimmbaren Zusammenhänge der Erlebnisse, wie sie in den Erfahrungen des Wachseins sehr wohl gegeben sind. Auch sind wir im Zustand des Wachseins durchaus in der Lage, das Träumen zu erklären; und dies ist eines der Merkmale, mit denen wir feststellen, daß wir wach sind.

Danach scheint der Zweifel an der Existenz einer realen Welt so unwiderstehlich nicht zu sein, wie es die erste Meditation nahelegt. Kann man schon darin *Descartes* nicht vorbehaltlos zustimmen, einen universellen Zweifel an den Wahrnehmungen überhaupt aus dem berechtigten Zweifel an gewissen Wahrnehmungen, nämlich Wahrnehmungstäuschungen, abzuleiten, so scheint auch die Durchschlagskraft des Traumarguments beschränkt zu sein. Denn, wenn wir ob gewisser Merkmale in der Lage sind, im Wachsein zwischen Wachen und Träumen zu unterscheiden, dann sind wir auch fähig, die im Wachen ausgemachten Eigenschaften des Realen von bloß erträumten Eigenschaften zu unterscheiden.

Ein anders gelagerter Einwand gegen *Descartes'* Traumargument, auf den hier aufmerksam gemacht werden soll, findet sich bei *K.-O. Apel* (1976, 393f.).

Apel weist im Rahmen seiner Theorie des „Apriori der Kommunikationsgemeinschaft"* darauf hin, daß bei einer „Einklammerung der ‚Generalthese' der Existenz der realen Welt" „auch die Existenz eines . . . argumentierenden Ich und die Möglichkeit ‚reellen Zweifels' an der Existenz bestimmter Dinge aufgehoben wird". Wenn nämlich, so meint *Apel,* die Rede davon ist, etwas sei bloß ‚in meinem Bewußtsein' bzw. ‚in meinem Traum', dann müsse bedacht werden, daß eine sprachliche Verständigung darüber, was für ein Etwas dies denn ist, daß also das „Paradigma der Existenz einer realen Welt" bereits vorausgesetzt ist. Die versuchsweise Bezweiflung der Existenz der realen Welt könnte dann – gemäß *Apel* – nur den Sinn haben, die unaufhebbaren „Bedingungen der Möglichkeit und Gültigkeit des ‚theoretischen Diskurses' der Philosophie selbst zu gewinnen". Oder anders: *Descartes* gewinnt durch seinen ‚Welt-Zweifel' Einblick in die, im Ich-Bewußtsein gelegenen (transzendentalen) Bedingungen des Nachdenkens bzw. Sprechens über die Welt, der möglichen Erkenntnis der Welt. Dabei verfällt er allerdings – nach *Apel* – einem methodischen Solipsismus, insofern er sich der transzendental-kommunikativen Bedingungen jenes Nachdenkens bzw. Sprechens über die Welt nicht bewußt ist. *Descartes* verabsolutiert das Ich-Bewußtsein, ohne dessen Bedingtheit durch ein transzendentales Wir – in der Sprach- und Dialoggemeinschaft der über die Welt Nachdenkenden – zu berücksichtigen. Auf diesen Gedanken Apels wird gleich noch kurz zurückzukommen sein.

Erinnern wir uns jedoch daran, daß für *Descartes* der radikale Zweifel der Weg zur Erkenntnisgewißheit ist. Wenn diesem Zweifel einmal Halt geboten ist – und *Descartes* ist der Überzeugung, daß das dann geschieht, wenn der Zweifel auf sich selbst zurückbezogen wird und das zweifelnde Ich sich so seiner selbst (als eines denkenden) gewahr und gewiß wird – dann kann der umgekehrte Weg des Abbaus der Zweifel oder des Aufbaus von Erkenntnisgewißheiten beschritten werden.

Zunächst aber ist der sozusagen destruktive Weg des Zweifels

* So lautet der Titel des zweiten Bandes von *Apels* „Transformation der Philosophie" (1973), wobei mit dem Ausdruck „Transformation" insbesondere das Erfordernis einer erkenntnisanthropologischen Umwandlung der *Kantschen* Erkenntniskritik angezeigt sein soll.

durchzustehen. Und darum bleibt *Descartes* vorerst bei der Bezweiflung der Existenz der realen Welt. Nach der zweiten seiner „Regeln zur Leitung des Geistes" kann nur das vollkommen Erkannte vor dem universalen Zweifel bestehen, und alles bloß Wahrscheinliche ist zurückzuweisen. Kann aber das durch die Sinneserfahrung Gewußte, kann unser, wie immer sich nährende Glaube an die Existenz der realen Welt mehr als bloße Wahrscheinlichkeit beanspruchen? Für *Descartes* nicht, und sein Zweifel bleibt deshalb virulent.

Er erstreckt sich ausdrücklich auch auf die Existenz der Mitmenschen, als reale Personen.

Bin ich berechtigt, daran zu zweifeln, daß die Dinge so sind, wie sie mir erscheinen – und ziehe ich so zunächst einmal die Existenz der körperlichen Dinge, der realen Welt überhaupt in Zweifel – dann ist davon auch der reale Mitmensch betroffen. Denn insoweit dieser, als Leib, Bestandteil der Außenwelt ist, unterliegt er deren Bezweifelung. Aus der Dingwelt, wie z. B. die der Maschinen, hebt der Mensch sich für *Descartes* allein durch die Einrichtung der Vernunft heraus, die nur an den zwei Erkennungszeichen des situationsspezifischen bedeutungsvollen Sprechens/Antwortens und des einsichtsvollen Handelns zu erkennen ist (Discours V, 10, 11).

Descartes' Gedanke, daß Automaten, den Leibern der Menschen ähnlich, von uns so lange nicht von wirklichen (bewußten) Menschen zu unterscheiden wären, bis die Menschen ausdrücklich als Vernunftwesen sich zu erkennen geben würden, wird von *L. Wittgenstein* freilich als eine Art von bloßem Schreibtischgedanken eingestuft, fernab dem Zusammensein mit Menschen. *Wittgenstein* (Philos. Unters. I, 420) bemerkt: „Aber kann ich mir nicht denken, die Menschen um mich her seien Automaten, haben kein Bewußtsein, wenn auch ihre Handlungsweise die gleiche ist wie immer? – Wenn ich mir's jetzt – allein in meinem Zimmer – vorstelle, sehe ich die Leute mit starrem Blick (etwa wie in Trance) ihren Verrichtungen nachgehen – die Idee ist vielleicht ein wenig unheimlich. Aber nun versuch einmal im gewöhnlichen Verkehr, z. B. auf der Straße, an dieser Idee festzuhalten! Sag dir etwa: ‚Die Kinder dort sind bloße Automaten; alle ihre Lebendigkeit ist bloß automatisch.' Und diese Worte werden dir . . . gänzlich nichtssagend werden . . ."

Das ist – zunächst – ein pragmatischer Einwand, der sich jedoch transzendental erweitern läßt, wie dies *B. Waldenfels* und *K.-O. Apel* versuchen.

Waldenfels (1980, 190ff.) meint, *Descartes'* Ausblendung der sozialen Struktur unseres Bewußtseins sei eine auch theoretisch nicht durchzuhaltende Fiktion. Der cartesianische Rückzug auf das Ego cogito, ego sum – nur diese Selbstgewißheit soll ja allem Zweifel standhalten – erfolge zwar aus einer Überlegenheit des Denkens gegenüber der Erfahrung. Denn im Verhältnis zur Erfahrung behält das Denken gleichsam jeweils ‚das letzte Wort': Es kann das aus Erfahrungen Gewußte wieder in Zweifel ziehen. Und so hat kein Erfahrungswissen vor dem zweifelnden Ich Bestand.

Ist dann aber nicht – aus erkenntnisphilosophischen Gründen – die Vorzugsstellung des zweifelnden/denkenden Ich erwiesen; zwingen sich so nicht ein methodischer Solipsismus und eine sozusagen a-soziale Bewußtseinsphilosophie auf?

Nach *Waldenfels* handelt es sich bei dem Ego cogito um eine unerlaubte Verabsolutierung. Man müsse sich nur klarmachen, daß *Descartes* die Position des zweifelnden und im Zweifel seiner selbst sich gewiß werdenden Ich als eine erkenntnisphilosophische Theorie präsentiere. Und insofern betrete er den Boden gemeinsamen philosophischen Denkens und Sprechens. Damit aber offenbare sich das Ego cogito als ein Nos cogitamus, und der vermeintliche Monolog des einsam Denkenden stelle sich als Dialog heraus.

Waldenfels' Argument gegen *Descartes* hat Ähnlichkeit mit *K.-O. Apels* „Apriori der Kommunikationsgemeinschaft". *Apel* wendet sich mit seiner „transzendentalpragmatischen" bzw. „transzendentalhermeneutischen" Idee der Kommunikationsgemeinschaft gegen *Kants* Vorstellung eines „Bewußtsein überhaupt" als Träger der transzendentalen Einheit möglicher Gegenstandserkenntnis (1976, 239). Nicht einem „Bewußtsein überhaupt" – ein Begriff, in dem sich nach *Apel* ein methodischer Solipsismus bekundet, der die Philosophie von *Descartes* bis zum Neopositivismus beherrscht habe (1976, 233ff.; 393f.) – kommt in Wahrheit ein transzendentaler Stellenwert zu, sondern „der idealen unbegrenzten Kommunikationsgemeinschaft in der Gemeinschaft der Argumentierenden" (1976, 233).

Apel, auf dessen Überlegungen in größerer Ausführlichkeit

einzugehen hier nicht möglich ist, hält das Konzept eines methodischen Solipsismus mit Recht für selbstwidersprüchlich. Philosophie kann nicht als Produkt einsamen Denkens aufgefaßt werden, denn Philosophie ist – wie alle Wissenschaft – immer schon sprachlich vermittelt und vollzieht sich im Diskurs von Philosophen mit Philosophen – wie auch Wissenschaft in Auseinandersetzung von Wissenschaftlern mit Wissenschaftlern vor sich geht.

Insofern müssen wir auch *Waldenfels* zustimmen; philosophische Positionen und Explikationen sind an eine Sprach- und Diskursgemeinschaft rückgebunden. Diese Gemeinschaft ist der ‚Ort', an dem allein sich der Urteils- und Wahrheitsgehalt philosophischer Theorie aufzeigen läßt. Doch muß jener ‚Ort' nicht eine faktisch-empirische Sozietät sein, sondern er ist zugleich und so lange im Bewußtsein des einzelnen Denkers unterzubringen, als dieser sein Denken als derart vermitteltes weiß, auch wenn er diese „kommunikativen Bedingungen" nicht eigens zum Ausdruck bringt.*

Vielleicht ist selbst *Descartes* – wenn ihm auch weniger als *Kant* – das hier angesprochene ‚selbst'-kritische ‚Sozial'-Bewußtsein, d. h. ein nicht-explizites Wissen um die kommunikative Bedingtheit seines eigenen Denkens, zuzugestehen.

Jede im genannten Sinne sozial vermittelte Erkenntnis muß zudem wiederum vor der Einsichts- und Urteilsinstanz des einzelnen bestehen können. Der anzulegende oder aufzugebende Zweifel ist insofern gerade der Zweifel des denkenden Ich, wenn dieses sich aus den transzendentalen Wir-Bedingungen auch prinzipiell nicht in verbindlicher Form herauszudenken vermag.

Schließlich treibt *Descartes* den Zweifel noch um eine Stufe weiter. Könnten wir uns nicht – so überlegt er (Discours IV, 1) – auch bei

* *A. Pieper* (Ethik als Verhältnis von Moralphilosophie und Anthropologie. Kants Entwurf einer Transzendentalpragmatik und ihre Transformation durch Apel. Kant-Studien, 69. Jg., H. 3, 1978, 314–329) verbindet mit ihrer Zustimmung zu *Apels* Grundgedanken zugleich eine Verteidigung *Kants* gegenüber *Apels* „Transformations"-Versuch. Der *Apelsche* Beitrag zur Transzendentalphilosophie sei vielmehr als eine „Ergänzung der *Kantischen* Theorie" zu werten, „durch die die in der Kritik der reinen Vernunft implizierten, aber nicht ausdrücklich als solche thematisierten kommunikativen Bedingungen, die dialogisch-sprachliche Vermitteltheit des Urteils- und Argumentationsprozesses sichtbar geworden sind".

den einfachen Aussagen, die wir über Deduktionen gewinnen, wie etwa im Falle gewisser geometrischer Fragen, täuschen? Ist es doch eine Tatsache, daß Menschen immer wieder Fehlschlüsse fabrizieren oder Fehlschlüssen aufsitzen. Also, müssen wir nicht auch der Zuverlässigkeit deduktiven Denkens mißtrauen?

Diese Fragestellung *Descartes'* macht den Eindruck des Zirkulären. Denn den Deduktionen sind ja (gewisse) Intuitionen zugrunde zu legen; und komplexe Deduktionen sind auf durchschaubare zurückzuführen, die wir intuitiv zu vollziehen vermögen. Auf die so verfahrende Vernunft müßten wir uns aber stützen, wollten wir gewisse Vernunftleistungen, Deduktionen, in Frage stellen. Woher aber nähmen wir dann die Sicherheit, daß die in Frage stellende Vernunft nicht ihrerseits auf Täuschungen beruhte?

Im übrigen trifft auf die Infragestellung der Zuverlässigkeit schlußfolgernden Denkens wiederum der bereits oben gegen die Bezweiflung der Zuverlässigkeit unserer Wahrnehmungen geführte Einwand zu. Er hebt den empirischen Charakter der Infragestellung hervor. Es kann aus der Tatsache gelegentlicher oder gar häufiger Denkfehler (bzw. über die empirische Verallgemeinerung dieser Tatsache) nicht die prinzipielle Unzuverlässigkeit deduktiven Denkens gefolgert werden *(Röd, W.,* 1964, 64).

So zeigt sich denn, daß *Descartes* den methodischen Zweifel, der unmittelbar aus der zweiten Regel folgt, nach der alle bloß wahrscheinlichen Erkenntnisse zurückzuweisen sind und allein dem vertraut werden darf, was vollkommen erkannt ist, nur unvollkommen dargestellt hat. Es ist in bezug auf den – von Descartes methodisch geforderten – universalen Zweifel des weiteren pragmatisch zu fragen, ob ich wirklich alles mögliche zu bezweifeln vermag, wenn ich mir das vornehme. Wie beispielsweise sollte ich fähig sein, daran zu zweifeln, daß ich empirisch – leiblich existiere, daß ich – hier und jetzt – diese bestimmten Empfindungen, z. B. des Schmerzes oder grellen Lichts, habe? *L. Wittgenstein* geht noch einen Schritt weiter in der Infragestellung der Durchführbarkeit des universalen Zweifels: „Versuch einmal – in einem wirklichen Fall – die Angst, die Schmerzen des Andern zu bezweifeln" (Philos. Unters. I, 303).

Man sollte die cartesianische Zweifelshaltung einmal wirklich einzunehmen oder durchzuführen versuchen, und man würde der Undurchführbarkeit des universellen Zweifels gewahr *(Keller, A.,*

1982, 83). Vorausgesetzt aber, dieser Zweifel wird durchgehalten, was könnte ihm standhalten? Nur dies – so meint *Descartes:* Die Existenz des zweifelnden Ich selbst.

Zwar setzt jeder Akt des Zweifelns die Existenz des denkenden/zweifelnden Ich, als Aktträger, als Subjekt des Zweifelns voraus. Aber zur Gewißheit seiner selbst kommt das zweifelnde Ich erst, wenn es den Zweifel auf sich selbst zurückwendet: „Ich denke, also bin ich". „Und indem ich erkannte, daß diese Wahrheit . . . so fest und sicher ist, daß die ausgefallensten Unterstellungen der Skeptiker sie nicht zu erschüttern vermöchten, so entschied ich, daß ich sie ohne Bedenken als ersten Grundsatz der Philosophie, die ich suchte, ansetzen könne" (Discours, IV, 1).

Der universale Zweifel hat zum Erfolg geführt, er hat die erste Gewißheit des Ego cogito – ego sum freigelegt. In der „Erforschung der Wahrheit", einer in Dialogform gebauten Schrift, spricht Eudoxus, in dem wir *Descartes* verkörpert sehen dürfen, zu Poliander: „Da Sie also nicht bestreiten können, daß Sie zweifeln und es im Gegenteil gewiß ist, daß Sie zweifeln und zwar so gewiß, daß Sie daran nicht zweifeln können, so ist es auch wahr, daß Sie, der Sie zweifeln, sind, und auch dies ist von solcher Gewißheit, daß Sie nicht mehr daran zweifeln können" (Erforschung, 15).

In der zweiten Meditation führt eine andere, spekulative Erwägung zum gleichen Ergebnis (der Selbstgewißheit). Dort wird die Fiktion eines Betrügerdämons eingeführt, dessen Ziel es ist, mich zu täuschen. Immer und gerade dann, wenn ich mir einer Wahrheit – infolge der Klarheit und Distinktheit der auf sie bezogenen Gedanken – (subjektiv) gewiß bin, könnte ich mich danach in einer Täuschung befinden. Und dennoch, um mich täuschen zu können, muß der Dämon mich, als zu Täuschenden, voraussetzen. „Wenn er mich täuscht, so ist es also unzweifelhaft, daß ich bin" (Zweite Meditation, 3).

Über die cartesianische Urgewißheit hat es in der Geschichte der Philosophie zahlreiche Kontroversen gegeben.* Sie bewegen sich um die Frage, ob das Cogito, ergo sum als Schluß aufzufassen ist oder nicht.

Ein Versuch, das Cogito, ergo sum als Schlußfolgerung zu

* Vgl. *Brands, H.*, „Cogito, ergo sum" – Interpretationen von Kant bis Nietzsche, Freiburg/München 1982

deuten, stammt von *H. Scholz* (1961). *Scholz* interpretiert „ergo" im Sinne einer Implikations-(wenn-so)Beziehung; und er gelangt, nach gewissen Umformulierungen, zu dem Formulierungsvorschlag: Wenn ich berechtigt bin, an fast allem zu zweifeln, so existiere ich. Ich bin berechtigt, an fast allem zu zweifeln. Ich existiere.

Überzeugender als *Scholz'* Deutungsversuch ist die Auffassung, daß es sich bei dem Cogito, ergo sum gar nicht um eine Schlußfolgerung handelt, auch wenn die Formulierung dies anzeigt.

Klarheit muß zum einen darüber bestehen, wie das (ego) Sum (hinter dem „ergo") nicht gemeint sein kann. Es sei daran erinnert, daß durch den universalen Zweifel die äußere Wirklichkeit, also das empirisch Seiende, eingeklammert worden ist. Dann aber käme es einem Unterlaufen des Zweifels und einem Selbstwiderspruch gleich, wollte *Descartes* das eben Eingeklammerte nunmehr als Selbstgewißheit wiedergewinnen. Das empirische Ich kann so mit dem Ego sum nicht gemeint sein, sondern allein ein Ich, das als Träger der Denkakte bzw. der Gedanken, in denen der Zweifel sich darstellt bzw. Wahrheitsvergewisserung vor sich geht, fungiert.

Zum zweiten: *Descartes* kommt es auf das (ego) Sum im Cogito, ergo sum an. Gerade das „Ich bin, ich existiere" ist ihm die notwendige Wahrheit, erste Gewißheit (Zweite Meditation, 3). Erste Gewißheit, als intuitive Grundwahrheit, könnte das Sum nicht sein, wenn ihm das „Ich denke" als Prämisse voranginge. Das Ego sum wäre dann vielmehr eine deduktiv ermittelte Wahrheit, und deren Gewißheit verdankte sich eigentlich der ihr zugrunde liegenden, intuitiven Wahrheit des „Ich denke". Das Ego sum als schlechthin Erstes kann also nicht abgeleitet sein.

Und drittens (*Röd, W.*, 1964, 78ff.): Als schlechthin Erstes erfüllt das Cogito, ergo sum die Evidenzkriterien der Klarheit und Distinktheit, ja, diese Kriterien werden überhaupt erst an diesem Selbstgewißheitsprinzip gewonnen. Wäre das Sum ein Gefolgertes, dann müßten jene Kriterien bereits der vermeintlichen Voraussetzung des „Ich denke" allein zukommen.

Nach alledem dürfte feststehen, wie *Descartes* seinen Grundsatz aufgefaßt wissen will, nämlich als (logischen) Ausdruck der Selbsterfahrung des im Vollzug des Zweifelns befindlichen, denkenden Ich.

Kant spricht davon, daß, soll die Mannigfaltigkeit der Vorstellungen unter dem Gesichtspunkt ihrer Vereinheitlichung (im Urteilen) gedacht werden können, die transzendentale Einheit der Apperzeption (das „Ich denke") bereits mitgedacht ist.* Der im Denken sich herstellende Zusammenhang der Vorstellungen hat die Tatsache, daß ich – in der Handlung des Denkens – „in ursprünglicher Einheit" bin, notwendig zur Voraussetzung.

Es handelt sich bei diesem „Ich" um die „absolute, logische Einheit des Subjekts" und nicht um einen Gegenstand der Erfahrung (KrV, A 356).

Kant bringt sein Verständnis des cartesischen Grundsatzes näherhin so zum Ausdruck (A 355):

„Aber die Einfachheit meiner Selbst (als Seele) wird auch wirklich nicht aus dem Satze: Ich denke, geschlossen, sondern der erstere liegt schon in jedem Gedanken selbst. Der Satz: Ich bin einfach, muß als ein unmittelbarer Ausdruck der Apperzeption angesehen werden, so wie der vermeintliche cartesianische Schluß, cogito, ergo sum, in der Tat tautologisch ist, indem das cogito (sum cogitans) die Wirklichkeit unmittelbar aussagt. Ich bin einfach, bedeutet aber nichts mehr, als daß diese Vorstellung: Ich, nicht die mindeste Mannigfaltigkeit in sich fasse, und daß sie absolute (obzwar bloß logische) Einheit sei."

Kant bestätigt so die gegebene Deutung des Prinzips der Selbstgewißheit als einer unzweifelhaften – im cartesischen Sinne: intuitiven – Wahrheit.**

Der weitere Gang der Überlegungen *Descartes'* kann hier nur noch angedeutet werden.

So stellt sich, nach Gewinn der ersten Erkenntnisgewißheit, die Frage, wie über diese Gewißheit hinauszukommen ist, wenn doch jeder Schritt darüber hinaus wieder dem methodischen Zweifel unterliegt?

* „Dagegen bin ich mir meiner selbst in der transzendentalen Synthesis des Mannigfaltigen der Vorstellungen überhaupt, mithin in der synthetischen ursprünglichen Einheit der Apperzeption, bewußt, nicht wie ich mir erscheine, noch wie ich an mir selbst bin, sondern nur daß ich bin. Diese Vorstellung ist ein Denken, nicht ein Anschauen" (KrV, B 157).

** Zum eingehenderen Verständnis des Cogito, ergo sum, insbesondere, was das Verhältnis von Cogito und Sum betrifft, vgl. *Williams, B.*, 1981, Kap. 3, 51–76.

Descartes sieht keine andere Möglichkeit als die, den weiteren Beweisgang an den Nachweis der Existenz Gottes rückzubinden.

Warum das?

Wie erinnerlich, sollen die Evidenzkriterien der Klarheit und Distinktheit, abgelesen an der Urgewißheit des Cogito, ergo sum, für die Wahrheit unserer Gedanken bürgen.

Aber können sie dies überhaupt? Was nämlich ist gemeint, wenn gesagt wird, unsere – in Sätzen ausgesagten – Gedanken seien wahr?

Gemeint ist damit offenbar dies, daß unsere Gedanken objektiv gültig sind, bzw. daß das Gedachte/Ausgesagte wirklich der Fall ist. *Descartes* legt den auf *Aristoteles* und *Thomas v. Aquin* zurückgehenden Begriff der Wahrheit (als Angleichung des Verstandes an die Sache) zugrunde.

Wie aber sollten die subjektiven Evidenzkriterien als solche den Anspruch objektiver Gültigkeit erheben und einlösen können?

Wie bereits angemerkt, wäre es ja denkbar, daß ein betrügerischer Geist vermittels der Evidenz uns dazu verführt, etwas für wahr zu halten, das gerade nicht objektiv gültig wäre. Wir würden – das Gelingen jenes Generalbetruges vorausgesetzt – zu Opfern unserer eigenen Gewißheit.

Nun freilich ist die Fiktion eines derartigen Betrügerdämons unvereinbar mit der Idee Gottes, die ich in meinem Denken vorfinde, wonach ich unter Gott jene „Substanz“ verstehe, „die unendlich, unabhängig, von höchster Einsicht und Macht ist, und von der ich selbst geschaffen worden bin, ebenso wie alles andere Existierende, falls es nämlich existiert“ (Dritte Meditation, 27). Der vollkommene, keinen Mängeln unterliegende Gott kann kein Betrüger sein (Dritte Meditation, 42; Vierte Meditation, 3); vielmehr ist mit der Gottesidee die Idee der Wahrhaftigkeit Gottes untrennbar verknüpft. Und diese Wahrhaftigkeit ist letztlich die Garantie dafür, daß ich, als von Gott geschaffenes Wesen, davon ausgehen kann und muß, die klaren und distinkten Ideen – und nur diese – für wahr i. S. von objektiv gültig zu halten.

Descartes' Argumentation macht den Eindruck der Zirkularität. Ausgangspunkt ist die klare, distinkte Idee Gottes, die ich in mir vorfinde. Und zwar ist mit dieser Idee untrennbar die Gewißheit der Existenz Gottes verbunden; in der dritten Meditation versucht *Descartes* den Nachweis zu erbringen, daß nur Gott selbst mir

Unvollkommenem die Idee des Vollkommenen vermittelt haben kann (Dritte Meditation, 42; vgl. Vierte Meditation, 2; Antwort *Descartes'* auf zweite Einwände, PhB 27, 121).

Descartes' auf den Nachweis der Existenz Gottes gerichteten Gedankengang, den er in der fünften Meditation durch eine weitere Überlegung zu stützen sucht – wonach „sich das Dasein von der Wesenheit Gottes ebenso wenig trennen läßt, wie von der Wesenheit des Dreiecks, daß die Größe seiner drei Winkel zwei rechte beträgt" (Fünfte Meditation, 8) – können wir hier auf sich beruhen lassen.*

Hier geht es um die Zirkularität von *Descartes'* Überlegungen, insoweit diese die Wahrheit unserer Gedanken einerseits von den Evidenzkriterien abhängig machen, den mit den Kriterien erhobenen Anspruch auf objektive Gültigkeit andererseits jedoch mit Berufung auf die Wahrhaftigkeit Gottes zu rechtfertigen suchen.

A. Arnauld hat hier als erster Einspruch erhoben. „Nur ein Bedenken bleibt mir noch, ob er nicht einen Zirkelschluß gemacht hat, wenn er sagt, ‚es steht uns aus keinem anderen Grunde fest, daß

* Die Annahme, der klare, distinkte Begriff eines vollkommenen Wesens, dem das Dasein mangele, sei selbstwidersprüchlich (Fünfte Meditation, 8), hat große Ähnlichkeit mit *A. v. Canterburys* im Proslogion entfalteter Denkweise, dem sog. „ontologischen Argument", wonach Gott, das vollkommene Wesen, „das, über dem nichts Größeres gedacht werden kann", „nicht im Verstande allein sein" kann, sondern auch in Wirklichkeit existiert (Proslogion, hg. v. *Franciscus Salesius Schmitt,* 2. A., Stuttgart-Bad Cannstatt 1984, 2. Kap.) *Kant* spricht demgegenüber „Von der Unmöglichkeit eines ontologischen Beweises vom Dasein Gottes" (KrV, Transzendentale Dialektik, 3. Hauptst. 4. Abschn.). Existenz oder Sein ist nach ihm „kein reales Prädikat, d.i. ein Begriff von irgend etwas, was zu dem Begriff eines Dinges hinzukommen könne" (B 626). „Und so enthält das Wirkliche nicht mehr als das bloß Mögliche. 100 wirkliche Taler enthalten nicht das mindeste mehr, als 100 mögliche. Denn, da diese den Begriff, jene aber den Gegenstand und dessen Position an sich selbst bedeuten, so würde, im Fall dieser mehr enthielte als jener, mein Begriff nicht den ganzen Gegenstand ausdrücken, und also auch nicht der angemessene Begriff von ihm sein" (B 627). *Kants* Einwände betreffen allerdings nur das ontologische Argument; unberücksichtigt bleibt dabei, daß *Descartes* seinen Nachweis auch durch kausale Erwägungen zu sichern sucht, die allerdings weitere Fragen aufwerfen. (Zu *Kants* Kritik des cartesianischen Beweises für das Dasein Gottes vgl. auch: *Natorp, P.*, 1978, 59 ff.).

das, was wir klar und deutlich erfassen, wahr ist, als dadurch, daß Gott ist.‘ Aber es kann uns nicht feststehen, daß Gott ist, es sei denn, daß er von uns klar und evident erfaßt wird. Also bevor es uns feststeht, daß Gott ist, muß es uns feststehen, daß wahr ist, was immer von uns klar und evident erfaßt wird“ (Meditationen, 4. Einwände, PhB 27, 194).

M.a.W.: zum einen ist die Existenz Gottes an die klare und deutliche Idee, die wir von Gott besitzen, rückgebunden; zum anderen muß aber Gott sein, damit wahr – i. S. objektiver Gültigkeit – ist, was wir als klar und deutlich erfassen.

W. Röd (1964, 108 ff.) versucht, *Descartes* von dem Vorwurf des Zirkels zu entlasten.

Descartes sei es auch im Falle seiner Gottesbeweise – ähnlich wie bei dem Cogito, ergo sum – nicht um Deduktionen im strengen Sinne gegangen, sondern um die Explikation einer Daseinsgewißheit. Daseinsgewißheit lasse sich nicht argumentativ aus Urteilsbeziehungen heraus gewinnen. In den ‚Gottesbeweisen‘ *Descartes'* gehe es um das Dasein des Seins, der Wirklichkeit überhaupt. Dieses Sein lasse sich gar nicht in Zweifel ziehen; vielmehr sei in jedem Zweifel an etwas die Wirklichkeit als Horizont bereits mitgedacht; jede „Setzung“ eines begrenzten (endlichen) Gegenstandes, auch des Ich selbst, erfolge schon innerhalb des Seinshorizontes. Und so hebe *Descartes* in den ‚Gottesbeweisen‘ in Wahrheit nur seinen anfänglichen, methodischen Solipsismus auf *(Röd, W.*, 1964, 113).

Es bleibe dahingestellt, ob *Röds* Deutung den inhaltlichen Ansprüchen des cartesianischen Gottesbegriffs gerecht wird; stimmt man ihr zu, dann stellt man damit zugleich den Ausgangspunkt von *Descartes'* Denken in Frage. Der universale Zweifel entpuppte sich dann nämlich als ein in Wahrheit nur relativer, und auch die erste Gewißheit des denkenden Selbst büßte ihre Absolutheit ein, insofern sie die Gewißheit vom Dasein des Seins bereits voraussetzte. Damit würde das ganze Programm der Gewinnung von Erkenntnisgewißheit in Frage gestellt.

Descartes aber führt sein Programm zu Ende, und seine Schriften machen nicht den Eindruck, als traue er selbst nicht so ganz der Beweiskraft der eigenen Argumente.

Jetzt, wo ich eingesehen habe, so meint er, „daß es einen Gott gibt . . ., daß alles übrige von ihm abhängt und daß er kein Betrüger ist“, jetzt ist auch zu schließen, „daß alles, was ich klar und deutlich erfasse, notwendig wahr ist“ (Fünfte Meditation, 17).

Nun kann ich auch legitimerweise annehmen, daß meine Urteile über die Natur, wenn sie den Evidenzkriterien genügen, wahr sind.

Die Natur läßt sich zur Gänze oder doch in ihrem Kern mittels geometrischer Begriffe beschreiben und erklären. Es gilt der Grundsatz: Die Natur/Materie ist ausgedehnt/räumlich; alle nichtgeometrischen Eigenschaften der Natur sind von sekundärer, wissenschaftlich nicht ins Gewicht fallender Bedeutung.

So stehen also nach *Descartes* res cogitans und res extensa als zwei völlig verschiedene Substanzen einander gegenüber. Das ist von besonderem Belang für das Dasein des Menschen, als vernünftiges Lebewesen. In bezug auf den Menschen vertritt *Descartes* einen psycho-physischen Dualismus, der, insofern er Psyche auf ratio und Leib auf Materie reduziert, weder der psychischen noch der vitalleiblichen Daseinsweise des Menschen gerecht werden kann.

Andererseits will *Descartes* an der Vorstellung eines engen Zusammenhanges, um nicht zu sagen der Einheit von Leib und Seele festhalten. Darum erscheint ihm das Bild vom Verhältnis des Schiffers zu seinem Schiff als nicht zureichend zur Charakterisierung der Seele-Leib-Beziehung (Sechste Meditation, 26). Die alltägliche Erfahrung des Leib-Seele-Zusammenhanges und das philosophische Begreifen sind für *Descartes* offenbar zweierlei. Im Rahmen seiner logischen Ableitungen hält *Descartes* an seinem dualistischen Menschenbild fest; gleichwohl sucht er diesen Dualismus über eine fragwürdige Theorie der Wechselwirkung von Leib und Seele mit der Alltagserfahrung zu versöhnen.

Wir müssen unsere Exkursion in die Gedankenwelt des *Cartesius* mit dem Blick auf den Naturbegriff und das Menschenbild *Descartes'* abbrechen. Die vorliegende Darstellung *Descartes'schen* Denkens würde sonst von ihrem Umfang her den vorgegebenen Rahmen sprengen.

Descartes wurde als Beispiel rationalistischen Philosophierens vorgestellt. In bezug auf den cartesianischen Rationalismus drängen sich noch einige kritische Rückfragen auf.

4.1.2 Rückfragen an die Philosophie Descartes'

Descartes' Rationalismus kennzeichnet das Bestreben, nur solche Erkenntnisse als Wahrheiten anzunehmen, die theoretisch gewiß sind, d.h. deren Gewißheit durch (intuitive oder deduktive) Evidenz vermittelt ist. Garanten der Erkenntnisgewißheit sind die Kriterien der Klarheit und Distinktheit, wobei die Klarheit mehr das intuitiv Eingesehene, die Distinktheit (deutliche Unterschiedenheit) mehr die (deduktiven) Demonstrationen kennzeichnet.

Im Hinblick auf die Erkenntnis der Natur erscheint *Descartes'* Forderung nach Erkenntnisgewißheit als unangemessen. Naturerkenntnis ist zwar sehr wohl rational, nicht aber rationalistisch, d.h. allein auf deduktivem, in intuitive (apriorische) Wahrheiten mündenden Wege möglich.

Die in den Realwissenschaften praktizierte Vorgehensweise, mittels rationaler Methoden aus Beobachtungsdaten Erkennntisse zu gewinnen, ist nicht rationalistisch.

Die rationalistische Physik *Descartes'* resultiert aus der einseitigen Orientierung an der Mathematik, womit die Rückbindung aller Wahrheit an die Evidenzkriterien gegeben ist.

Damit aber gerät *Descartes* – wie ausgeführt – in unüberwindliche Schwierigkeiten. Denn zwar sind die Begriffe des Intuitus und der Deduktion auf mathematische Erkenntnisse anwendbar, aber von daher verstünde sich auch der analytische Charakter der Mathematik. Der Wahrheitsbegriff der Realwissenschaften kann dann nicht allein von den Evidenzkriterien her bestimmt werden. Über den Unterschied von „empirisch-wahr" – und also der empirischen Bestätigung bedürftig – und „logisch-wahr" ist sich offenbar auch *Descartes* im klaren; er geht den heute kaum nachzuvollziehenden Weg über den Gottesbeweis, um Evidenz und Wahrheit, i.S. objektiver Gültigkeit, aneinander zu binden. Seine so bekundete Überzeugung, daß es Gewißheit nur in Gott gibt, mag man zwar teilen, nicht aber seinen Optimismus, diese Gewißheit wiederum mit Gewißheit beweisen zu können *(Weizsäcker, C.F.v.,* 1976, 219).

Aus der Forderung, Erkenntnisse über das Reale müßten so klar und distinkt wie mathematische Erkenntnisse sein, ergibt sich zudem eine recht beschränkte Vorstellung von der Wirklichkeit. Stoßen wir in der Wirklichkeitserkenntnis nicht immer wieder an

(Erkenntnis-)Grenzen, und können wir uns des Erkannten je gewiß sein? Verschließen sich nicht vielmehr die Wirklichkeit oder gewisse Bereiche der Wirklichkeit derartigem Gewißheitsstreben?* *Descartes* ist aufgrund seiner erkenntnisphilosophischen Grundannahmen darauf festgelegt, Naturwissenschaft als angewandte Geometrie zu betreiben. Ihm ist offensichtlich weniger an Hypothesen gelegen, die der Erklärung von Einzelphänomenen dienen; seine „Theoriefreudigkeit und sein Systeminteresse" konzentrieren sich auf die Entwicklung von „Systemhypothesen", die der Deduktion phänomennäherer Erklärung zugrunde gelegt werden könnten *(Specht, R.*, in *Bubner, R.*, Hrsg., Bd. 5, 1979, 130).

Die Rückkoppelung aller (wahren) Erkenntnisse an die Kriterien der Klarheit und Distinktheit wirft des weiteren die Frage auf, wie Irrtümer, die sich ja immer wieder in die Erkenntnis(-gewinnung) einschleichen, überhaupt möglich sind. Sind im Rahmen exakter Wissenschaft nur die der Evidenzforderung gerecht werdenden Erkenntnisse überhaupt zulässig, dann wäre eben damit die Möglichkeit des Irrtums ausgeschlossen. Dem widersprechen – bis heute – die Tatsachen; überspitzt formuliert ist die Geschichte der Wissenschaften zugleich eine Geschichte ‚wissenschaftlicher' Irrtümer.

Descartes begegnet diesem Einwand in der vierten Meditation.

Da unser Wille, so sagt er, weiter reicht als unser Verstand, meinen wir oft auch über das urteilen zu können, wozu unser Verstand nicht ausreicht (Vierte Meditation, 15). Und daß ich Gedanken zustimme, die sich nicht durch Klarheit und Distinktheit auszeichnen, verdankt sich der Freiheit unseres Willens. Diese aber ist Bestandteil mehr der Vollkommenheit menschlichen Seins als eines Mangels; jedoch ist es eine Unvollkommenheit, von dieser Freiheit keinen rechten Gebrauch zu machen (Vierte Meditation, 21ff.).

* Wenn das Gewißheitsstreben hinsichtlich der realwissenschaftlichen Erkenntnis sich als fraglich erweist, so läßt es sich möglicherweise auch hinsichtlich der philosophischen Erkenntnisbemühung in Frage stellen, zumindest betreffs einiger philosophischer Probleme. „Möglicherweise gibt es für einige philosophische Probleme keine Lösungen. Ich vermute, daß dies für die tiefsten und ältesten von ihnen tatsächlich gilt. Sie verweisen auf die Grenzen unseres Erkenntnisvermögens" *(Nagel, Th.*, Über das Leben, die Seele und den Tod. Essays, Königstein/Ts. 1984, Vorwort, 12).

Descartes sucht also auch hier seine Gewißheitsforderung zu verteidigen, indem er die Kosten von Irrtümern nicht unter dem Konto der Begrenztheit unserer Erkenntnis, sondern unter dem des Freiheitsmißbrauchs verbucht.

Evidenz und Unbezweifelbarkeit sind für *Descartes* die zwei Seiten einer Medaille. Hier drängt sich die Frage auf, ob nicht sowohl der Zweifel wie die Kriterien der Klarheit und Distinktheit bloß „intramental" und „nicht öffentlich" sind *(Specht, R.* in *Bubner, R.,* Hrsg., Bd. 5, 1979, 113).

Angenommen, ich behaupte, an einem Sachverhalt nicht zweifeln zu können; wie könnte ein anderer überprüfen, ob diese Behauptung tatsächlich zutrifft?

Der Punkt, an dem ich zu zweifeln aufhöre, muß keineswegs identisch sein mit jenem Punkte, an dem der andere seinen Zweifel einstellt.

Der Verteidiger des Cartesianismus könnte dem Verdacht auf Privatheit der Evidenzkriterien mit dem Hinweis begegnen, alle Menschen hätten an dem natürlichen Licht der Vernunft Anteil, und von daher ließen sich die genannten Kriterien als durchaus öffentlich ansehen.

Darauf kann man erwidern, daß die Teilnahme am natürlichen Licht wiederum intramental stattfände und sich so der öffentlichen Kontrolle entzöge *(Specht, R.* in *Bubner, R.,* Hrsg., Bd. 5, 1979, 113).

Damit wäre auch die Möglichkeit objektiver Erkenntnisgewißheit in Frage gestellt. Ob ich diese Gewißheit am zur Ruhe gekommenen Zweifel oder an der Klarheit und Distinktheit der Gedanken festmache, ich komme allein damit über die Position des Subjektiv-Privaten nicht hinaus.

Die Zielvorstellung der Erkenntnisgewißheit ist nach Auffassung der Vertreter des kritischen Rationalismus *(K. Popper, H. Albert)* der zentrale Konstruktionsfehler des klassischen Rationalismus der *Descartes, Spinoza, Leibniz.* Der klassische Rationalismus suche ein sicheres Erkenntnisfundament durch Letztbegründung (*Albert, H.,* 1982, 37f.). Damit erweise er sich als eine in Wahrheit unkritische Position, als ein gleichsam ‚irrationalistischer Rationalismus'. Gestützt auf das „Prinzip der zureichenden Begründung" verstricke er sich in das „Münchhausen-Trilemma" des infiniten Regresses der Beweisführung, des logischen Zirkels oder eines Abbruchs des Begründungsverfahrens mit Inanspruchnahme intuitiver Evidenzen (1968, 11 ff.*). Und da, in logischer Hinsicht, nur der Beweisabbruch in Betracht komme, laufe der Begründungsrationalismus auf einen Dogmatismus hinaus, sofern man unter Dogma „eine Behauptung" versteht, „deren Wahrheit gewiß und die daher nicht der Begründung bedürftig ist" (1968, 14).

Albert geht aus von einer Orientierung an *Poppers* Falsifikationismus, wonach All-Sätze, die wichtigsten Aussagen der Erfahrungswissenschaften, nicht verifizierbar sind, sowie an *Poppers* Theorie der Wahrheitsähnlichkeit bzw. der Wahrheitsnähe (verisimilitude), nach der von zwei konkurrierenden, vergleichbaren Theorien diejenige als die bewährtere und wahrheitsnähere zu gelten hat, die eine über die Leistungsfähigkeit ihrer Konkurrentin hinausgehende Erklärungstüchtigkeit besitzt. Die gemäß diesen Theorien verfahrende wissenschaftliche Vernunft soll einen ständigen Erkenntnis- und Wissenschaftsfortschritt gewährleisten.**

Die Methodologie eines derartigen Wissenschaftsverhaltens ist, nach *Albert,* nicht etwa am Satz vom zureichenden Grunde, sondern „an einer methodologischen Version des Satzes vom ausgeschlossenen Widerspruch" orientiert, der sich so formulieren läßt: „Suche stets nach relevanten Widersprüchen, um bisherige Überzeugungen dem Risiko des Scheiterns auszusetzen, so daß sie Gelegenheit haben, sich zu bewähren" (1968, 43). An die Stelle des – nach Auffassung des kritischen Rationalismus – auf problemati-

* *Albert, H.,* Konstruktion und Kritik. Aufsätze zur Philosophie des kritischen Rationalismus, Hamburg 1972, 13 ff.

** Zur Falsifikationstheorie vgl. insbes. *Popper, K.,* 1969, 47ff.; zur Theorie der Wahrheitsähnlichkeit *Popper, K.,* Truth, Rationality and the Growth of Scientific Knowledge, in ders., Conjectures and Refutations, London 1974, 215 ff. Beide Theorien sind allerdings auf schwerwiegende Einwände gestoßen, gegen die eine erfolgreiche Verteidigung *Poppers* nicht leicht möglich sein dürfte. Vgl. u.a. *Keuth, H.,* Realität und Wahrheit, Tübingen 1978; *Lakatos, I./Musgrave, A.* Hrsg., Kritik und Erkenntnisfortschritt, Braunschweig 1974, darin insbes. *Lakatos, I.* 89 ff.; *Obermeier, O.P.,* Poppers Kritischer Rationalismus, München 1980; *Spinner, H.,* Pluralismus als Erkenntnismodell, Frankf./M. 1974; ders., Exkurs über die Poppersche Approximationstheorie der Wahrheit, in ders., Popper und die Politik, Berlin/Bonn 1978, 569 ff., *Wellmer, A.,* Methodologie der Erkenntnistheorie. Zur Wissenschaftslehre Karl R. Poppers, Frankf. 1967.

schen Voraussetzungen beruhenden Gewißheitsstrebens tritt, der genannten Methodologie gemäß, die Leitvorstellung „permanenter Kritik", mit der eine „permanente Ungewißheit" verbunden bleibt (1968, 87; 33).

Zweifellos ist der Begriff der Erkenntnisgewißheit fragwürdig, und in der Absicht dieser Infragestellung ist dem kritischen Rationalismus zuzustimmen; jedoch ist dabei auf die Tragfähigkeit der Position zu achten, von der aus diese Infragestellung erfolgt. Und da stellen sich hinsichtlich des *Albertschen* Konzepts doch einige Zweifel ein.

Zum einen ist *Albert*, wenn er fordert, daß von demjenigen, der sich für die Kritik entscheidet, zugleich erwartet werden muß, daß er diese Kritik auch konstruktiv durchartikuliert bzw. einer experimentellen Erprobung aussetzt (1968, 54), offenbar selbst, freilich unausgesprochen, an der Unterscheidung unbegründeter und begründeter Kritik orientiert. Denn es ist danach zwischen akzeptabler, theoretisch und praktisch (experimentell) sich bewährender und unakzeptabler Kritik zu unterscheiden. Dann aber ist zu fragen, welcher Typ von Begründung mit der *Albertschen* Vorstellung von Kritik, insofern man ihr nachgeben muß, zu vereinbaren ist. Hier liegt die Vermutung nahe, daß *Albert* an die in den Naturwissenschaften praktizierten Verfahren des Gewinns und der Kontrolle von Erkenntnissen denkt und daß er den in den Naturwissenschaften dominierenden Begründungstypus monopolisiert.

Zum anderen ist darauf hinzuweisen, daß der als Münchhausen-Trilemma bezeichnete Umstand nur dann eintritt, wenn der Begriff der Begründung eingeschränkt wird auf den Fall der deduktiven Begründung. Dies aber ist Sache einer methodologischen Entscheidung, die ihrerseits der Begründung bedürfte *(Mittelstraß, J.* in *Kambartel, F./Mittelstraß, J.,* Hrsg., 1973, 11). Freilich entspricht die genannte Entscheidung, nach *Mittelstraß,* weitgehend dem Selbstverständnis des heutigen Wissenschaftlers bzw. dem „Wissenschaftsverständnis des analytischen Wissenschaftstheoretikers" (ebd.). *Mittelstraß* spricht im Hinblick auf dieses wissenschaftliche (Selbst-)Verständnis von einer „technischen Rationalität", darunter er „eine Begründungspraxis" versteht, „deren zentrale Eigenschaften die Ersetzung des Begriffs der (durchgängigen) Begründung durch den Begriff der (beliebig ansetzenden und theoretisch beliebig orientierten) kritischen Prüfung, die Isolierung auftretender methodischer Probleme . . . sowie die Bewältigung solcher Probleme über partielle theoretische Maßnahmen sind“ *(Mittelstraß, J.,* ebd., 12). So erscheine die „partikulare Rationalität positiver Wissenschaften“ nunmehr „als die ganze, ungeteilte Rationalität“ (ebd.).

Aus dem Kritikansatz von *Mittelstraß* ist auch der Vorwurf herauszulesen, daß die Idee der kritischen Prüfung durch ihren Totalitätsanspruch sich selbst der Kritisierbarkeit entzieht, insofern sie eine eventuell mit ihr konkurrierende Rationalitätsvorstellung ausschließt.

Es muß hier, was die Darstellung und Kritik des kritischen Rationalismus angeht, bei diesen Andeutungen bleiben; eines jedoch dürfte klar geworden sein, nämlich, daß der kritische Rationalismus in seiner Kritik des Begründungsrationalismus ‚das Kind mit dem Bade ausschüttet‘; mit der Infragestellung des Begriffs der Erkenntnisgewißheit will er zugleich den Begriff und die Methodologie der Begründung auflösen. Dabei gerät er in die genannten Widersprüche.

Eine abschließende Rückfrage betrifft die cartesianische Unterscheidung von res cogitans und res extensa.

Auf die Freilegung der ersten Erkenntnisgewißheit des „Ich denke, ich existiere“ hin stellt *Descartes* die Frage nach dem Wer bzw. Was dieses Ich, das denkt. Seine Antwort lautet: „Ich bin genau nur ein denkendes Ding (res cogitans), d. h. Geist (mens), Seele (animus), Verstand (intellectus), Vernunft (ratio)“ (Zweite Meditation, 9).

M.a.W.: die eine Gewißheit, cogito, ergo sum, verbindet sich gleich mit der zweiten: sum res cogitans. Die Selbstgewißheit des Denkens ist damit unversehens zum Attribut einer Sache (res) geworden, nämlich des Ich = Geist = Seele = Vernunft. Denken wird zum Akzidens (oder zur Aktion) eines als Substanz vorgestellten Ich (denkendes Ding). Der Schluß von der Eigenschaft: Denken auf die Substanz: Geist (res cogitans) wäre jedoch nur bei Voraussetzung der Substanzkategorie bzw. des Substanz-Akzidens-Schemas überhaupt möglich. *Descartes*, der voraussetzungslos zu verfahren gedenkt, legt seinem Gedankengang tradierte Begriffe zugrunde und nimmt damit eine Petitio principii in Kauf *(Röd, W.,* 1964, 98).

Ungenügend geklärt bleibt auch die andere Substanz der res extensa. Der Begriff der Extensio läßt keine Differenzierung zwischen Materie und Raum zu. Jedoch soll die Bewegung Attribut der Ausdehnung sein. Dabei ist offensichtlich, daß die „Lehre von der Bewegung der Materie der Gleichsetzung von Materie und reiner Ausdehnung widerspricht" *(Weizsäcker, C.F.v.,* 1976, 217).

Die Substanzialisierung – um nicht zu sagen: Verdinglichung – des Denkens zur res cogitans und der natürlichen Erscheinungen zur res extensa bringt den Dualismus von Materie-Geist, bzw. Körper/Leib-Seele/Geist mit sich.

H. Scholz (1961, 110) weist darauf hin, daß *Descartes,* wenn er von „Seele" spricht, offenbar nur die rationale Seele des Forschers meine, „eines Forschers, dem schon die Sinneswahrnehmungen suspekt sind ... Ganz bei sich selbst ist sie nur im Element des reinen Denkens". Sie ist „ein Ding für sich", „ein Letztes im Raum der kreatürlichen Dinge". Aber – was für eine Seele ist das, so fragt *Scholz.* Ihr fehlt all das, was ein reiches Seelenleben ausmacht, sie ist zu einer abstrakt-rationalen Subjektivität entleert.

Ganz analog – so *Scholz* – denkt *Descartes* von der Natur. Sie ist zu einem mathematisierten Objekt der Physik geworden.

So stehen schließlich bloßes Subjekt und Objekt einander gegenüber, die Entzweiung der Wirklichkeit ist perfekt.

4.2 Die empiristische Auffassung vom induktiven Charakter unseres Wissens

Der Empirismus umfaßt als historisches Phänomen einen Zeitraum von zwei Jahrhunderten. Als seinen Vorläufer und Begründer, „seinen Propheten", wie *H. Reichenbach* (1968, 101) ihn nennt, kann man *F. Bacon* (1561–1626) ansehen, der der syllogistischen (deduktiven), aristotelischen Logik ein Novum organum scientiarum, eine der Naturerkenntnis mit induktiver Methode dienliche Logik an die Seite stellen wollte. Als Ziel schwebte ihm eine Ordnung des aus Beobachtung und Experiment gewonnenen Materials vor, so daß daraus Schlüsse i.S. von Vorhersagen zu ziehen seien. Voraussetzung einer Neubegründung der Wissenschaften ist für *Bacon* eine Befreiung von überkommenen Vorurteilen und Trugbildern des Geistes – Idole nennt er sie im Unterschied zu Ideen.

Der von *Bacon* angestrebte Läuterungsprozeß des Geistes steht in einer gewissen Analogie zu dem von *Descartes* in der Methode des universalen Zweifels vorgeschlagenen Verfahren zur Gewinnung wahrer und gewisser Erkenntnisse.

Das Ende der Zeitspanne des Empirismus kann im Utilitarismus *J. Benthams* (1748–1832) gesehen werden, der eine konsequente Auswertung empiristischen Denkens für die Praxis des Zusammenlebens vornimmt.

Gewisse Bestandteile des klassischen Empirismus, insbesondere die Überzeugung, daß die Erkenntnis in der Erfahrung ihre Basis habe, reichen bis in den modernen Empirismus unserer Zeit. Dieser wird von seinen Vertretern – u.a. *Ayer, Carnap, Feigl, Kraft, Reichenbach, Schlick* – als logischer Empirismus bezeichnet; dies darum, weil er sich in systematischer Weise des Instrumentariums der formalen Logik zur Problemanalyse bedient.

In die vorliegende Darstellung kann der moderne Empirismus nicht einbezogen werden; dieser dürfte auch kaum mehr dem Titel „Erkenntnisphilosophie" zugeordnet werden können und will sich selbst weitgehend als Wissenschaftslogik und -theorie verstanden wissen.

Der zeitlichen Parallelität des klassischen Empirismus, dessen Mitte die Namen *Locke, Berkeley* und *Hume* markieren, mit dem Rationalismus entspricht die Tatsache, daß beide, Empirismus wie Rationalismus, Antworten auf die gleichen Fragen zu geben versuchen, Fragen nach der richtigen Erkenntnismethode, nach den Voraussetzungen und Rechtfertigungsgründen sowie den Kriterien des Wahrheitsanspruches unserer Erkenntnis.

Mit den Rationalisten sind die Empiristen der Auffassung, daß, wenn eine Erkenntnis der unübersehbaren Vielzahl dinglicher und nicht dinglicher Gegenstände überhaupt möglich sein soll, zunächst die Erkenntnisfähigkeit selbst untersucht bzw. die Erkenntnis auf ihren objektiven Gehalt und ihre Grenzen hin befragt werden muß. *Locke* zielt – in Anknüpfung an die von *Descartes* gestellte Aufgabe – auf eine „Untersuchung der Natur des Verstandes" ab, um zu ermitteln, „welches seine Kräfte sind, wie weit sie reichen, welchen Dingen sie einigermaßen angemessen sind und wo sie nicht mehr ausreichen . . . Wenn wir ermitteln können, wie weit der Verstand seinen Gesichtskreis ausdehnen kann, in welchem Umfang er die Fähigkeiten besitzt, Gewißheit zu erlangen, und in welchen Fällen er nur urteilen und vermuten kann, so werden wir vielleicht lernen, uns mit dem zu begnügen, was in dieser Lage zu erreichen ist" (Versuch, Einl., 4*).

Wenn die Rationalisten die Erkenntnis auf evidente Vernunfteinsichten und -ableitungen zurückzuführen suchen, so halten die Empiristen den Gewinn von Erkenntnissen nur im Ausgang von Erfahrungen für möglich. Verstand und Vernunft kommen für sie nur als Werkzeug der Verarbeitung und theoretischen Fixierung des Erfahrungswissens in Betracht.

Man könnte bei einem oberflächlichen Vergleich von Rationalismus und Empirismus schnell geneigt sein, dem Rationalismus zuzugestehen, er vertrete den anspruchsvolleren Erkenntnisbegriff. Hier ist Vorsicht geboten**. Zwar besitzt das Denken gewisse formale Vorzüge vor der Wahrnehmung; mittels des Denkens und in der Beweisführung stellen wir stringente Zusammenhänge unter den Urteilsgehalten her, während wir auf Wahrnehmungsbasis allein über die Aufzählung einer mehr oder weniger langen Datenkette nicht hinausgelangen. Jedoch liefe die Forderung, alle wissenschaftliche Erkenntnis müsse streng beweisbares Wissen sein, auf die Abkoppelung der Vernunft von der Erfahrung hinaus. Im streng logischen Sinne bewiesen ist Wissen nur im Rahmen von Deduktionen. Ein Wissen von Tatsachen dagegen, von dem, was wirklich der Fall ist, erlangen wir durch die Erfahrung. Ein derartiges Wissen hält allerdings den Vergleich mit deduktiv bewiesenem Wissen nicht aus; es ist, nach empiristischer Auffassung, ein nur induktiv gewonnenes und zu rechtfertigendes Wissen. Freilich, ob überhaupt und wie die Rechtfertigung des Erfahrungswissens induktiv möglich ist – diese Rückfrage könnte sich als eine Belastung für den Empirismus erweisen.

Dem steht jedoch eine andere Belastung des rationalistischen Wissenschaftsideals gegenüber. Denn das Postulat der Gewißheit aller Erkenntnis enthält die Voraussetzung absolut gewisser (selbstevidenter) Wissensgrundlagen. Solche aber lassen sich,

* *John Locke,* Versuch über den menschlichen Verstand. In den folgenden Zitaten wird durch eine römische Ziffer das Buch, mit arabischer Ziffer das Kapitel gekennzeichnet, z.B. Versuch I, 1 §1.

** Vgl. *Reininger, R.,* Locke, Berkeley, Hume. Geschichte der Philosophie in Einzeldarstellungen, Bd. 22/23, München 1922, 11f.

wenn überhaupt, nur im Bereich des formalen Wissens von Logik und Mathematik auffinden. Die Gewinnung von Erkenntnissen des Realen ist im Ausgang von zweifelsfreien Wissensgrundlagen und auf dem Wege bloßer Deduktionen nicht möglich. Die Ingebrauchnahme der deduktiven Methode in der Realerkenntnis hat den Bezug zur Realität mittels der Erfahrung bereits zur Voraussetzung. Dann aber scheint der Empirismus recht zu haben, wenn er die Erkenntnis in der Erfahrung gegründet sieht.

Die Rede von der Erfahrungsgegründetheit der Erkenntnis kann zweierlei bedeuten: zum einen die Erfahrungsabhängigkeit der in der Realerkenntnis verwendeten Begriffe, zum anderen die Rechtfertigung synthetischer Urteile oder Aussagen allein aus Erfahrung. Im ersten Fall sprechen wir von einem Empirismus der Begriffe, im zweiten von einem Empirismus der Urteile oder Sätze (vgl. *Gawlick, G.* in *Bubner, R.*, Hrsg., Bd. 4, 1980, 10). Nach dem Begriffsempirismus verdanken sich die bei der Bildung von Urteilen und Sätzen über die Realität zugrunde gelegten Begriffe ihrerseits bereits der Erfahrung. „Nihil est in intellectu, quod non prius fuerit in sensu“ – diesen Satz stellt *Locke Descartes'* Lehre von den eingeborenen Ideen entgegen. Und er glaubt, seine Ansicht durch den Hinweis belegen zu können, daß ja Kinder erst im Verlauf ihrer Entwicklung die Kenntnis grundlegender Begriffe und Prinzipien erwerben (vgl. Versuch, I, 1 und 3; II, 1, § 6). Daß hier ein Mißverständnis der Lehre *Descartes'* vorliegt, sei nur am Rande vermerkt. Denn *Descartes* wollte den Begriff der eingeborenen Idee gewiß nicht im psychologisch-genetischen Sinn aufgefaßt wissen. Daß Kinder mit dem Tag ihrer Geburt etwa über den Widerspruchsatz verfügten, dies anzunehmen wäre unsinnig. Was *Descartes* gemeint hat, ist nur dies: daß jeder Mensch, sobald er und indem er denkt (und zwar richtig denkt), dem Widerspruchsatz gemäß denkt.

Leibniz, der die Auffassung *Descartes'* prinzipiell teilt und gegen *Locke* verteidigt, stimmt seinem empiristischen Kontrahenten insoweit zu, als dieser die unter dem Deckmantel eingeborener Grundsätze festgehaltenen Vorurteile (Idole – in *Bacons* Sprache) verurteile (Neue Abhandlungen, 1. Buch, Kap. 1, § 1). Jedoch tritt *Leibniz* dem genannten *Lockeschen* Grundsatz, nichts sei im Verstande, was nicht zuvor in den Sinnen sei, mit dem berühmten Zusatz entgegen: „nisi ipse intellectus“, es sei denn, der Verstand selbst.

Für den Empirismus des Begriffs ist der Begriff „Tisch“ das Produkt einer Abstraktion; darin soll nur das den Wahrnehmungsgegebenheiten (Tische) Gemeinsame festgehalten und von den Unterschieden zwischen ihnen abgesehen sein. Doch wie ist diese Abstraktion überhaupt möglich? Doch nur dadurch, daß ich mich beim Vergleich der Wahrnehmungsgegebenheiten (Tische) vom Begriff „Tisch“ irgendwie bereits leiten lasse. So gesehen ist aber der Versuch einer vermeintlich allein auf die Anschauung gestützten Erklärung des Begriffs „Tisch“ zirkulär. Diesen Gedanken will *Leibniz* offenbar in seinem Zusatz zum Ausdruck bringen.

Kambartel sieht den Empirismus durch zwei Postulate charakterisiert; durch sie bestimmt er den Empirismus als einen solchen des Begriffs:

„1. Es läßt sich ein unmittelbar Gegebenes vom Unterscheidungs- und Aussageapparat der natürlichen Sprache wie der Wissenschaftssprache rein ablösen.

2. Nur diejenigen Termini und Begriffe sind wissenschaftlich gerechtfertigt, deren Bedeutung bzw. Inhalt sich auf der Basis dieses Gegebenen konstruieren läßt“ *(Kambartel, F.*, 1968, 21).

Was das erste Postulat betrifft, so ist noch hinzuzufügen, daß die Rede vom unmittelbar Gegebenen mit der Voraussetzung von Außenwelt-Entitäten verbunden zu sein scheint, die vermittels der Sinnesreize auf uns einwirken. Trifft die in den genannten Postulaten gegebene Definition des Empirismus zu, so erweist dieser sich freilich als äußerst anfechtbar.

Was sollte unter einem, von aller sprachlich-begrifflichen Erfassung und Verarbeitung abgelösten Gegebenen zu verstehen sein? Wahrnehmungsinhalte? Diese erweisen sich im Regelfall bereits als relativ komplexe Ganzheiten, die erst nachträglich, durch begriffliche Zerlegung, in Elemente aufgelöst werden können. Die Annahme der Existenz irreduzibler Wahrnehmungselemente, i. S. absolut einfacher Empfindungen, wäre mit der Frage konfrontiert, wie wir uns dieser begriffslosen Elemente überhaupt vergewissern könnten.

Die Lehre vom unmittelbar Gegebenen erweist sich als eine Fiktion, genauso wie die Auffassung, es gäbe die reine Beschreibung, ohne Beimischung jedweder Erklärung. Jeder Beschreibung liegt eine (erklärende) Theorie bereits zugrunde. Das gilt auch für die „einfachen Beschreibungen von Beobachtungen an der Basis der Wissenschaft . . . Auch hier sagen wir beschreibend stets schon mehr aus, als wir jeweils beobachten, da dies in einer Sprache geschieht, deren Begriffe nicht nur als solche in ihrem Bedeutungsinhalt über das konkrete Einzelne hinausreichen, sondern die auch in ihrer Bedeutung je schon bestimmt sind durch Sinnzusammenhänge, in denen sich die Theorien unserer vorwissenschaftlichen Welt darstellen" *(Ströker, E.,* 1977, 27f.).

Legte man *Kambartels* Definition des Empirismus an, dann wäre die Unhaltbarkeit dieser Position bereits aufgezeigt. Man muß allerdings der Empirismusdefinition *Kambartels* nicht zustimmen.

Wir unterschieden zwischen einem Empirismus der Begriffe und einem Empirismus der Urteile bzw. Sätze. Nach letzterem bedürfen alle nicht-analytischen (nicht-formallogischen und -mathematischen) Sätze der Bestätigung durch Erfahrung, sofern sie als wahr gelten sollen. Die in Urteilen bzw. Sätzen zum Ausdruck gebrachten einfachen Sachverhalte lassen sich – im Gegensatz zur Auffassung *Kambartels* – als bereits sprachlich verfaßt ansehen.

Entsprechend will *L. Krüger* den Empirismus durch die These kennzeichnen, „daß alle Erkenntnis, weil sie sprachlich oder symbolisch ausgedrückt werden muß, letztlich auf jene einfachen sprachlich artikulierten Erfahrungen gegründet werden könne und müsse"*. *Krüger* will am Beispiel *Lockes* näherhin aufzeigen, wie „jene einfachen sprachlich artikulierten Erfahrungen" näherhin aufzufassen sind. Er vertritt die Auffassung, daß – nach *Locke* – die zum Aufbau von Wissen und Wissenschaft in Anspruch zu nehmende Erfahrungsbasis nicht aus bloßen Sinnesdaten besteht und also auch nicht durch bloße Beobachtungssprache wiederzugeben ist.**

Wenn *Kambartel* die von ihm gestellte systematische „Frage nach

* *Krüger, L.,* Der Begriff des Empirismus. Erkenntnisphilosophische Studien am Beispiel John Lockes, Berlin/New York 1973, 4

** Der Terminus „Beobachtungssprache" stammt wie der Gegenterminus „theoretische Sprache" von *R. Carnap*. Während die Grundbegriffe der Beobachtungssprache aus der Erfahrung hergeleitet sind, ergeben sich die Grundbegriffe der theoretischen Sprache aus einer axiomatischen Theorie, deren Axiome sich aus den Grundhypothesen des betreffenden erfahrungswissenschaftlichen Bereiches zusammensetzen (vgl. *Keller, A.,* Sprachphilosophie, Freiburg/München 1979, 140 f.). Die Annahme einer Beobachtungssprache i. S. reiner Beschreibungen wurden oben als Fiktion charakterisiert.

der Möglichkeit des Empirismus" (1968, 12) mit seiner Definition von Empirismus bereits – nämlich: verneinend – beantwortet hat, so ist *Krüger*, an Hand von Texten *Lockes*, auf der „Suche nach dem optimalen Empirismus", nach dem „Programm eines heute noch diskutablen Empirismus".*

Empirismus, die Auffassung vom induktiven Charakter unseres Wissens – so die Überschrift dieses Abschnittes.

Im Gegensatz zu den Rationalisten, die in ihrer Hypothesenbildung schlußfolgernd verfahren und so auf allgemeine, als evident angesehene Prinzipien zurückgehen müssen, sind die Empiristen an einer Analyse der in den Tatsachenwissenschaften bestehenden Erklärungsmöglichkeiten interessiert. Die von den Empiristen ins Auge gefaßten Hypothesen gehen von Erfahrungstatsachen aus und beziehen sich wiederum auf sie zurück. Gestützt auf Beobachtung** und Experiment – allerdings auch, wie hinzugefügt werden muß, in Orientierung an den, für den betreffenden Phänomenbereich zuständigen theoretischen Voraussetzungen – werden für bestimmte Klassen von Phänomenen Hypothesen entwickelt, die für alle den Klassen zuzuordnenden Phänomene die Funktion kausaler Erklärung besitzen. Solche Hypothesen halten Empiristen für nützlich; darüber hinausgehende (‚fingierte') Hypothesen suchen sie, zumindest im erfahrungswissenschaftlichen Rahmen, zu vermeiden *(Specht, R.,* in *Bubner, R.* Hrsg., Bd. 5, 1979, 15).

Dieser Begriff von Empirismus soll im folgenden durch Bezugnahmen auf die Positionen der drei bedeutendsten Vertreter des Empirismus, *Locke, Berkeley* und *Hume,* erläutert werden.

* *Krüger, L.,* ebd., 14

** „Beobachtung" ist nicht einfach mit „Wahrnehmung" gleichzusetzen. „Wir sprechen im Falle wiederholter Wahrnehmung von Beobachtung", und es ist dann ersichtlich, daß erst „Beobachtungen als wiederholte Wahrnehmungen zur Konstatierung von Regelhaftigkeit herangezogen werden" können *(Ströker, E.,* 1977, 22).

4.2.1 Die Analyse der Erkenntnis durch J. Locke und G. Berkeley

Lockes Hauptwerk: An essay concerning human understanding, 1690 in vier Büchern veröffentlicht, ist der erste große Systematisierungsversuch empiristischer Philosophie.

Das zweite Buch über die Ideen ist für die *Lockesche* Erkenntnisanalyse von besonderer Wichtigkeit. Denn die Frage, wie und woraus die Begriffe und Begriffsrelationen, in *Lockes* Sprache: die komplexen Ideen und Ideenverknüpfungen, sich zusammensetzen, in oder aus denen unser Wissen eigentlich besteht, muß, nach *Locke,* zurückgeführt werden auf den Gedanken von Vorstellungselementen, d.s. die einfachen Ideen. Der Versuch der Zurückführung der zusammengesetzten und allgemeineren Gehalte unseres Wissens auf die einfachen Wissensstrukturen, d.i. die Elementaranalyse des Verstandes, bildet so den Kern der *Lockeschen* Erkenntnisuntersuchung.

Locke wählt dabei eine psychologisch-genetische Methode, geleitet von der Überzeugung, daß man über Bedeutung und Gehalt von Begriffen und Begriffsverknüpfungen erst auf Grund der Erkenntnis des Prozesses ihrer Entstehung entscheiden kann (vgl. *Cassirer, E.,* Bd. II, 1974, 229). „Durch diese historische, einfache Methode" möchte *Locke* „Aufschluß (geben) über die Art und Weise . . ., wie unser Verstand sich jene Begriffe von Dingen, die wir haben, aneignet" (Versuch, Einl., §2). Dabei will er sowohl auf die Inanspruchnahme irgendwelcher naturwissenschaftlicher Erklärungsansätze verzichten, als auch auf vermeintliche metaphysische Wurzeln unserer Erkenntnis, wie er sie in *Descartes'* Lehre der angeborenen Ideen vorzufinden glaubt, der er im ersten Buch seines Versuchs den Kampf ansagt.

Wenn *Locke* erklärt, sein Ziel sei es, „Ursprung, Gewißheit und Umfang der menschlichen Erkenntnis zu untersuchen" (Versuch, Einl., §2), dann zeigt dies, daß er die psychologische Frage der Entstehung der Begriffe und Urteile mit der erkenntnislogischen Frage des Geltungs- oder Objektivitätsanspruches von Erkenntnissen in eins sieht. Daraus erwächst eine Janusgesichtigkeit der *Lockeschen* Argumentation, aus der sich erhebliche Unklarheiten und Mißverständnisse ergeben (und die sich im übrigen durch die Geschichte des Empirismus bis zu *Hume* hinzieht). *Locke* meint, den Objektivitätsanspruch der Erkenntnis durch die Elementaranalyse des Verstandes legitimieren zu können.

Der grundlegende Begriff dieser Analyse ist der der Idee. Idee, so sagt *Locke* (Versuch, Einl., §8), steht für das, „was immer, wenn ein Mensch denkt, das Objekt des Verstandes ist"; der Terminus soll das ausdrücken, „was immer man unter Phantasma, Begriff, Vorstellung, oder was immer es sei, das den denkenden Geist beschäftigen kann, versteht". An anderer Stelle heißt es, Idee sei „alles, was der Geist in sich selbst wahrnimmt oder was unmittelbares Objekt der Wahrnehmung, des Denkens oder des Verstehens ist" (Versuch, II, 8, § 8).

Es fällt sofort ins Auge, daß *Locke* zwischen Gegenstand und Inhalt des Bewußtseins nicht klar unterscheidet. Idee ist bei ihm im wesentlichen gleichbedeutend mit Bewußtseinsinhalt, wobei Bewußtsein bestimmt wird als „. . . die Wahrnehmung dessen, was im eigenen Geiste vorgeht" (Versuch, II, 1, §19). Er spricht von „unmittelbaren Objekten", wobei offen bleibt, ob es derartige Objekte überhaupt gibt, die (dann) zugleich Inhalte des Bewußtseins wären.

Der Unklarheit in der Bestimmung des Verhältnisses von Denkinhalt und -gegenstand tritt die unzureichende Bestimmung des Verhältnisses von Wahrnehmen und Denken an die Seite. Zwischen Wahrnehmen und Denken besteht nach *Locke* eigentlich kein Unterschied. Denken als Betätigung des Verstandes besteht in der „Wahrnehmung von Ideen in unserem Geist" (Versuch, II, 21, §5). Bei *Locke* findet sich so Gleichung: Bewußtsein haben = Ideen haben = denken = wahrnehmen (vgl. *Klemmt, A.*, 1952, 32). Aus der Gleichsetzung von Wahrnehmen/Anschauung und Denken/Begriff resultieren gravierende Mängel des *Lockeschen* Erfahrungs- und Erkenntnisbegriffs.

Die laxe Weite des *Lockeschen* Begriffs der Idee wird schon von *Berkeley* und sodann von *Hume* (Untersuchung, 2. Abs., Anmerkg.) kritisiert. Aber die andere Schwäche *Lockes,* die Gleichsetzung von Objekt und Inhalt des Bewußtseins oder Denkens, sehen *Berkeley* und *Hume* nicht, sie übernehmen sie vielmehr von *Locke* (vgl. *Klemmt, A.,* 1952, 37).

Ausgehend vom Begriff der Idee, so unscharf er ist, trifft *Locke* die Unterscheidung von Denken und Erkennen. Denken als „Ideen haben" ist noch nicht Erkennen. Erst in bezug auf Ideenverhältnisse sprechen wir nach *Locke* von Erkennen (wenn wir nämlich die eine Idee mit der anderen gedanklich verbinden bzw. die Verbindung in Aussagen feststellen). Erkenntnis liegt für *Locke* in der Wahrnehmung der Übereinstimmung/Nichtübereinstimmung von Ideen (Definition zu Beginn des vierten Buches). Darum kann man von den Ideen als solchen nicht sagen, sie seien wahr oder falsch. Die Frage von Wahrheit und Falschheit tritt erst auf der Ebene der Beziehungen von Ideen untereinander auf. „Folglich kann keine unserer Ideen falsch sein, solange der Geist nicht irgendein Urteil über sie fällt, d. h. etwas von ihr bejaht oder verneint" (Versuch, II, 32, §2). Der Geist, die Vernunft wird hier also als eigene (Urteils-) Instanz von *Locke* grundsätzlich anerkannt. Erst auf der Urteilsebene nämlich gibt es Erkenntnis, die so zwar in den Ideen gründet, nicht aber aus ihnen besteht. Die Ideen sind vielmehr nur der Rohstoff der Erkenntnis.

Lockes Untersuchung des menschlichen Verstandes bewegt sich dementsprechend auf den zwei Ebenen der Untersuchung der Ideen (Wahrnehmung und Denken) und der Beurteilung der Ideen-Verhältnisse (Erkenntnis).

Woher stammen die Ideen, aus denen unsere Erkenntnis sich nährt? Angenommen, „der Geist sei ein unbeschriebenes Blatt, ohne alle . . . Ideen; wie werden diese ihm dann zugeführt? . . . Woher hat er all das Material für seine Vernunft und für seine Erkenntnis? Ich antworte darauf mit einem einzigen Worte: aus der Erfahrung" (Versuch, II, 1, §2).

Locke unterscheidet zwischen äußerer und innerer Erfahrung: Sensation und Reflexion.

Sensationen, Sinneswahrnehmungen, entsprechen der jeweiligen Art und Weise, wie die äußeren Wahrnehmungs-Objekte auf unsere Sinne wirken; wir erhalten so die Ideen sinnlich wahrnehmbarer Qualität wie: gelb, heiß, weich, bitter etc. (Versuch, II, 1, § 3).

Reflexionen dagegen werden aus der (Selbst-)Beobachtung des Geistes, seiner eigenen inneren Operationen gewonnen; wir erhalten – vermittels eines den äußeren Sinnen analogen inneren Sinnes – Ideen wie: wahrnehmen, denken, zweifeln, glauben, wollen u. a. (II, 1, §4).

Was das Verhältnis der beiden Ideengruppen angeht, so behauptet *Locke,* daß Sensationen bereits vorliegen müssen, bevor die Reflexion einsetzen kann; erst an den durch Sensation gewonnenen

Ideen gelangt der Geist zur Reflexion über seine eigenen Tätigkeiten (Versuch, II, 1, § 24). Das Vorher der Sensation gegenüber der Reflexion ist im zeitlich-psychologischen und weniger im logischen Sinne aufgefaßt. Andernfalls stünde *Locke* im diametralen Gegensatz zu *Descartes,* der ja der Selbstwahrnehmung im Cogito, ergo sum eine logische Priorität vor der Sinneswahrnehmung (der äußeren Gegenstände) zugestand. Es ist jedoch unübersehbar, daß *Locke* sich mit seinem Reflexionsbegriff in eine Zwiespältigkeit hineinmanövriert.

Zum einen vertritt *Locke* in betreff der Sensation wie der Reflexion eine höchst fragwürdige Abbildtheorie: wie die Sensation, als Sinnesempfindung, Abbild der äußeren Dinge und Vorgänge ist, so die Reflexion eine Spiegelung, Bewußtmachung der Tätigkeiten des Geistes. In beiden Fällen handelt es sich um ein passives Verhalten der Vernunft, die nur wiedergibt, was sie empfängt (Versuch, II, 1, § 25; 9, § 1; 12, § 1 u. ö.). Näherhin schränkt *Locke* freilich seine Abbildungs- oder Spiegelungstheorie auf die einfachen Ideen ein, und er gesteht dem Verstand im Umgang mit diesen, nämlich bei der Bildung von komplexen Ideen, eine Eigenaktivität zu. Aber diese setzt die Passivität des Geistes, die Spiegelung der als real vorausgesetzten Urbild-Welt in einfachen Ideen, gerade voraus (vgl. Versuch, II, 1, §§ 24, 25; 2, § 2). Äußere (und innere) Wahrnehmung sind „die Fenster, durch die das Licht in diesen dunklen Raum eingelassen wird. Denn meines Erachtens ist der Verstand einem Kabinett gar nicht so unähnlich, das gegen das Licht vollständig abgeschlossen ist und in dem nur einige kleine Öffnungen gelassen wurden, um äußere, sichtbare Ebenbilder oder Ideen . . . einzulassen“ (Versuch, II, 11, § 17).

Die Gleichschaltung der Reflexion mit der Sensation legt es nahe, *Locke* einen Sensualisten zu nennen.

Jedoch kommt der Reflexion bei *Locke* noch eine andere Bedeutung zu, die von ihm selbst allerdings weder zureichend präzisiert noch entsprechend verwertet wird. Idee heißt bei *Locke,* wie bereits festgestellt, soviel wie Bewußtseinsinhalt. Reflexionen wie Sensationen sind danach ‚innere‘ (bewußtseinsimmanente) Gegebenheiten. „Es beruht auf mangelnder Reflexion“, so heißt es in einem Zusatz der 2. Auflage des Versuchs (II, 23, § 15), „wenn wir geneigt sind zu glauben, daß unsere Sinne lediglich materielle Dinge zeigten. Recht betrachtet vermittelt uns jeder Akt der

Sensation gleichermaßen einen Einblick in beide Seiten der Natur, der körperlichen wie der geistigen. Denn während ich durch Sehen, Hören usw. erkenne, daß außer mir ein körperliches Wesen, das Objekt jener Sensation, besteht, erkenne ich mit noch größerer Sicherheit, daß in mir ein geistiges Wesen ist, das sieht und hört . . ." So betrachtet fallen Sensationen unter die Reflexion, insofern diese mit Bewußtsein gleichzusetzen und die Wahrnehmung des im eigenen Geiste Vorsichgehenden ist (wobei auch gewisse „passive Zustände, wie z. B. die aus irgendeinem Gedanken entspringende Zufriedenheit oder Unruhe" [Versuch, II, 1, § 4] inbegriffen sind).

Die Laxheit des *Lockeschen* Ideenbegriffs hat Auswirkungen auch auf den Begriff der Reflexion.

Wenn die Reflexion einerseits alle Ideen als Bewußtseinsphänomene umfaßt, so will *Locke* andererseits doch zwischen ‚äußeren' und ‚inneren' Gegenständlichkeiten unterscheiden. Und da er dafür in seinem Ideenbegriff kein Kriterium finden kann, setzt er einfach naiv realistisch den Unterschied zwischen „äußeren Objekten" und „inneren Tätigkeiten". Als Operation des Geistes streift die Reflexion sodann den ihr, wie allen einfachen Ideen, zunächst zukommenden Modus der Passivität ab und nimmt den Charakter der Aktivität an, wenn sie die Funktion der Verknüpfung einfacher Ideen oder Vorstellungselemente zu allgemeineren Ideen und Begriffen ausübt.

Mit *Klemmt* (1952, 53) läßt sich danach hinsichtlich der Sensation von einem ontologischen, hinsichtlich der Reflexion von einem gnoseologischen Primat sprechen.

Locke nähert sich im übrigen mit dem so verstandenen Reflexionsbegriff der *Descartes'schen* Hochwertung der Selbstwahrnehmung wieder an.

Aus alldem – Ausgang des passiven Geistes oder Verstandes von den einfachen Ideen, wobei zwischen Sensation und Reflexion, als Materiallieferanten, zunächst nicht unterschieden ist; sodann (ungenügend geklärte) Unterscheidung von Sensation und Reflexion, wobei einerseits erstere der letzteren ontologisch, andererseits letztere der ersten gnoseologisch vorgeordnet wird, schließlich, in Verbindung mit der Unterscheidung von Sensation und Reflexion, die Unterschiebung der jeweiligen ursächlichen Substanzen (in der Außenwelt und in der Innenwelt des Geistes), insofern ja die Ideen als Abbilder aufzufassen sind – ergeben sich schwerwiegende Belastungen für den *Lockeschen* Erfahrungs- und Erkenntnisbegriff.

Durch die mangelnde Unterscheidung von Bewußtseins-/Denkinhalt und -gegenstand bzw. infolge der Reduktion der Erkenntnis auf Ideen (= Bewußtseinsinhalte) vertritt *Locke* – streng genommen – einen reinen Immanenzstandpunkt, der schon die Unterscheidung von Idee und Ding nicht erlaubt, geschweige die Lösung der Probleme der Existenz und Realität möglich macht. *Locke* selbst hat diesen Standpunkt freilich nicht konsequent vertreten; das geschieht erst, wie zu zeigen sein wird, durch *G. Berkeley*. Die Immanenzauffassung, d.h. die Auflösung der Erkenntnisgegenstände in Bewußtseinsphänomene, deshalb auch als Phänomenalismus bezeichnet, führt im übrigen, auf sprachlicher Ebene, in die von *Wittgenstein* gekennzeichneten Paradoxien der Privatsprache. Schrumpften die Gegenstände zu meinen (und nur meinen) Bewußtseinsinhalten zusammen, so wäre schlechterdings nicht einzusehen, wie wir uns darüber (eindeutig) verständigen könnten.

Es war schon von den einfachen im Unterschied zu komplexen Ideen die Rede, ohne daß diese wichtige Unterscheidung *Lockes* bislang ausdrücklich eingeführt wurde. Das ist jetzt nachzuholen.

Eine einfache Idee – im Unterschied zur komplexen – enthält nach *Locke* „nichts in sich . . . als eine einheitliche Erscheinung oder Vorstellung im Geist“; einfache Ideen sind uns – im Vergleich zu den manchmal nur schwer durchschaubaren, zusammengesetzten Ideen – „klar und deutlich“ bewußt (Versuch, II, 2, §1).

Ihre Herkunft verdanken die einfachen Ideen einem äußeren Sinn (Licht- und Farbsensationen, Geräusche, Gerüche) oder mehreren Sinnen (Raum, Gestalt, Bewegung, die wir durch die Kombination von Gesichts- und Tastsinn wahrnehmen), der Selbstbeobachtung (wahrnehmen, denken – mit den Modi: vergleichen, zusammensetzen, benennen, abstrahieren, erinnern – wollen), sowie dem Ineinandergreifen von Sensation und Reflexion (Lust und Freude, Schmerz, Kraft, Zeit, Existenz u.a., Vorstellungen, von denen *Locke* meint, daß sie durch Einwirkungen auf unsere Sinne von außen in Verbindung mit der inneren Erfahrung zustande kämen).

Der Begriff der einfachen Idee spielt in *Lockes* Analyse des

Verstandes eine zentrale Rolle, insofern ja eben die eindeutige Bestimmung aller (Welt-)Erkenntnis durch Reduktion auf einfache Ideen ermöglicht werden soll.

Wenigstens anzumerken ist hier, daß dieser Gedanke auch zum Bestandteil des Programms im modernen Empirismus bzw. logischen Positivismus gehörte; so meinte *R. Carnap,* Sätze über die Wirklichkeit ließen sich im Ausgang von Elementarerlebnissen durch logische Schritte aufbauen. In „Der logische Aufbau der Welt" versuchte *Carnap* einen derartigen Aufbau, Konstitutionssystem genannt, darzustellen. Es sollte damit zugleich ein Kriterium des Sinns bzw. Unsinns von Sätzen gewonnen werden. Sätze, die sich als nicht auf die Elementarbasis zurückführbar bzw. als nicht konstituierbar erwiesen, galten danach als sinnlos, weil ohne kognitiven Gehalt. Allerdings wurde dieses positivistisch-verifikationistische Programm in der weiteren Entwicklung des logischen Empirismus und der analytischen Philosophie als nicht durchführbar durchschaut.*

Lockes einfache Ideen, die unhintergehbaren Aufbauelemente des für die Zusammensetzung eines geordneten Weltbildes erforderlichen Wissens, sind zugleich die einzige Verbindungsstelle zur Realität schlechthin; denn mit ihnen, den Empfindungen (des äußeren und inneren Sinnes) beginnt unser Wissen von der Außen- und Innen-Welt, in ihnen soll uns alle Wirklichkeit in nuce erfahrungsmäßig ‚gegeben' sein.

Angesichts des Stellenwerts des Begriffs der einfachen Idee, an den der Objektivitätsanspruch aller Erkenntnis rückgebunden ist, ist die Bedeutung dieses Begriffs zu überprüfen.

Locke glaubt irrigerweise, die einfachen Ideen, Empfindungen bzw. Vorstellungen der Sensation und Reflexion, seien als solche in der Erfahrung gegeben. Sinnesreize bzw. -eindrücke als isolierte Wahrnehmungselemente sind aber gar nicht dasjenige, was wir in der Wahrnehmung unmittelbar antreffen; vielmehr sind derartige Wahrnehmungselemente erst auf dem Wege der Analyse auszumachen. *Locke* verkennt, daß Erfahrung nicht passivistisch als Nieder-

* *F. Kambartel* (1968) versucht in seiner Kritik des Empirismus, auf die schon Bezug genommen wurde, die grundsätzliche Verwandtschaft der Theorien *Lockes* und *Carnaps* herauszuarbeiten und die erkenntnis-(wissenschafts-)theoretische Unhaltbarkeit dieser Konzeption nachzuweisen.

schlag von (Außen- oder Innen-)Weltdaten zu deuten ist, sondern daß das wahrnehmende Subjekt an der Konstitution seiner Objekte jeweils schon beteiligt ist. *Lockes* mechanistische Ansicht, die Erfahrung setze sich aus Erfahrungselementen zusammen, steht in enger Verbindung mit seiner Annahme, daß die Sensationen Wirkungen der Außenwelt und die Reflexionen Widerspiegelungen innerer Tätigkeiten (des Geistes) sind. Dabei ist im Rahmen seiner Überzeugungen die Frage danach, was unter Realität bzw. äußerer und innerer Existenz überhaupt zu verstehen ist, schwerlich zu beantworten.

Das Existenzproblem behandelt *Locke* in den Kapiteln 9–11 des vierten Buches, auf das Realitätsproblem, das bereits im 30. Kapitel des zweiten Buches angesprochen wird, kommt er im 4. Kapitel des vierten Buches noch einmal zurück.

Existenz ist für ihn das Außerunssein i. S. eines unabhängig von unserem Bewußtsein bestehenden Seins der von uns (in Ideen) vorgestellten Dinge. Unter Realität sind die inhaltlichen Beschaffenheiten der existierenden Dinge zu verstehen. Den Ausdruck „real" verwendet *Locke* sodann aber auch für Ideen; er bemerkt: „Unter realen Ideen verstehe ich solche, die in der Natur ihre Grundlage haben, solche, die mit dem realen Sein und Dasein der Dinge oder mit ihren Urbildern eine Übereinstimmung aufweisen" (Versuch, II, 30, §1). Alle einfachen Ideen sind für *Locke* real (Versuch, II, 30, §2), also auch die einfache Idee der Existenz selbst.

Nun mag es zwar irgendwie angehen, die Existenzidee insoweit real zu nennen, als die (bewußtseinsimmanente) Idee das (reale) Vorhandensein des Bewußtseins einschließt. Nicht aber kann Derartiges auch hinsichtlich des Verhältnisses der Existenzidee und der Existenz der äußeren Dinge gesagt werden. Die Existenz dieser Dinge kann keine bloße Idee sein und schon gar keine „einfache"; es ist vielmehr durchaus fragwürdig, ob der im Bewußtsein existierenden Idee ein Dasein i. S. des Außer-uns-Seins entspricht (*Klemmt, A.*, 1952, 128).

Locke glaubt, die Kategorie der Kausalität verwenden zu können, um die Existenz der äußeren Dinge zu beweisen. Das Zustandekommen der einfachen Ideen kann er nicht anders als durch jene Dinge verursacht erklären. Nun aber ist die Kausalität gleichfalls eine Idee; und es ist nicht einzusehen, wie sie an die bewußtseinstranszendenten Dinge heranführen könnte. Zwar mag es angehen, die Wahrnehmungsinhalte als bewirkt zu denken, aber dann bleibt die bewußtseinstranszendente Ursache eine unbekannte Substanz. Das Substanzproblem (Versuch,II, 23, 24) birgt für *Locke* erneut unlösbare Schwierigkeiten. Uns ist dann nur die eine Seite der Kausalität, die Wirkung, bekannt, von der anderen der verursachenden Substanzen haben wir keinerlei Kenntnis. Und so hat die Annahme, die einfachen Ideen seien real, da Abbilder der Realität, einen rein dogmatischen Charakter (vgl. *Cassirer, E.*, Bd. II, 1974, 273). Am Begriff der einfachen Idee zeigt sich, daß *Lockes* Erkenntnisphilosophie in sich gespalten ist. Einerseits kann *Locke*, da Ideen Bewußtseinsinhalte sind, über den Standpunkt der Bewußtseinsimmanenz prinzipiell nicht hinaus; andererseits setzt er, in seiner Interpretation der einfachen Ideen als Wirkungen, eine bewußtseinstranszendente, wirkende Dingwelt einfach voraus. Bewußtseinsimmanenz und -transzendenz können in *Lockes* Denken nicht zusammengebracht werden. Der Grund dafür liegt darin, wie *A. Klemmt* (1952) aufgewiesen hat, daß *Locke* zwischen Bewußtseinsinhalt und -gegenstand so gut wie nicht unterscheidet. *Lockes* Erkenntnisphilosophie mangelt es an einer zureichenden Klärung des Gegenstandsbegriffs.

Die Fragwürdigkeit des Begriffs der einfachen Idee hat im übrigen bereits *Leibniz* in seinen auf *Lockes* Versuch kritisch bezogenen Neuen Abhandlungen über den menschlichen Verstand herausgestellt. *Leibniz* zeigt, daß selbst die einfachen Ideen der Sinneswahrnehmung so einfach nicht sind, wie *Locke* unterstellt. Nehmen wir z. B. den Farbeindruck: grün. „Es ist . . . offenbar, daß das Grüne aus der Mischung des Blauen und Gelben entsteht; so kann man also auch glauben, daß die Idee des Grünen aus diesen beiden Ideen zusammengesetzt ist. Und doch erscheint uns die Idee des Grünen ebenso einfach als die des Blauen oder des Warmen; wonach man annehmen darf, daß auch die Ideen des Blauen oder Warmen nur dem Anscheine nach einfach sind“ (Neue Abhandlg. 2. B., Kap. 2). „Die tabula rasa“, so läßt *Leibniz* seinen Theophilus sagen, „ist . . . lediglich eine Fiktion; sie kommt in der Natur nicht vor, sondern beruht nur auf den unvollständigen Begriffen der Philosophen . . . Das schlechthin Einförmige, was keinerlei Mannigfaltigkeit in sich schließt, ist immer nur eine Abstraktion . . .“ (Neue Abhandlg., 2. B., Kap. 1, §2).

Leibniz vertritt gegen *Locke* die – allerdings auch nicht unproblematische – Lehre von der Aktivität des Verstandes schon in der Wahrnehmung.* Er anerkennt jedoch, daß *Locke* dem Verstand – im Unterschied zur Passivität bei der Aufnahme der einfachen Ideen – auch eine freie Aktivität bei der Zusammensetzung der Ideen zuerkenne.

Jedoch, worin besteht hier die Betätigung des Geistes? Im Denken? Aber dann müßte das Denken gegenüber dem Wahrnehmen als eigene Instanz anerkannt sein.** Das ist bei *Locke* z. T. der Fall, z. B. wenn die Wahrnehmung als ein Modus des Denkens, d. h. als diesem untergeordnet betrachtet wird (vgl. Versuch, II, 19). Jedoch werden andererseits Denken und Wahrnehmung miteinander gleichgesetzt (z. B. Versuch, II, 6, §2). Auch im Terminus Denken also finden sich Unklarheiten, die in Widersprüche führen. Weitere Schwierigkeiten ergeben sich, wenn *Locke* gewisse Betätigungsweisen des Denkens, wie: Vergleichen, Urteilen, Schlußfolgern u. a., als Modi der einfachen Idee des Denkens ansieht. Als solche Modi nämlich würden sie zu den komplexen Ideen zählen, die nach *Locke* aus den drei Klassen der Modi, Substanzen und Relationen bestehen (Versuch, II, 12, §3). Wenn das Denken durch derartige Modifikationen charakterisiert ist, dann ist es selbst offenbar keine einfache, sondern eine hochabstrakte Idee.

Aber abgesehen von all diesen Widersprüchen, die *Lockesche* Theorie der einfachen Ideen und ihrer Abbildungsfunktion ist, wie gezeigt, selbst im Hinblick auf die Klasse der für ursprünglich gehaltenen Sensationen nicht haltbar. Auch in den ‚einfachen Fällen' äußerer Wahrnehmung kann von bloßer Rezeptivität nicht die Rede sein. Schon die Sinneseindrücke sind nicht schlicht

* Vgl. dazu in der Vorrede der Neuen Abhandlungen die Ersetzung der *Lockeschen* Metaphern vom Bewußtsein als „tabula rasa" und vom Verstand als „dunkler Kammer" durch den Marmorvergleich; der Künstler, der die Gestalt des Herkules herausarbeiten will, wird den für seinen Zweck z. B. der Äderung nach geeigneten Stein wählen. M.a.W.: Der Künstler geht nicht einfach von einem gegebenen Material aus, sondern sieht das Material mit den Augen der aus ihm zu gestaltenden Form an.

** Während bei *Locke* dem Denken gegenüber dem Wahrnehmen schwerlich Selbständigkeit zukommt, wird bei *Leibniz* umgekehrt das Wahrnehmen dem Denken untergeordnet, als eine sozusagen niedrigere Form des Denkens. Nach *Kant* sind, wie sich zeigen wird, beide Auffassungen verfehlt.

identisch mit den von den äußeren Objekten auf unsere Sinne kommenden Reizen; sie sind vielmehr von den Sinnen mitgeprägt. Die Sinneseindrücke sind dann weder bloß subjektiv noch objektiv (i. S. passiver Widerspiegelung einer Welt der Dinge). Vielmehr ist unser Verhältnis zur Dingwelt in der Wahrnehmung subjektiv und objektiv zugleich (vgl. *Klemmt, A.*, 1952, 187), ein Gedanke, der in *Kants* Erfahrungsbegriff seine begriffliche Ausprägung erfährt.

Locke sieht den Verstand als Instanz der Zusammensetzung einfacherer zu komplexeren Ideen an (Versuch, II, 11). Was aber ist dabei die Legitimationsbasis des Verstandes? Wie kommt der Verstand dazu, gerade diese und keine anderen Elementarvorstellungen zu verknüpfen? *Lockes* Antwort, der Verstand bilde zum einen die in der Wirklichkeit vorkommenden Entitäten ab, zum anderen entwickle er auch selbständig Ideen, deren Einheit er willkürlich schaffe, kann nicht überzeugen. Das hängt vor allem, wie aufgezeigt, mit seiner unzureichenden Bestimmung der Verhältnisse: Wahrnehmung und Denken sowie Denkinhalt und Denkgegenstand zusammen.

G. Berkeley knüpft in seiner 1710 erschienenen „Abhandlung über die Prinzipien der menschlichen Erkenntnis" (A treatise concerning the principles of human knowledge) an die Positionen seines Vorgängers an. Er deckt zugleich deren Schwächen auf, indem er den bei *Locke* angelegten Immanenzstandpunkt (Denkgegenstand = Denkinhalt) in einen radikalen Idealismus überführt. Der von *Locke* festgehaltenen, aber nicht begründeten Annahme einer bewußtseinstranszendenten Wirklichkeit (als Bereich der Ursachen der einfachen Ideen) stellt *Berkeley* einen Immaterialismus entgegen.

Berkeleys Überlegungen beginnen mit einer Kritik abstrakter Begriffe.

Bei *Locke* ist, wie wir sahen, der Unterschied zwischen Wahrnehmung/Anschauung und Denken/Begriff weitgehend eingeebnet. Dennoch meint *Locke*, dem Allgemeinbegriff innerhalb seiner Ideenlehre einen eigenen Rang einräumen zu können. Die „Abstraktion", so meint er, mache es möglich, daß „die von den Einzeldingen herrührenden Ideen zu allgemeinen Vertretern aller Dinge der gleichen Gattung, ihre Namen zu allgemeinen Namen werden, die auf alles Existierende, soweit es solchen abstrakten Ideen entspricht, anzuwenden sind" (Versuch, II, 11, §9). Das

Existierende, auf das der Allgemeinbegriff (= allgemeiner Name) bezogen ist, wird als individuell vorgestellt, wie auch die „von den Einzeldingen herrührenden Ideen" partikular sind. Dem Allgemeinbegriff zuerkennt *Locke* die Funktion der Repräsentation einer beliebigen Anzahl der zu seiner Klasse gehörenden partikularen Dinge und Ideen – und eben dies macht ihn zum Allgemeinbegriff.

Locke, als Nominalist, sieht die Namengebung als das Entscheidende des Allgemeinbegriffs an. Dabei betreibt er im dritten Buch seines Versuchs („Von den Wörtern") eine Kritik der Wörter, die denjenigen einen Mißbrauch der Wörter vorwirft, die nicht von einer Entsprechung zwischen Wort und Idee ausgehen, d. h. die Ausdrücke verwenden, die sich nicht auf partikulare Ideen und – durch diese hindurch – auf die individuellen, realen Existenzen beziehen. Während das Allgemeine als solches bloße Idealität ist, allein im Verstande als gedankliches Etwas existiert, existiert das Reale nur als Individuelles. Nur-Allgemeines und Nur-Individuelles stehen so einander gegenüber. Einmal unterstellt, das Allgemeine (im Allgemeinbegriff) sei i. S. bloßer Idealität aufzufassen, dann ist nicht einzusehen, wie – vermittels der Namengebung – das Allgemeine auf das Individuelle überhaupt zutreffen kann.*

Berkeley läßt zwar allgemeine Ideen, d. s. Ideen, die wir durch Zusammensetzung und auf dem Wege der Abstraktion gewinnen, gelten, verwirft aber um so schärfer die von ihm so genannten abstrakten allgemeinen Ideen (Abhandlg., Einf., § 12**). Er glaubt, in seiner Kritik *Locke* zu treffen, in Wahrheit jedoch spitzt er dessen Lehre vom Begriff noch weiter nominalistisch zu. Eine Idee, „an und für sich eine Einzelvorstellung (particular)", wird für ihn – und darin zeigt sich seine Nähe zu *Locke* – dadurch allgemein, „daß sie dazu verwendet wird, alle anderen Einzelvorstellungen derselben Art zu repräsentieren oder statt ihrer aufzutreten" (ebd.). Allein in der Benennungsfunktion, „in der Beziehung, in welcher etwas (seiner Natur nach Partikulares) zu anderem Einzel-

* Im Anschluß an *E. Heintel* (1972) stellten wir bereits fest, bei der Aufstellung des Gegensatzes: konkret Einzelnes – abstrakt Allgemeines handele es sich um eine Fehlkonstruktion. Die obige Feststellung trifft in vollem Umfange auf *Lockes* Nominalismus zu.

** Abhandlg. = Eine Abhandlung über die Prinzipien der menschlichen Erkenntnis

nen steht, was dadurch bezeichnet oder vertreten wird", besteht für *Berkeley* die Allgemeinheit, die man nicht i.S. eines ‚absolut positiven Wesens' oder als ‚Begriff von irgend etwas' auffassen darf (Abhandlg., Einf., § 15). Mit dieser nominalistischen Einstellung tritt *Berkeley* an die Frage heran, was wir damit meinen, wenn wir sagen, Propositionen/Sätze seien wahr.

Von Wahrheit/Falschheit kann, nach *Locke,* nicht in bezug auf die einzelnen Ideen, sondern nur bei Vorliegen eines Ideenverhältnisses die Rede sein. Die Übereinstimmung/Nichtübereinstimmung von Ideen ist dann wahr zu nennen, wenn die durch die Idee bezeichneten Dinge entsprechend übereinstimmen/nicht übereinstimmen. M.a.W. *Lockes* Wahrheitsbegriff läuft auf die Möglichkeit der Abbildung der Beziehungen zwischen den realen Dingen in den Beziehungen unserer Ideen hinaus. Die reale Dingwelt wird dabei von *Locke* als existierend vorausgesetzt. Diese Voraussetzung wird von *Berkeley* als Materialismus verworfen.

Eine Idee, so sagt er, kann nur einer Idee ähnlich sein, und es ist kein Sinn mit der Vorstellung zu verbinden, sie könne als Abbild eines dinglichen Urbildes aufgefaßt werden (Abhandlg., § 8). Ideen nennen wir dasjenige, was wir wahrnehmen/denken, die Inhalte unseres Wahrnehmens/Denkens. Entweder, so *Berkeley,* sind nun jene „vorausgesetzten Originale oder äußeren Dinge, deren Abbilder . . . unsere Ideen sein sollen, selbst perzipierbar . . . oder nicht. Sind sie es, dann sind sie Ideen . . .; sind (sie) es nicht, so gebe ich jedem Beliebigen die Entscheidung anheim, ob es einen Sinn hat zu behaupten, eine Farbe sei ähnlich etwas Unsichtbarem, Härte oder Weichheit ähnlich etwas Untastbarem usw." (ebd.).

In diesem Zusammenhang verwirft *Berkeley Lockes* Unterscheidung der primären und sekundären (Sinnes-)Qualitäten. Primär nennt *Locke* jene Qualitäten, „die vom Körper, in welchem Zustand er auch sein möge, völlig untrennbar sind" – als da u.a. sind: Ausdehnung, Gestalt, Bewegung (Versuch, II, 8, 9). Sekundär heißen die Qualitäten, die nur durch die Art und Weise, wie die äußeren Objekte auf unsere Sinne einwirken, hervorgerufen werden, d.s. Sensationen wie Farbe, Ton, Geschmack etc. (Versuch, II, 8, 10). Die sog. primären Qualitäten sind, so *Berkeley,* von den sekundären überhaupt nicht abzutrennen; ohne gewisse sinnliche Qualitäten vermag ich so etwas wie Ausdehnung oder Bewegung eines Körpers nicht zu denken (Abhandlg., § 10). Wie auch sollte eine derartige Trennung möglich sein? Das hieße ja zu behaupten, etwas im Geiste zu haben, was dem Begriffe nach nicht im Geiste – d. h. vermittels der Wahrnehmung gewußt – ist. Wenn nämlich Ausdehnung und Bewegung Eigenschaften der Körper in dem Sinne sein sollen, daß sie den Körpern völlig unabhängig davon zukommen, in welchem Zustand wir sie wahrnehmen, dann ist damit gesagt, daß Ausdehnung und Bewegung als Eigenschaften einer unseren Sinne unzugänglichen Substanz, Materie, existieren. Materie, darunter soll das außerhalb unseres Geistes, das unperzipiert Existierende verstanden sein; derart Existierendes wäre nicht gewußt und nicht wißbar, weil unseren Sinnen entzogen.

Dabei aber sind Ausdehnung, Bewegung usw. allgemeine Ideen, also etwas in unserem Geiste Existierendes. So „ist offenbar, daß . . . der Begriff . . . Materie oder körperliche Substanz . . . einen Widerspruch in sich schließt" (Abhandlg., § 9; § 18).

Der Materialismus, d. i. die Annahme der Existenz von Materie im genannten Sinne, ist für *Berkeley* eine logisch unhaltbare Position. Ich kann vom Sein der Dinge in Absehung von der Wahrnehmbarkeit (und Wißbarkeit) der Dinge nicht sinnvoll reden. „Das Sein (esse) solcher Dinge ist Perzipiertwerden (percipi)" (Abhandlg. § 3).

In der Behauptung, Sein bestehe im Vorgestellt-/Wahrgenommenwerden, kuliminiert *Berkeleys* Immaterialismus. Und damit ist der *Lockesche* Ideen-Empirismus auf eine radikal idealistische Formel gebracht, der zwar *Locke* wohl kaum zugestimmt hätte, die aber in der Konsequenz seines Immanenzstandpunktes liegt. Mit dieser Formel ist im übrigen die *Lockesche* Abbildtheorie verworfen – und dies kann als ein Verdienst *Berkeleys* betrachtet werden.

Die Abbildtheorie enthält die Unterscheidung von Urbildern (= äußere Objekte an sich) und Abbildern (= wahrnehmbare Objekte). Sollen jedoch die Urbilder in den Abbildern sich wiederfinden lassen, dann müßte es zum einen eine, der Wahrnehmung der Abbilder vorausliegende Primärerfahrung (der Urbilder) geben; wir gelangen dann zu einer unhaltbaren Verdoppelung der Erfahrungsgegenstände.

Ungelöst bleibt zum anderen die Frage des Vergleichs von Ur- und Abbildern dann, wenn man die Objekte an sich als bewußtseins- und also erfahrungstranszendent ansieht und sie dennoch mit den Wahrnehmungsobjekten in Verbindung bringen möchte.

Solchen Widersprüchlichkeiten, auf die an dieser Stelle nicht näher einzugehen ist, entgeht *Berkeley* in seiner Formel: esse est percipi. Dies gelingt ihm freilich nur dadurch, daß er die Gegenstandskategorie in den Begriff des Bewußtseins-(Denk- und Erfahrungs-)Inhalts auflöst und damit die Frage nach dem Sein der Dinge suspendiert oder ihr zumindest einen völlig veränderten Sinn gibt. Was nämlich bedeutet die Gleichung: esse = percipi? (vgl. *Cassirer, E.*, Bd. 2, 1974, 291ff.).

Gewiß nicht dies, das (für uns) gegenständlich Seiende stehe im Zusammenhang mit einer bewußtseinstranszendenten Welt von Substanzen. Denn das liefe ja auf die Absurdität hinaus, das uns aus Erfahrung Bekannte von einem schlechthin Unbekannten her verstehen zu wollen.

Andererseits besagt die Gleichung auch nicht, daß das Wirkliche darin aufgehe, bloß Inhalt unserer aktuellen Wahrnehmung zu sein. Der Gedanke des Wirklichen ist für uns vielmehr an jene Vorstellungskomplexe geknüpft, die, im Unterschied etwa zu bloßen Phantasiegebilden, eine große Geschlossenheit und Beständigkeit in sich aufweisen. Dasjenige, was uns in der Wahrnehmung in gleichbleibender oder ähnlicher Gestalt wiederholt begegnet, betrachten wir als wirklich-seiend. Wir sehen es damit keineswegs als außerhalb jeglichen Bewußtseins existierend an, sondern ganz im Gegenteil: wir setzen es gerade in Beziehung zum Bewußtsein; nennen wir etwas wirklich, so wollen wir damit sagen, es sei etwas (für uns oder ein ewiges Wesen) prinzipiell Wahrnehmbares oder Erkennbares. Dies meint *Berkeley,* wenn er als Wahrheit ansieht, „daß . . . alle die Dinge, die das große Weltgebäude ausmachen, keine Subsistenz außerhalb des Geistes haben, daß ihr Sein ihr Perzipiertwerden oder Erkanntwerden ist, daß sie also, so lange sie nicht wirklich durch mich erkannt sind oder in meinem Geist oder im Geist irgend eines anderen geschaffenen Wesens existieren, entweder überhaupt keine Existenz haben oder im Geist eines ewigen Wesens existieren müssen, da es etwas völlig Undenkbares ist und alle Verkehrtheit der Abstraktion in sich schließt, wenn irgend einem ihrer Teile eine vom Geist unabhängige Existenz zugeschrieben wird“ (Abhandlg. §6).

Der Standpunkt *Berkeleys* erweist sich als radikaler Empirismus. Wenn keine Annahme aufrechtzuerhalten ist, die nicht allein von der Erfahrung her, ohne Beimischung abstrakter Zutaten, glaubwürdig ist, dann ist *Berkeleys* idealistischer Perzeptionismus die Konsequenz. Doch ist ein derart folgerichtiger Empirismus keineswegs akzeptabler als der *Lockes*. Vielmehr treten bei ihm die Schwachstellen der empiristischen Position nur umso deutlicher hervor.

Das zeigt sich zuvorderst im Hinblick auf *Berkeleys* Begriffstheorie. *Berkeley* will den Allgemeinbegriff in die Zwangsjacke der empiristischen Vorstellungen stecken. Die begriffliche Allgemeinheit, die wir einer partikularen Vorstellung zuerkennen, besteht für ihn lediglich in der Eignung dieser Vorstellung, die ihr verwandten Vorstellungen zu repräsentieren. Ein einzelnes Dreieck kann die Allheit aller Dreiecke vertreten; was wir von ihm als Dreieck (in Absehung von gewissen Besonderheiten, z. B. der Gleichseitigkeit oder Gleichschenkeligkeit) aussagen, gilt von allen möglichen Dreiecken (vgl. Abhandlg., Einf., § 16).

Aber ist in dieser Repräsentationstheorie die Funktion des Allgemeinbegriffs verstanden? Wohl kaum! Vielmehr macht diese Theorie den Eindruck des Zirkulären. Wenn ich nämlich vom Dreieck als solchen eine Aussage machen will, dann muß ich die Allheit der Dreiecke, also den ganzen Umfang des Begriffs, schon vor Augen haben. Wie aber könnte ich die unter einen allgemeinen Begriff fallenden Exemplare überhaupt miteinander vergleichen, wenn ich nicht zuvor schon die den Vergleich überhaupt erst ermöglichende Allgemeinvorstellung: Dreieck besäße? M.a.W.: Der Allgemeinbegriff ist nicht von seinem Umfang her, sondern nur aus seiner inhaltlichen Bedeutung zu begreifen. *Berkeley* und *Locke* verfehlen das Wesen des Allgemeinbegriffs, wenn sie den Begriff an die Kette der einfachen Ideen (= Erfahrungselemente) legen wollen.

In seinem Kampf gegen die Leerheit abstrakter Begriffe übersieht *Berkeley*, daß „er selbst der psychologischen Abstraktion des ‚Einfachen'" unmittelbar verfällt (*Cassirer, E.*, Bd. 2, 1974, 303).

Die radikale Ablehnung der abstrakten Allgemeinbegriffe leitet *Berkeley* besonders auch bei seiner bissigen Kritik des Materiebegriffs bzw. „Materialismus". Es stellt sich freilich die Rückfrage, wie der Gedanke einer bewußtseinstranszendenten Realität („Materie") überhaupt aufkommen kann, wenn doch die Gleichung: Sein (Realität) ist Perzipiertwerden zutrifft. Wenn Allgemeinvorstellungen in der Funktion sich erschöpfen, alle Exemplare der zu ihrer Klasse gehörenden Vorstellungen zu vertreten, wie kann dann ein derartiger Un-Begriff (in *Berkeleys* Sicht) zustande kommen? *Berkeley* verweist als Antwort auf die falsche Abstraktion, das Absehen von den spezifischen Qualitäten der perzipierten Gegenstände, schließlich gar das Absehen von der Tatsache des Perzipiertwerdens der Gegenstände. Aber zum einen kann *Berkeley*, um beispielsweise den Begriff des Dreiecks zu gewinnen, selbst auf den Gedanken der Abstraktion nicht gänzlich verzichten (Abhandlg., Einf., § 16). Zum anderen erweist er sich, wenn er den Allgemeinbegriff im Sinne der Summe der unter ihn fallenden Partikularvorstellungen deutet, als ein Empirist des Begriffs; d. h. er möchte den Begriff aus sinnlichen Erfahrungen ableiten. Jedoch, wäre dieser Empirismus stimmig, wie läßt sich dann verstehen, daß es zu einer so unzulässigen Abstraktion: Materie kommt?

Mit den unaufhebbaren Mängeln dieser Begriffstheorie hängt aufs engste ein ganz und gar ungenügendes Verständnis vom Gegenstand zusammen, wie es bei *Locke* sich ankündigt und bei *Berkeley* in aller Klarheit hervortritt.

Wenn alle (Wirklichkeits-)Erkenntnis letztlich aus Erfahrungselementen sich zusammensetzt, wie ist dann überhaupt der Gedanke gegenständlicher Konsistenz zu gewinnen und an die Wahrnehmungs- und Vorstellungsgehalte anzulegen? Im Ausgang von bloßen Erfahrungen wäre bestenfalls in einem vorläufigen und jederzeit wieder aufhebbaren Sinne von der Beständigkeit und Geschlossenheit des Perzipierten zu reden. Die für die gegenständliche Erkenntnis, das ordnende Erfassen der Erscheinungswirklichkeit, unentbehrliche Vorstellung des Gegenstands (Gegenstandsbewußtsein), d. h. der Bezug der mannigfachen Erfahrungselemente, die aus bloß sinnlicher Anschauung heraus keineswegs eine Einheit darstellen, auf den einen Gegenstand, ist vom Boden dieses Empirismus aus nicht zu rechtfertigen.

Kant hat *Berkeley* vorgeworfen, er setze an die Stelle der gegenständlichen Erscheinungen den bloßen Schein (KrV, B 71; B 274f.; Prol., A 374f.*). Gegen *Berkeleys* von *Kant* so genannten „dogmatischen Idealismus" grenzt *Kant* seine Position als „kritischen Idealismus" ab (Prol., A 375). Wenn die kritische Philoso-

* Prol. = Prolegomena,
A = Akademieausgabe, Bd. IV

phie von „Erscheinungen“ spreche, dann fasse sie diese – wenn auch in den Formen der Anschauung: Raum und Zeit – als durchaus wirklich auf.

Für *Kant* ist ein richtiges, zu objektiver Erkenntnis führendes Urteilen über die Gegenstände nur möglich dadurch, daß wir diese in Raum und Zeit auffassen und damit als gegenständliche Erscheinungen überhaupt erst gewinnen.

Kant will im Begriff „Erscheinung“ die Momente des Wirklichen und Objektiven festgehalten wissen und setzt ihn deshalb in ein negatives Verhältnis zum „Schein“; freilich grenzt er sich mit dem Erscheinungsbegriff in gleicher Deutlichkeit gegen den einer vermeintlichen Erkenntnis des Dings an sich, d. h. gegen die naiv realistische Gleichsetzung von Erscheinungen und Dingen an sich ab.

Mit diesem Hinweis auf *Kants* Abgrenzungsversuch muß unser kurzer Abstecher in *Berkeleys* Erkenntnisanalyse, insoweit diese *Lockes* Untersuchung des Verstandes ergänzt, sein Bewenden haben.

4.2.2 Radikaler Empirismus in Humes skeptischer Sicht

Durch eine Erläuterung des voranstehenden Titels gewinnen wir eine erste Vorstellung von Humes Denkweise.

Was besagt das Attribut „radikal“ in Verbindung mit dem Nomen „Empirismus“?

Es soll einerseits zum Ausdruck bringen, daß *Hume* – in der Tradition von *Locke* und *Berkeley* stehend – die empiristische Lösung des Erkenntnisproblems weiter vorantreibt. Das zeigt sich darin, daß Hume alle Vorstellungen (ideas), aus denen unser Wissen sich aufbaut, zuletzt auf unmittelbare (Sinnes-)Eindrücke (impressions) zurückführen möchte (= empiristisches Grundprinzip).

In diesem Zusammenhang wird auch die *Lockesche* Kritik der Allgemeinbegriffe, die durch *Berkeley* eine Zuspitzung erfahren hatte, von *Hume* verschärft. Hatte *Berkeley* die abstrakten allgemeinen Ideen verworfen, so läßt *Hume* die von *Berkeley* (Abhandlg., Einf. § 12) ausdrücklich zugelassenen allgemeinen Ideen nicht mehr gelten. Allgemeinheit ist für *Hume* lediglich ein Kennzeichen der Worte, insofern diese gegenüber der ins einzelne gehenden Fülle der Wahrnehmungs- und Vorstellungsinhalte notwendig unbestimmt bleiben. Umso dringlicher ist eine Kritik der Worte erforderlich, wenn in diesen unser Wissen vom Realen zum Ausdruck kommen soll. Ein Tatsachen-Wissen müßte sich, streng genommen, auf die Elemente der Erfahrung, auf die Eindrücke zurückführen lassen. Die Kritik der Allgemeinbegriffe ist mit *Humes* empiristischem Grundprinzip in eins zu sehen.

Humes Empirismus ist noch in einer zweiten Hinsicht radikal. Indem nämlich *Hume,* gründlicher noch als *Locke* und *Berkeley*, nach den Möglichkeiten einer Erkenntnis aus Erfahrung fragt, geht er über den bisherigen Empirismus hinaus; ja er stellt ihn in Frage, wenn er auch die von seinen Vorgängern mit Stillschweigen übergangenen Voraussetzungen der Erfahrungserkenntnis auf ihre Rechtfertigung hin untersucht.

So ist mit der empiristischen Vorstellung, dasjenige, das wir Erfahrung oder empirische Wirklichkeit nennen, sei in Wahrheit Produkt der Verknüpfung elementarer Empfindungen bzw. die Deutung dieses Produktes, ein im vorhumeschen Empirismus ungenügend geklärtes Problem verbunden. Wenn zwischen den Erfahrungselementen an und für sich keinerlei logische Beziehung besteht, wenn sie vielmehr, zunächst unverbunden, erst sekundär, je nach Assoziation, miteinander verknüpft werden, wie sind dann jene festen Vorstellungszusammenhänge zu erklären, in denen uns die Gegenstände der empirischen Wirklichkeit als solche bewußt werden?

Die naheliegende Antwort, daß uns die Elemente in der Erfahrung bereits in geordneter Weise begegnen – und dies in regelmäßiger Wiederholung – setzt die Annahme einer inneren Gleichförmigkeit des Naturverlaufs voraus. Nur auf der Basis dieser Annahme sind wir in der Lage, unsere Eindrücke als kontinuierlich zusammenhängend, i. S. einer einheitlichen, gegenständlichen Bezogenheit aufzufassen bzw. aus unserer bisherigen Erfahrung Schlüsse auf die zukünftige zu ziehen. Zur Rechtfertigung der Gleichförmigkeitsannahme läßt *Berkeley* freilich die Ebene der Erfahrung hinter sich und greift auf eine theologische These zurück, nach der der Urheber der Natur stets gleichmäßig und unter ständiger Beobachtung der von uns als Prinzipien angesehenen Regeln handelt (*Berkeley,* Abhandlg., § 107).

Ganz anders *Hume:* einerseits festhaltend am empiristischen Prinzip des Aufbaus aller Erkenntnisse aus Eindrücken, nimmt er sich andererseits die Assoziationsprinzipien vor, nach denen sich die Verknüpfungen der Vorstellungen vollziehen sollen. Bei dem Versuch einer Rechtfertigung dieser Prinzipien, insbesondere des der Kausalität, stößt *Hume* freilich an die Grenzen der Leistungsfähigkeit des empiristischen Erkenntnisbegriffs. Durch Radikalisierung des Empirismus im genannten Sinne gelangt er zu einer skeptischen Beurteilung der Möglichkeit des Wissens, seiner eigenen Grundlagen sich vergewissern zu können. *Hume* geht vielmehr auf die menschliche Natur zurück; nach seiner Überzeugung handelt es sich bei den erkenntnisleitenden Prinzipien in Wahrheit um Verhaltensdispositionen, die für die menschliche Natur charakteristisch sind.

Humes Skepsis richtet sich gegen den Anspruch einer letzten Begründbarkeit des Tatsachenwissens, ganz gleich, ob es sich dabei um Vernunft- oder Sinnesansprüche handelt. Derartige Ansprüche beruhen seines Erachtens auf Selbstüberschätzungen des menschlichen Verstandes und führen am Schluß in unauflösbare Zweifel und totale Skepsis.

Wenn etwa *Descartes* an allen für wahr gehaltenen Überzeugungen, ja an unserer Fähigkeit zur Erkenntnis glaubt zweifeln zu können, um auf dem Wege solchen Zweifelns auf ein unbezweifelbares Prinzip zu stoßen, dann fragt sich zweierlei: zum einen, was dieses Prinzip – gegenüber anderen – so einleuchtend und überzeugend macht, zum anderen, wie wir je über dieses Prinzip hinausgelangen können, wo wir doch zuvor an allen unseren Fähigkeiten zur Erkenntnis gezweifelt haben?

Unter Verzicht auf zu hochfliegende Vernunftabsichten gelangt *Hume* zu einem „gemäßigten Skeptizismus", der alle Forschung auf zwei Arten von Gegenständen beschränkt sieht, die des Bereichs der Ideenrelationen der abstrakten Wissenschaften rein intuitiven und demonstrativen Charakters (formale Logik und Mathematik) und die des Bereichs der Tatsachen bzw. des (tatsächlichen) Daseins, in dem es – nach *Hume* – keinerlei Notwendigkeiten gibt (vgl.: Untersuchung, 12. Abs., 2. Teil). Hinsichtlich des Wissens von Tatsachen (facts) mündet *Humes* Skepsis, wie angedeutet, in einen Naturalismus, der auf seine logische Stimmigkeit hin zu befragen sein wird.

In den Abschnitten 2 und 3 seiner Untersuchung über den menschlichen Verstand handelt *Hume* über den Ursprung und die

Assoziation der Vorstellungen. Er bewegt sich hier auf der Ebene einer Erkenntnispsychologie, in der psychologische mit erkenntnisphilosophischen Begriffen und Problemen gemischt sind.

An die erste Stelle seiner Analyse des Verstandes setzt *Hume* den Begriff der Perzeption, womit jede Art von Bewußtseinsinhalt gemeint ist. Die Perzeptionen des menschlichen Geistes – in der von *R. Richter* herausg. deutschsprachigen Ausgabe* wird statt „Bewußtseinsinhalte" der noch allgemeinere Ausdruck „Auffassungen des Geistes" gewählt – teilen sich in zwei Arten: die der Vorstellungen oder Gedanken (ideas and thoughts) und die der Eindrücke (impressions). Letztere unterscheiden sich durch den Grad an Lebhaftigkeit und Stärke von ersteren. Eindrücke sind für *Hume* „alle unseren lebhafteren Auffassungen, wenn wir hören, sehen, tasten, lieben, hassen, wünschen oder wollen". Vorstellungen dagegen sind „die weniger lebhaften Auffassungen . . ., deren wir uns bewußt werden, wenn wir uns auf eine jener oben erwähnten Wahrnehmungen oder Regungen besinnen" (Untersuchung, 2. Abs., 18).

Die von *Hume* aufgezählten Eindrücke sind solche der äußeren und inneren Wahrnehmung, Sinneseindrücke sowie Gefühlsregungen und Affekte. Diesen ursprünglich-unmittelbaren Bewußtseins-/Wahrnehmungsinhalten gegenüber sind die Vorstellungen mattere Kopien, Reproduktionen oder Abbilder der Originale. Damit ist *Hume* bereits bei seinem empiristischen Grundsatz:

„All unsere Vorstellungen oder schwächeren Auffassungen sind Abbilder unserer Eindrücke oder lebhafteren Auffassungen" (Untersuchung, 2. Abs., 19).

An diesen Grundsatz bindet *Hume* auch seine Kritik der Allgemeinbegriffe oder abstrakten Vorstellungen zurück.

„Haben wir daher Verdacht, daß ein philosophischer Ausdruck ohne irgendeinen Sinn oder eine Vorstellung gebraucht werde, was nur zu häufig ist, so brauchen wir bloß nachzuforschen, von welchem Eindruck stammt diese angebliche Vorstellung her? Und läßt sich durchaus kein solcher aufzeigen, so wird dies zur Bestätigung unseres Verdachts dienen. Indem wir die Vorstellungen in ein so klares Licht stellen, dürfen wir billig hoffen, allem Streit, der

* *Hume:* Eine Untersuchung über den menschlichen Verstand, hg. v. R. Richter, Hamburg (PhB 35) 1961

über ihre Natur und Wirklichkeit sich erheben könnte, ein Ende zu machen“ (Untersuchung, 2. Abs., 22). Angesichts der weitreichenden Folgen, die *Humes* Hoffnung – ließe sie sich verwirklichen – haben würde, bedarf das empiristische Grundprinzip, als Träger dieser Hoffnung, der näheren Betrachtung.

Humes empiristische Grundthese ist in mehrfacher Hinsicht problematisch.

Schon das von dieser These in Anspruch genommene Kriterium der Stärke und Lebhaftigkeit/Lebendigkeit unserer Perzeptionen ist keineswegs eindeutig; es ist vielmehr durch empirisch-subjektive Wertungen belastet. Wenn etwa dem einen Subjekt in Halluzinationen oder in sehr intensiven Phantasievorstellungen, wie sie bei fiebrigen Erkrankungen auftreten können, ein Inhalt als äußerst lebhaft erscheint, kann für das andere Subjekt, das irgendetwas zufällig wahrnimmt, ein Sinneseindruck eher den Charakter des Ungefähren und wenig Lebendigen besitzen. Wie sollte zwischen beiden eine Einigung darüber möglich sein, welche Perzeption hier die Eigenschaft des unmittelbaren Eindrucks, welche nur die Merkmale einer kopierenden Vorstellung besitzt? *Humes* Behauptung, „der lebendigste Gedanke (bleibe) immer hinter der dumpfsten Wahrnehmung zurück“ (Untersuchung, 2. Abs., 17), dürfte hier nicht weiterhelfen.

Des weiteren legt *Hume* in seiner Unterscheidung: Eindruck = Original und Vorstellung = Kopie die Auffassung nahe, jede Vorstellung bilde einen ihr irgendwie gleichartigen Eindruck ab.

Hume selbst weist demgegenüber auf einen naheliegenden Einwand hin. Es gibt nämlich Vorstellungen, denen ein gleichartiger Eindruck nicht entspricht – und zwar deshalb, weil die zu jenen Vorstellungen passenden Gegenstände gar nicht existieren. Es bereitet uns z. B. keine Schwierigkeit, den Gedanken eines goldenen Berges oder eines tugendhaften Pferdes zu fassen (Untersuchung, 2. Abs., 19). Dieser (Selbst-)Einwand ist freilich leicht zu entkräften. Derartige Vorstellungen kommen nämlich dadurch zustande, daß wir sie aus verschiedenen Wahrnehmungselementen (= Eindrücke; hier: Gold und Berg, bzw. Pferd und Tugend) zusammensetzen. Auf nichts weiter nämlich kommt die „schöpferische Kraft des Geistes“ hinaus, „als auf die Fähigkeit der Verbindung, Umstellung, Vermehrung oder Verminderung des Stoffes, den uns Sinne und Erfahrung liefern“ (Untersuchung, 2. Abs., 19).

Von hier aus wird die im Empirismus traditionelle und von *Hume* aufgegriffene Unterscheidung zwischen einfachen und zusammengesetzten Ideen belangvoll. Sie ermöglicht eine differenziertere Fassung des empiristischen Grundsatzes. Danach sind nur die einfachen Vorstellungen einem Eindruck nachgebildet, während sich die komplexeren Vorstellungen aus den einfacheren bilden lassen (Untersuchung, 2. Abs., 19). *Hume* bringt das Beispiel des Blinden, der sich keinen Begriff von Farben, und des Tauben, der sich nicht vorstellen kann, was Töne sind – eben weil ihnen die entsprechenden Sinneseindrücke fehlen (Untersuchung, 2. Abs., 20). Allerdings führt *Hume* eine Ausnahme auch seiner differenzierten Grundthese an (Untersuchung, 2. Abs., 21 f.).

Angenommen, jemandem, der mit allen möglichen Farbeindrücken vertraut ist, ist bislang noch nicht eine bestimmte Blauschattierung untergekommen. Ist dieser Jemand, wenn er in der Reihe der ihm aus Erfahrung bekannten Blauwerte die betreffende Lücke entdeckt, in der Lage, diese Lücke mit Hilfe seiner Einbildungskraft zu schließen? Vermutlich ja – so meint *Hume*. Dann aber gibt es den Fall der einfachen Vorstellung ohne vorhergehenden Eindruck. *Hume* betrachtet diesen Fall als einmalige Ausnahme. Jedoch, so ist zu fragen, warum sollten sich nicht auch zwei unmittelbar benachbarte fehlende Schattierungen durch Einbildungskraft überbrücken lassen? Und was im Hinblick auf Farbsensationen zutreffen kann, warum sollte das nicht auf andere Empfindungsbereiche übertragbar sein, wie z. B. auf Eindrücke des Gehörs?

Es dürfte äußerst schwierig sein, jene Grenze anzugeben, die einer rein gedanklichen Ersetzung fehlender Eindrücke absolut Einhalt gebietet. Damit aber wächst sich die von *Hume* ob ihrer vermeintlichen Einmaligkeit zugestandene Ausnahme zu einem gravierenderen Einwand aus.

Humes Grundthese ist allerdings einer noch fundamentaleren Rückfrage ausgesetzt.

Wie nämlich ist diese These, die auch dem Denken *Lockes* und *Berkeleys* zugrunde liegt, überhaupt zu rechtfertigen?

Logisch(-analytisch) gewiß nicht! Denn der Begriff der Idee ist nicht denknotwendig mit dem der Impression verbunden, derart, daß sich ersterer ohne Bezugnahme auf letzteren gar nicht bestimmen ließe. Vielmehr scheint *Hume* die Beziehung zwischen Eindruck und Vorstellung mehr im psychologischen Sinne eines zeitlich-kausalen Verhältnisses aufzufassen. Das aber bedeutet, daß der empiristische Grundsatz selbst eine empirische (Tatsachen-)Wahrheit wäre, im Unterschied zu solchen Ideenrelationen, die einer rein logischen Betrachtung zugänglich sind und deren Wahrheit oder Falschheit also demonstrabel ist (Untersuchung, 4. Abs., 1. Teil). Die These, daß allen unseren einfachen Vorstellungen Eindrücke vorausliegen, ist danach als eine lediglich empirische Verallgemeinerung anzusehen – ungeachtet dessen, daß ihr bei *Hume* ein geradezu axiomatischer Stellenwert zuerkannt wird (vgl.: *Cassirer, E.*, Bd. 2, 1974, 365).

Das Recht einer derartigen empirischen Verallgemeinerung hängt darüber hinaus von der allgemeinen Rechtfertigung der Schlüsse aus Erfahrung ab – das zentrale Problem *Humes,* auf das gleich zurückzukommen sein wird.

Einer eingehenderen Klärung bedürfte auch *Humes* Terminologie; das betrifft insbesondere die bisher vorgestellten Begriffe der Perzeption, Idee und Impression.

Perzeption haben wir mit Bewußtseinsinhalt wiedergegeben. Auch bei *Hume* findet sich keine genauere Differenzierung von Inhalt und Gegenstand (des Denkens oder Erkennens) – ein von uns bereits im Hinblick auf *Locke* und *Berkeley* kritisierter Mangel. Unter Perzeption ist zugleich der (inhaltlich) vorgestellte/gedachte bzw. repräsentierte Gegenstand zu verstehen. Dem tritt noch eine dritte Bedeutung an die Seite, nämlich das Haben der Inhalte bzw. der Akt der Perzeption (perceive)*.

Eine analoge Zweideutigkeit trifft auf die Begriffe der Impression und Idee zu. Unter Impression ist zugleich der Akt des Empfindens (feel), unter Idee der Akt des Vorstellens (conceive) zu verstehen*. *Hume* vermischt hier offensichtlich erkenntnisphilosophische mit psychologischen Sachverhalten.

Des weiteren gibt *Hume* in der Frage nach Entstehung und Wirklichkeitsgehalt der Eindrücke keine befriedigende Antwort. Die Eindrücke, zumindest die äußeren Sinneseindrücke (outward sensations) mögen sich zwar letztlich den auf die Sinne einwirken-

* *Farr, W.,* Hrsg., Hume und Kant. Interpretation und Diskussion. Einführg., Freiburg/München 1982, 20

den (Außenwelt-)Dingen verdanken. Doch ist mit der Annahme einer Ding-Welt jenseits der Wahrnehmung, ‚hinter' den Erscheinungen weiter nichts anzufangen. An eine derartige Urbild-Wirklichkeit kämen wir prinzipiell nicht heran, da uns nichts als die jeweiligen Komplexe von Empfindungen gegeben sind. Daß wir zwischen den kommenden und gehenden Bewußtseinsinhalten einen Zusammenhang annehmen, daß wir an die Kontinuität und eine gewisse Beharrlichkeit der Gegenstände glauben, muß sich also anders erklären lassen als durch Rekurs auf ein Sein jenseits des Bewußtseins. Nach *Hume* erklärt sich der Glaube an eine Realität (außerhalb unseres Bewußtseins), an die dauernde Existenz der Dinge aus der Ähnlichkeit zwischen unseren Impressionen. Dank dieser Ähnlichkeit geht unsere Einbildungskraft von dem einen Eindruck zum anderen über und gelangt zu einer Kohärenz der Eindrücke, die wir – fälschlicherweise – in die Dingwelt selbst verlagern, so daß wir von einem abgelösten Sein, einer Wirklichkeit an sich zu sprechen pflegen.

Mit dieser Erklärung geht *Hume* über die empiristische Basis seiner Theorie hinaus. Dank der Erinnerung (memory) und der Einbildungskraft (imagination) sind wir nach ihm in der Lage, die Eindrücke in der Ordnung ihres Entstehens in Erinnerungsvorstellungen abzubilden und diese dann wiederum durch Imagination zu verändern und so neue Ideenrelationen herzustellen. Daß die letztere Leistung des menschlichen Geistes kaum mehr mit der empiristischen Ausgangsthese: Aufbau der Vorstellungen aus Eindrücken zu vereinbaren ist, dürfte schwerlich zu übersehen sein. Die Einbildungskraft leistet mehr, als sie der Ausgangsthese nach dürfte: sie geht über die aktuellen Wahrnehmungsinhalte und über die in der Erinnerung gespeicherten Kopien der (ehemaligen) Eindrücke hinaus, wenn sie eine Kohärenz der Erscheinungen vorstellt, woran der Gedanke der stetigen Fortdauer der Gegenstände geknüpft ist. In der Wahrnehmung selbst sind derartige Regelmäßigkeiten nicht aufzufinden. In empiristisch-sensualistischer Sicht wären solche höheren Regelmäßigkeiten – streng genommen – als Selbsttäuschungen unseres Geistes anzusehen. *Hume* zeigt auf, wie wir vermittels der Imagination zum illusionären Gedanken des einheitlichen Gegenstandes gelangen; aber er findet nicht das Mittel zur Auflösung dieser Illusion (*Cassirer, E.*, Bd. 2, 1974, 387).

Verwandt mit der Vorstellung einer beharrlichen, selbständigen (Gegenstands-)Welt ist nach *Hume* eine zweite Illusion, nämlich die Annahme eines substantiellen (identischen) Ich. Was wir tatsächlich in der äußeren wie inneren Erfahrung vorfinden, sind nur einzelne Zustände, etwa Perzeptionen des Lichtes oder der Wärme, der Lust oder Unlust, der Zu- oder Abneigung. „Mich selbst" treffe ich als Perzeption nicht oder immer nur in Verbindung mit einzelnen Perzeptionen an. Der Mannigfaltigkeit der Perzeptionen ein substantielles Ich – für sich genommen – zugrunde legen zu wollen , diese Fiktion verdankt sich unserer Einbildungskraft, die, infolge gewisser Ähnlichkeitsbeziehungen, den inneren Eindrücken die Bestimmung einer Einheit, i.S. der Ich-Identität, zuschreibt.

Humes Deutung der Entstehung der Ich-Vorstellung ist zumindest so problematisch wie seine Erklärung der Annahme einer gegenständlichen Wirklichkeit. Ist das Ich nichts weiter als die leere Bühne für den Auftritt der Perzeptionen, wie sollte es dann möglich sein, daß es selbst plötzlich diese Bühne betritt und zum Akteur wird?

Humes Analyse (der Entstehung) des Ich-Begriffs setzt diesen Begriff auf höherer Ebene bereits voraus. Selbst zugestanden, die Ich-Vorstellung wäre eine Fiktion, sie wäre dann immerhin ein Bewußtsein, das, indem es über die unmittelbaren Einzeleindrücke hinausgeht, sich zu täuschen vermag. Mit seinem Versuch, die Begriffe einer gegenständlichen Wirklichkeit und – vor allem – des Ich empiristisch-sensualistisch umzudeuten, ist *Hume* mit seiner Philosophie am Ende. Denn wenn die isolierten Eindrücke oder Empfindungen der eigentliche Gehalt unserer Erkenntnis sind, dann steht damit die objektive Geltung der Beziehungen zwischen ihnen in Frage. Es fehlt der übergeordnete Maßstab der Objektivität. Die Lehre von der Imagination hilft hier nicht weiter (vgl. *Cassirer, E.*, Bd. 2, 1974, 385ff.).

Hume nennt drei Prinzipien, nach denen die Assoziation unserer Vorstellungen erfolgt, die der Ähnlichkeit, der raumzeitlichen Berührung und der Ursache-Wirkungsbeziehung (Untersuchung, 3. Abs., 25).

Was das an zweiter Stelle genannte Assoziationsgesetz der „Berührung in Raum und Zeit" angeht, so weist *E. Craig* (1979) auf zwei Formulierungsschwächen hin, die *Hume* unterlaufen. Zum einen müßte hier erneut zwischen Bewußtseinsinhalt und -gegenstand unterschieden werden. Denn die Bewußtseinsinhalte können zwar einander zeitlich „berühren", nicht aber räumlich; die räumlich-zeitliche Berührung kann nur auf die perzipierten Gegenstände, nicht auf die Perzeptionen als solche zutreffen.

Zum anderen sind es nicht zwei Einzeleindrücke, die wir miteinander assoziieren, sondern zwei Klassen von (jeweils ähnlichen) Perzeptionen.

Craig formuliert *Humes* zweites Assoziationsgesetz entsprechend um:

Faßt man zwei Perzeptionen als Eindrücke von Gegenständen/Ereignissen auf, die einander raum-zeitlich berühren, so kommt es zwischen Eindrücken oder Vorstellungen dieser Art zu einer Assoziation.

So formuliert tritt jedoch, wie *Craig* anmerkt, eine andere Schwierigkeit auf; es wird so nämlich Bezug genommen auf eine den Perzeptionen vorausliegende raum-zeitliche Gegenstandswelt. Die Annahme einer derartigen Welt hat jedoch, wie aufgezeigt, für *Hume* einen illusionären Charakter; sie ist lediglich das Begleitprodukt der an gewisse, wiederholte Ähnlichkeiten zwischen den Eindrücken anknüpfenden Imagination.

Das für *Humes* Erkenntnisbegriff entscheidende Prinzip der Verknüpfung unserer Vorstellungen ist das der Beziehung von Ursache und Wirkung. Es ist das Kausalprinzip, an das wir uns vor allem halten, wenn wir über die unmittelbar gegenwärtigen bzw. in Erinnerungsvorstellungen fixierten Eindrücke hinausgehen. Dieses Prinzip nehmen wir nämlich als Grundlage aller Schlüsse aus Erfahrung in Anspruch (Untersuchung, 4. Abs., 2. Teil, 42ff.).

Von *Humes* Kausalbegriff war bereits im Kontrast zu *Leibniz'* Interpretation der Kausalität die Rede.

Bei *Leibniz* fanden wir eine für den Rationalismus insgesamt kennzeichnende Parallelisierung des für Wahrheitsansprüche grundlegenden Postulats des zureichenden Grundes (ein, nach rationalistischer Auffassung, notwendiger Grundsatz aller Erkenntnis) und des, das tatsächliche Dasein und Geschehen leitenden Kausalprinzips. Beide Ordnungen, die der Vernunft und die der Tatsachen, sind danach gesetzmäßig bestimmt, wobei die kausalen Notwendigkeiten in Analogie zu den Notwendigkeiten des Denkens betrachtet werden können. *Humes* empiristisch-skeptische Deutung des Kausalprinzips steht dem entgegen.

Nach *Hume* müssen wir zwischen Überlegungen, die sich allein auf Ideenrelationen beziehen, und Tatsachenforschung streng unterscheiden (Untersuchung, 4. Abs., 1. Teil, 35ff.). Alle sich im Rahmen bloßer Ideenrelationen bewegenden Argumente haben den Charakter von Demonstrationen, d. h. es handelt sich bei ihnen um rein logische Grund-Folge-Beziehungen. Der Folgesatz ist wahr, wenn er korrekt aus wahren Vordersätzen abgeleitet wurde. „Korrekt" bedeutet, daß die Wahrheit der Konklusion nicht über die Wahrheit der Prämissen hinausgeht. Im Rahmen von Demonstrationen gibt es keine Möglichkeit der Erweiterung, sondern nur die der Erläuterung bestehender Wahrheiten. In der Tatsachenforschung aber wollen wir mehr erreichen als bloße Wahrheitskonservierung; wir wollen, im Ausgang von Erfahrungen bzw. gestützt auf ein Wissen über Beobachtetes, zu einem Wissen über Unbeobachtetes gelangen (vgl. *Stegmüller, W.*, 1975, 4f.).

Im Bereich des Realwissens wollen wir immer mehr wissen als wir aus bisheriger Erfahrung bereits wissen. Allein mit Hilfe von Demonstrationen kämen wir hier nicht einen Schritt weiter. Soll Wissenserweiterung vermittels Schlüsse möglich sein, dann durch eine andere Art des Schließens als die deduktive. Nur durch Induktionsschlüsse könnte es uns gelingen, über bekannte Wahrheiten zu (bislang) unbekannten voranzuschreiten. Induktive Schlüsse zeichneten sich also durch zwei Eigenschaften aus: zum einen müßte in ihnen an gewußten Wahrheiten festgehalten werden, zum anderen müßten sie über diese hinaus zu neuen Wahrheiten führen.

Lassen sich diese Eigenschaften miteinander vereinbaren? „Gibt es wahrheitskonservierende Erweiterungsschlüsse?" *(Stegmüller, W.*, 1975, 5).

Um es vorwegzunehmen – *Humes* Antwort lautet: nein.

Derartige Schlüsse hätten – unter Voranstellung der korrekten Konditionalaussage: wenn alle z C sind, dann auch diese z – die Form: wenn einige z C sind, sind alle z C.

Durch einen Denkakt sollen wir von Aussagen, die sich auf einen beobachteten Teil von Fällen einer nicht-überschaubaren Klasse von Tatsachen stützen, zu (All-)Aussagen über alle Fälle dieser Klasse gelangen.

Wenn *Hume* die Möglichkeit induktiven Schließens verneint, dann in dem Sinne, daß „unsere Schlüsse aus . . . Erfahrung nicht auf einem Denkakt oder sonst irgendeinem Verstandesvorgang beruhen" (Untersuchung, 4. Abs., 2. Teil, 43). Nicht geht es ihm um die Frage, ob und inwieweit in der Tatsachenforschung kausale Erklärungen und Erfahrungsschlüsse eine Rolle spielen. *Hume* sagt nur, daß sich Kausalität und Induktion nicht (verstandesmäßig) begründen lassen; er gelangt hinsichtlich der Möglichkeit rationaler Rechtfertigung induktiver Verfahrensweisen zu einem negativen Ergebnis. Freilich ergänzt er dann seine skeptische Beurteilung der Grundlagen empirischer Forschung durch eine naturalistische Erklärung des im alltäglichen Leben und in den Realwissenschaften praktizierten Verfahrens der Erweiterung unseres Wissens: Wir Menschen verhalten uns nur natürlich, so meint er, wenn wir, durch tausendfache Erfahrung daran gewöhnt, daß Steine fallen, den festen Glauben entwickeln, daß Steine immer auch in Zukunft fallen werden.

Kausal- und Induktionsproblematik bilden bei *Hume* einen Zusammenhang.

Als Antwort auf seine Frage, wie wir in Tatsachenfragen „über das gegenwärtige Zeugnis der Sinne oder die Angaben unseres Gedächtnisses" hinausgelangen könnten, verweist *Hume* auf die Ursache-Wirkungsbeziehung. „All unsere Gedankengänge, die Tatsachen betreffen, sind von derselben Art. Es wird hier beständig vorausgesetzt, daß zwischen der gegenwärtigen Tatsache und der aus ihr abgeleiteten eine Verknüpfung besteht." (Untersuchung, 4. Abs., 1. Teil, 36f.). Kausale Verknüpfungen von Tatsachen lassen sich nicht „durch Denkakte a priori" gewinnen (Untersuchung, ebd., 37). Z. B. zwingt unsere Vernunft uns nicht anzunehmen, daß die Vergangenheit mit der Zukunft in einer kausalen Beziehung steht, derart, daß aus dem Wissen über Vergangenes ein Wissen über Zukünftiges abzuleiten sei. Von Vernunft wegen könnte die Zukunft einen völlig anderen Verlauf nehmen als die Vergangenheit. Und wie steht es mit der Erfahrung? Beobachten wir kausale Relationen zwischen Tatsachen? Können wir die Erfahrung als Zeugen der Gültigkeit des Kausalprinzips, der Grundannahme, daß jedes Ereignis eine Ursache hat, anrufen? Was bedeutet, aus Sicht der Erfahrung, die Rede, daß A Ursache von B ist?*

* Die Fragen nach dem Bedeutungsgehalt des Kausalbegriffs und nach

Nehmen wir das Beispiel der einander berührenden Billardkugeln. Was bemerken wir, wenn die in Bewegung gesetzte Kugel die zweite, ruhende Kugel berührt? Nur dies, daß die bewegte Kugel auf die ruhende Kugel trifft und daß diese darauf in Bewegung gerät. Wir beobachten ein „post hoc", die zeitliche Folge der Bewegungsvorgänge, kein „propter hoc"; den Eindruck einer verursachenden Kraft oder Energie gewinnen wir nicht (Untersuchung, 7. Abs., 1. Teil, 77f.). Und was im Bereiche der äußeren

---

der Möglichkeit einer induktiven Logik spielen auch in der modernen Wissenschaftstheorie eine erhebliche Rolle. Dabei wird nicht zuletzt auf *Humes* Argumente Bezug genommen. Freilich ist *Humes* Terminologie heutigen wissenschaftstheoretischen Ansprüchen kaum gewachsen. „Ursache" z.B. nennt er „einen Gegenstand, dem ein anderer folgt und dessen Erscheinen stets das Denken zu jenem anderen führt" (Untersuchung, 7. Abs., 2. Teil, 93). *Hume* berücksichtigt dabei nicht, daß „sämtliche relevanten Bedingungen" in Betracht gezogen werden müßten, wenn die Verursachung eines Ereignisses adäquat beschrieben werden soll. „Dazu gehören nicht nur die sich gerade ändernden Bedingungen, welche uns besonders in die Augen fallen, sondern auch die konstanten Bedingungen oder Prozesse, ohne die das fragliche Ereignis nicht stattfinden könnte" (*Stegmüller, W.*, 1969b, 433). Dann ist die Ursache eines Ereignisses die „Gesamtheit der Antecedensbedingungen", die eine deduktiv-nomologische Erklärung des Ereignisses ermöglichen (*Stegmüller, W.*, ebd., 434). *Hume* blieb der nicht eindeutigen, alltäglichen Sprachweise verhaftet, wenn er Ursache-Wirkungsbeziehungen i. S. singulärer Kausalzusammenhänge auffaßte; er übersah, daß man die kausale Erklärung eines Ereignisses nicht einfach dadurch erreicht, daß man es auf die ihm vorausgehenden relevanten Tatsachen zurückführt, sondern daß es der zusätzlichen Annahme genereller Kausalgesetze bedarf. *W. Stegmüller* entwickelt – unter Voranstellung des Modells der deduktiv nomologischen Erklärung von *Hempel-Oppenheim* – die Begriffe des Kausalgesetzes, der kausalen Erklärung und des Kausalprinzips. Das kann in diesem Rahmen, in dem es um ein grundsätzliches Verständnis des empiristischen Erkenntnisbegriffs geht, nicht referiert werden. Allerdings sind Präzisierungen der Terminologie *Humes* unumgänglich, wenn seine Überlegungen in die heutige wissenschaftstheoretische Diskussion einbezogen werden sollen (vgl. dazu auch *Brandenstein, B.v./Schöpf, A.*, in *Krings, H.* u.a., Hrsg., 1973/74, 779–798). Im Zusammenhang unserer historisch orientierten Überlegungen dürfte es erlaubt sein, den Argumenten *Humes* wie der anderen hier behandelten Autoren unter weitgehender Beibehaltung ihrer Terminologie zu folgen und auch in der Auseinandersetzung die Nähe zu ihrer Sprachweise zu wahren.

Sinneseindrücke der Fall ist, läßt sich auch für den des Verhältnisses unseres Willens zum Körper feststellen, etwa wenn ich infolge eines Willensaktes meine Gliedmaßen bewege. Auch hier kann von einem Eindruck des Verursachens nicht die Rede sein.

Hume verlagert sodann die Ebene seiner Analyse. Gewiß, es gelingt uns nicht, im Einzelfall den Kausal-Eindruck zu gewinnen. Aber das ist auch nicht der springende Punkt. Nicht die einzelne Kausalbehauptung ist das Primäre, sondern die Annahme einer allgemeinen Regelmäßigkeit, die sich auf die Klasse der Ereignisfolgen bezieht, die jenen in der einzelnen Kausalbehauptung in Frage stehenden Einzelfall in sich enthält. Die Vorstellung einer kausalen Verknüpfung, welche uns bei Auftreten des einen Gegenstandes (Wirkung) mit Notwendigkeit auf den anderen, die Ursache, verweist, stützt sich auf den Sachverhalt, daß „eine besondere Art von Ereignissen immer in allen Fällen im Zusammenhang mit einer anderen aufgetreten ist" bzw. auftritt (Untersuchung, 7. Abs., 2. Teil, 90).

Wenn wir uns nicht scheuen, ein bestimmtes Ereignis E vorauszusagen, dann darum, weil wir E zu einer Ereignisklasse zählen, die – jedenfalls bislang, insoweit wir erfahren haben – immer mit einer anderen Klasse von Ereignissen verbunden war. Wir haben gelernt, das Verhältnis der Ereignisse der beiden Klassen im kausalen Sinne zu interpretieren. Tritt nun ein Ereigniskomplex der „Ursachen"-Klasse auf, so prognostizieren wir E – als das entsprechende Wirkungsereignis. Diese Prognose, soll sie rational begründet werden, impliziert freilich die prinzipielle Annahme, „daß die Zukunft mit der Vergangenheit gleichförmig sein werde" (Untersuchung, 4. Abs., 2. Teil, 46).

Wie aber soll sich das Gleichförmigkeitsprinzip, die allgemeine Annahme, daß die Naturvorgänge konform verlaufen, rechtfertigen lassen? Woher wissen wir, daß die Natur keine Sprünge macht?

Aus Beobachtung und Erfahrung wissen wir nicht mehr, als daß bislang Ereignisse des einen Typs mit Ereignissen vom anderen Typ aufgetreten sind. Die Allaussage, daß „alle untereinander gleichartige(n) Gegenstände stets" – also auch in Zukunft – „mit wieder untereinander gleichartigen zusammenhängen" (Untersuchung, 7. Abs., 2. Teil, 92), eine Aussage, die wir in der einzelnen Kausalbehauptung, also bei der Prognose von E, voraussetzen, könnten wir nur über einen Induktionsschluß rechtfertigen. Dem Induktionsschluß (von einer begrenzten Zahl von Fällen eines bestimmten Typs auf alle möglichen Fälle dieses Typs) müßten wir aber bereits das Gleichförmigkeitsprinzip zugrunde legen, ein Prinzip, das seinerseits nicht von Vernunft wegen zu sichern, sondern nur induktiv zu rechtfertigen wäre. Und das Induktionsprinzip, das uns Schlüsse aus Erfahrung ermöglichte, setzte schließlich die Ursache-Wirkungsbeziehung voraus, die, als allgemeine Behauptung, wiederum der induktiven Sicherung bedürfte.

Kurzum, *Humes* Analyse zeigt, daß wir uns beim Versuch der Rechtfertigung der Möglichkeit von Induktionsschlüssen und des Kausalprinzips in Zirkeln bewegen. Wir müssen danach sowohl vom Begriff kausaler Notwendigkeit Abschied nehmen als auch von der Vorstellung, Erfahrungsschlüsse seien eine Angelegenheit der Vernunft. Das aber heißt zuletzt, daß wir das Ideal der Vollendbarkeit und Gewißheit alles Tatsachenwissens begraben müssen.

Wenn die wichtigsten Aussagen in der empirischen Wissenschaft, die All- oder Gesetzesaussagen sich nicht induktiv rechtfertigen lassen, dann eignet allen erfahrungswissenschaftlichen Erkenntnissen der Charakter der Vorläufigkeit und ständiger Revidierbarkeit.

Humes Überzeugung hat *K. Popper* seiner „Logik der Forschung" zugrunde gelegt. Für *Popper* ist alles erfahrungswissenschaftliche Wissen ein Vermutungs„wissen". „Wir wissen nicht, sondern wir raten" *(Popper, K.,* 1969, 223). Erfahrungswissenschaftliche Vermutungen unterscheiden sich jedoch von metaphysischen dadurch, daß wir sie empirisch überprüfen können. Erfahrungswissenschaftliche Theorien müssen dem Risiko des Scheiterns an der Erfahrung ausgesetzt werden. Zwar können diese Theorien nicht (induktiv) verifiziert, wohl aber falsifiziert werden. Dabei werden nur die Regeln der deduktiven Logik benutzt; denn eine Theorie oder eine (wissenschaftliche) Gesetzeshypothese sind falsifiziert, wenn sie in Widerspruch geraten zu elementaren Erfahrungs- oder „Basissätzen". Wir schließen dann von diesen besonderen Sätzen, die wir zuvor anerkannt haben müssen, auf die Falschheit der allgemeinen Sätze *(Popper, K.,* 1969, 16). Danach ist der empirische Gehalt einer Theorie durch die Klasse ihrer Falsifikationsmöglichkeiten bestimmt *(Popper, K.*, 1969, 53), und jene Theorie ist am empirisch gehaltvollsten, die die meisten Falsifikationsmöglichkeiten besitzt; wir können danach die Theorie als bewährt betrachten, die den Falsifikationsversuchen standhält. *Popper* wird durch die Skepsis *Humes* zu einer deduktivistischen Deutung erfahrungswissenschaftlicher Erkenntnis geführt; *R. Carnap* dagegen hat – trotz *Hume* – den Aufbau einer induktiven Logik vorzunehmen bzw. an einem Induktivismus festzuhalten versucht.*

Humes Probleme sind – und nur darauf sollte mit der voranstehenden Erwähnung *Poppers* und *Carnaps* hingewiesen sein – bis heute nicht zu Ende diskutiert (vgl. *Stegmüller, W.*, 1969b; 1975).

Abschließend noch ein Wort zu *Humes* Naturalismus. *Reichenbach* (1968, 106) spricht mit Bezug auf *Humes* Skepsis von einem „Dilemma des Empiristen". Dieses besteht nach *Reichenbach* darin: Entweder hält der Empirist konsequent an seiner Ausgangsposition fest und verzichtet mit der Möglichkeit der Rechtfertigung der Induktion auf empirische Verallgemeinerungen. Oder aber der Empirist wird inkonsequent und läßt die Möglichkeit von Erfahrungsschlüssen – trotz ihrer logischen Fragwürdigkeit – zu; dann aber verwickelt er sich in heillose Widersprüche. *Hume* glaubt, einem derartigen Dilemma – wenn wir die *Reichenbachsche* Pointierung einmal so stehen lassen – zu entkommen, indem er eine „skeptische Lösung" seiner Zweifel vornimmt (Untersuchung, 5. Abs.). Skeptisch nennt er seinen Ausweg, weil es sich dabei um keine allgemeingültige, für jedes Vernunftwesen als wahr einzusehende (begründete) Lösung handelt, sondern um eine solche, die auf den Bereich der menschlichen Natur beschränkt bleibt. *Humes* These lautet kurz so: Wir Menschen gewöhnen uns im Fortgang unserer Erfahrungen an bestimmte Ereignisfolgen und -zusammenhänge, derart, daß wir dann auch an ihre gesetzmäßige Beziehung glauben; so macht es uns keine Schwierigkeiten, Erfahrungs„schlüsse" zu vollziehen.

Dieser bescheidenen „Lösung" möchte man prima facie zustimmen. Nur – was wird in ihr gelöst? Das Rechtfertigungsproblem bestimmt nicht!

* Die Unterscheidung zwischen „Deduktivisten" *(Popper)* und „Induktivisten" *(Carnap)* findet sich bei *Stegmüller* (1975, 8).

Die Absicht, die Möglichkeit von Erfahrungsschlüssen empirisch-psychologisch, durch Rückgang auf Gewohnheit (custom) und Glaube (belief) – als „Prinzipien“ der menschlichen Natur – lösen zu wollen, heißt zudem, eine petitio principii in Kauf zu nehmen. Die psychologische Erklärung setzt, sofern sie die Möglichkeit kausaler Erklärung aufweisen wollte, bereits dasjenige voraus, was sie begründen möchte; denn die Erklärung der Erwartung, daß Ereignisse der Klasse A mit Ereignissen der Klasse B auch zukünftig verbunden sein werden, aus der Gewohnheit, daß dies bisher immer so war, ist selbst eine kausale Erklärung.

Zwar mag mit der Nennung der Gewohnheit als „Ursache“ unserer Erwartung das Entstehen oder Vorhandensein dieser Erwartung bzw. unseres Kausalglaubens erklärt sein, nicht aber ist damit die Kausalität gerechtfertigt. Die Rechtfertigung wäre nur über die Nennung von Gründen zu leisten, die nicht selbst wieder Bestandteil der psychologischen Erklärung (des Glaubens an kausale Zusammenhänge) sind.

Ein solcher Grund-Satz müßte vielmehr die erkenntnislogische Funktion besitzen, Erfahrung in dem Sinne zu ermöglichen, daß an sie der Anspruch verbindlicher Erkenntnis geknüpft werden kann. Diese Funktion käme etwa dem Satz zu, daß Gegenstände oder Fälle, die noch nicht in der Erfahrung gegeben waren, bestimmten apriorischen Bedingungen genügen müssen, nach denen sie in gesetzmäßiger Beziehung zu den Gegenständen und Fällen stehen, die uns bereits aus Erfahrung bekannt sind. Ein derartiger Grundsatz ist nach *Hume* logisch nicht verbindlich und folglich zur Begründung erfahrungswissenschaftlicher Erkenntnis nicht heranzuziehen.

Wir beenden damit unsere bruchstückhafte Darstellung des empiristischen Erkenntnisbegriffs. Wenn im Titel dieses Kapitels der Empirismus als Auffassung vom induktiven Charakter unseres Wissens bezeichnet wurde, dann ist nunmehr festzustellen, daß das in dieser Auffassung angekündigte Programm aus empiristischen Voraussetzungen nicht erfüllbar ist. Ein radikaler Empirismus ist nach *Hume* mit einer äußerst skeptischen Beurteilung der Grundlagen erfahrungswissenschaftlicher Erkenntnis verbunden.

5. Kants transzendentale Konstitutionstheorie der Erfahrung

Kant sah sich mit zwei gegensätzlichen erkenntnisphilosophischen Positionen konfrontiert, die keine plausible und logisch einwandfreie Beantwortung der Frage zu geben vermochten, wie eine objektive, allgemeingültige Erfahrungserkenntnis überhaupt möglich sei. Seiner eigenen, von ihm als transzendentalphilosophisch bezeichneten Lösung dieser Frage mußte darum eine Auseinandersetzung mit den Ansprüchen von Rationalismus und Empirismus vorausgehen.

Kants Konstitutionstheorie der Erfahrung erwächst so aus einer Synthese der beiden von ihm vorgefundenen Erkenntnisphilosophien, in der zugleich eine kritische Abgrenzung gegen den rationalistischen Dogmatismus und den empiristischen Skeptizismus vorgenommen wird.

Zwar zielt *Kants* Argumentation auf eine Metaphysikkritik bzw. auf eine radikale Bezweiflung gewisser rationalistischer Beweisführungen ab. Aus dem faktischen Mißlingen der Metaphysik folgt für ihn – im Gegensatz zum Skeptizismus – jedoch nicht, daß es diese gar nicht geben könne. Vielmehr stellt *Kant* ausdrücklich die Frage, wie Metaphysik als Wissenschaft möglich sei. Ein positiver Entscheid in dieser Frage ist für ihn unbedingt erforderlich, sofern nicht auf eine Aufdeckung der Bedingungen der Möglichkeit der Erfahrungserkenntnis verzichtet werden soll.

Im Rahmen seiner theoretischen Philosophie beschränkt *Kant* sich zunächst auf die (metaphysische) Erörterung der von ihm für unhintergehbar gehaltenen Vernunftgrundlagen der Erfahrung. Die traditionelle ontologische Frage (der „metaphysica generalis") nach den Strukturen des Seins beantwortet er durch den (transzendentalphilosophischen) Rückgang auf die Strukturen der Vernunft. Die Themen der „metaphysica specialis" dagegen, i. S. einer Erörterung der Sinnererwartungen des Menschen – *Kant* nennt in diesem Zusammenhang die Probleme der Freiheit, der Unsterblichkeit und der Existenz Gottes – gehören für ihn zum Komplex der praktischen Philosophie.

In der Vorrede zur zweiten Auflage der Kritik der reinen Vernunft von 1787 (B VII – B XLIV) hat *Kant* auf den inneren Zusammenhang der theoretischen und praktischen Aspekte seines

Philosophierens aufmerksam gemacht. Er weist dort nachdrücklich darauf hin, daß nur unter Zugrundelegung gewisser theoretischer Unterscheidungen – im Mittelpunkt steht die fundamentale transzendentalphilosophische Differenz von Ding an sich und Erscheinung – von einer praktischen Vernunft und einer das Handeln des Menschen reflektierenden Philosophie sinnvoll die Rede sein kann. Als Erscheinung nämlich steht menschliches Tun und Lassen unter dem Gesetze der Kausalität. Handeln i. S. der Frage: „Was soll ich tun?“ aber ist nur in/aus Freiheit möglich, und die Annahme der Freiheit ist allein im Begriffe des Menschen als eines Dings an sich zu denken. Unter Zugrundelegung der Differenz von Ding an sich und Erscheinung ist nach *Kant* widerspruchsfrei zu denken, daß der menschliche Wille den sichtbaren Handlungen nach unter Naturgesetzen steht, und daß der Mensch dennoch als intelligibles Wesen (bzw. Ding an sich), seinen inneren Entscheidungen nach, frei ist (KrV, B XXVIII).

Wir müssen uns im folgenden nicht nur auf den theoretischen Part von *Kants* Philosophie beschränken, sondern darin auf jene Teilstücke, die in der Kritik der reinen Vernunft mit „transzendentale(r) Ästhetik“ und „transzendentale(r) Analytik“ überschrieben sind und in denen es darum geht, die metaphysischen, sprich transzendentalen Bedingungen der Erfahrung, i.S. objektiver allgemeingültiger Erkenntnis, aufzudecken.

Dabei ist Erfahrung jedoch nicht schlicht mit wissenschaftlicher Erfahrung gleichzusetzen. Der Neukantianismus vor allem – und hier an erster Stelle *H. Cohen** – glaubte, *Kant* spreche von Erfahrung nur im Hinblick auf die naturwissenschaftliche Erfahrung seiner Zeit, d.i. die Physik *Newtons.*** *Kant* habe nichts anderes getan, als die in und von der mathematischen Naturwissenschaft faktisch als gültig vorausgesetzten Prinzipien in ihrer apriorischen, nämlich der physikalischen Begriffs- und Theorienbildung

* *Cohen, H.,* Kants Theorie der Erfahrung. Berlin 1871, 4. A. 1924

** Diese Auffassung findet sich verbreitet auch in heutiger Kantinterpretation. So heißt es z. B. bei *Böhme, H./Böhme, G.,* 1983, (zit. nach der Taschenbuchausgabe, Frankfurt 1985, 280; 320): *Kants* „Erkenntnistheorie . . . geht . . . vom Modell der Physik aus“. „*Kants* Erkenntnistheorie ist eine Theorie naturwissenschaftlicher Erkenntnis.“ Weitere einschlägige Literaturhinweise finden sich bei *Hoppe, H.,* Kants Antwort auf Hume. Kant-Studien 62, 1971, Anm. 7.

vorausliegenden Struktur herauszupräparieren. Dieser Meinung haben seit dem grundlegenden Einspruch von *J. Ebbinghaus** zahlreiche Interpreten widersprochen. *Kant* setzt in Wahrheit, so zeigt *Ebbinghaus*, gar keinen bestimmten Erfahrungssatz als bereits gültig voraus. Vielmehr geht es ihm um die Rechtfertigung jener Sätze, die von allen Gegenständen möglicher Erfahrung – und dazu zählt nicht nur die naturwissenschaftliche, sondern auch die alltägliche Erfahrung – gelten sollen. Wenn *Kant* dabei annimmt, daß die Klasse der Gegenstände möglicher Erfahrung nicht leer ist, so legt er diese Annahme jedoch nicht seinem Rechtfertigungsversuch zugrunde.

Unsere Beschränkung auf die *Kantische* Frage nach den Bedingungen der Möglichkeit der Erfahrung ist also nicht etwa i. S. der Annahme zu verstehen, hier werde lediglich untersucht, wie Erfahrung i. S. mathematischer Naturwissenschaft möglich sei.

Die folgende Erörterung der Überlegungen *Kants* erfolgt in zwei Schritten.

Im ersten soll *Kants* Stellungnahme zu den grundlegenden Thesen des Rationalismus und des Empirismus zur Sprache kommen. Das geschieht auch im Rückblick auf die zwei vorhergehenden Kapitel.

Durch eine Reihe wichtiger Unterscheidungen gelangt *Kant* zur Idee des Transzendentalen und zu der grundlegenden Frage nach der Möglichkeit synthetischer Sätze a priori, um deren Darstellung es im zweiten Schritt geht.

Die Beantwortung der genannten Frage erfolgt bei *Kant* in zwei Stufen, denen nachzugehen ist, nämlich in seiner Lehre von Raum und Zeit als apriorischen Anschauungsformen und in seiner Überzeugung, daß unser Verstand bei der Bildung objektiv gültiger Urteile über Gegenstände der Erfahrung von reinen/erfahrungsfreien Begriffen (Kategorien) und Grundsätzen geleitet ist.

* *Ebbinghaus, J.* Kantinterpretation und Kantkritik. 1924, abgedr. in Gesammelte Aufsätze, Vorträge und Reden. Darmstadt 1968

5.1 Kants kritische Synthese von Rationalismus und Empirismus

Der Rationalismus will alle Erkenntnis – eingeschlossen die von Gegenständen der Erfahrung, insoweit diese einer streng rationalen Betrachtung zugänglich sind – aus erfahrungsfreien, notwendig für wahr zu haltenden Prinzipien begründen.

Der Empirismus ist davon überzeugt, daß die nicht-analytischen Erkenntnisgehalte allein im Ausgang von der Erfahrung gewonnen und gerechtfertigt werden können.

Der Rationalismus weiß nach *Kant* den Schritt aus der Ebene bloß formaler Argumentationen (begriffsanalytischer oder syllogistischer Art) in die Ebene wirklichkeitsbezogenen, erfahrungshaltigen Wissens nicht begreiflich zu machen. Er verfährt dogmatisch, wenn er Sätze über die Wirklichkeit – wobei er zudem eine erfahrungstranszendente, allein der Vernunft zugängliche „Wirklichkeit" unterstellt – aus reinen Vernunftsätzen glaubt ableiten zu können.*

Der Empirismus, zwar auf Daten der Erfahrung bezogen, weiß letzten Endes nicht zu begründen, wie Erfahrungserkenntnis möglich ist, d.h. wie in bezug auf Erfahrungsgegenstände der Objektivitäts- und Allgemeingültigkeitsanspruch unseres Urteilens zu rechtfertigen ist. Der Empirist muß die in derartigen Urteilen zum Ausdruck kommenden Erkenntnisleistungen i.S. von Fakten hinnehmen. Das aber läuft für *Kant* auf einen Skeptizismus hinaus.

Gegen beide Positionen, insofern die eine im Dogmatismus, die andere im Skeptizismus endet, grenzt *Kant* sich ab. Dem Rationalismus gegenüber tritt er ein Stück weit auf die Seite des Empirismus; die reinen, nicht aus Erfahrung stammenden Begriffe des Verstandes bleiben ohne Anschauungsgrundlage „leer" (KrV, B 75). Mit den Rationalisten stimmt *Kant* insoweit überein, als für ihn nicht alle (Erfahrungs-)Erkenntnis aus der Erfahrung „entspringt"

* Dogmatisch in diesem negativen Sinne ist für *Kant* ein „Vernunft"-Verfahren, mit bloßen Begriffen über die Grenzen der Erfahrung hinausgelangen zu wollen, ohne das „Vermögen der Vernunft" einer vorhergehenden Kritik zu unterziehen (KrV, B XXXVf.). Davon grenzt *Kant* einen positiven Sinn von „dogmatisch" ab, insofern die Vernunft als reine Erkenntnis „jederzeit dogmatisch, d.i. aus sicheren Prinzipien a priori strenge beweisend sein" muß (KrV, B XXXV).

(KrV, B 1). Vielmehr bedürfen die Anschauungen, sollen sie nicht „blind" bleiben (KrV, B 75), der reinen Begriffe i. S. von Vorstellungen, die im Subjekte, „im Gemüte a priori bereitliegen" (KrV, B 34).

Kant hält an einem Begriff von Metaphysik fest, in dem die Erfahrung auf ihre (Vernunft-)Bedingungen hin hinterfragt wird. Er definiert, schon in der vorkritischen Zeit, „die Metaphysik (als) eine Wissenschaft von den Grenzen der menschlichen Vernunft".* Insoweit *Kants* Idee des Transzendentalen eine Synthese von Rationalismus und Empirismus zugrunde liegt, dürfte ein Blick in einige Schriften der vorkritischen Zeit von Nutzen sein, in denen *Kant* sich auf die beiden Positionen bezieht.

In einem Bändchen von 1762: „Die falsche Spitzfindigkeit der vier syllogistischen Figuren" polemisiert *Kant* gegen die dogmatische Schulmetaphysik seiner Epoche.

Bloße Begriffs- und Grund-Folge-Beziehungen bringen keinen Schritt weiter in der Erkenntnis der Wirklichkeit. Sie sind allein am Identitäts- und Widerspruchssatz orientiert, wonach in einem bejahenden Urteil die Übereinstimmung des Prädikatsbegriffs mit dem Subjektsbegriff, in einem verneinenden Urteil dagegen die Nichtvereinbarkeit des Prädikats mit dem Subjekt festgestellt wird und alle Urteile als falsch verworfen werden, die den Forderungen der Identität und der Widerspruchsfreiheit nicht genügen. Alle bloß formalen Argumentationen führen über die analytischen Beziehungen von Begriffen und Sätzen nicht hinaus.

Um gegenständliche Erkenntnis zu fundieren, bedarf es, wie *Kant* sich später, in der Kritik der reinen Vernunft unter dem Titel der „Idee einer transzendentalen Logik" ausdrückt, einer Logik, die gerade nicht „von allem Inhalt der Erkenntnis . . . abstrahiert", sondern die „die Regeln des reinen Denkens eines Gegenstandes enthielte" (B 79f.).

Kant spricht sich selbstverständlich nicht gegen die allgemeine (formale) Logik aus, sondern nur gegen ihren falschen Gebrauch, d.i. gegen das rationalistische Wagnis, mit bloßer Logik „über Gegenstände zu urteilen" (KrV, B 85). Gewiß muß alles Denken „dem obersten Grundsatze aller analytischen Urteile", dem Satz

* Träume eines Geistersehers, erläutert durch Träume der Metaphysik. (1766), hg. von *R. Malter,* Stuttgart 1976, 76f., (zit.: „Träume")

des Widerspruchs, genügen (KrV, B 190); jedoch ist damit, daß „eine Erkenntnis der logischen Form völlig gemäß" ist, d.i. sich selbst nicht widerspricht, noch keineswegs entschieden, ob sie auf den Gegenstand zutrifft oder nicht (KrV, B 84). Die Kriterien der formalen Logik enthalten nur „die negative Bedingung aller Wahrheit" (ebd.), und es bedarf darüber hinaus einer materialen (-transzendentalen) Logik, die ebenso a priori gültig ist wie die formale und deren Begriffe sich dennoch auf wirkliche Gegenstände (der Anschauung) beziehen.

Diese Überlegungen sind bei *Kant* mit den Unterscheidungen von analytischen und synthetischen sowie apriorischen und aposteriorischen Urteilen verbunden und führen ihn schließlich zu der grundlegenden Frage, wie synthetische Urteile a priori möglich sind.

In einer weiteren Schrift von 1764 mit dem Titel: „Versuch, den Begriff der negativen Größen in die Weltweisheit einzuführen" kommt *Kant* erneut auf die Unterscheidung formal-analytischer und gegenstandsbezogener Erkenntnis zu sprechen. Formales, den Widerspruchssatz anlegendes Denken nimmt – im disjunktiven Urteil – von einer Sache an, entweder es gelte von ihr a oder es gelte non-a. Ein Körper ist entweder in Ruhe oder nicht. Ein Drittes gibt es nicht. Dabei ist es eine Tatsache, daß ein und derselbe Körper einerseits (im Verhältnis zum Körper K1) in Ruhe und andererseits zugleich (im Verhältnis zum Körper K2) in Bewegung sein kann. Im disjunktiven Urteil kann diese Tatsache offenbar nicht adäquat ausgedrückt werden; es wird als negativ (non-a) ausgesperrt, was in der Tatsachenerkenntnis einen positiven Stellenwert hat. Die Erkenntnis von Gegenständen läßt sich, so hat es den Anschein, nicht einfach über den Leisten formallogischen Denkens spannen. Das formale Denken stellt jedenfalls keine zureichende Erklärungsgrundlage für das konkrete, reale Geschehen dar. Grund-Folge-Beziehungen sind mit Ursache-Wirkungsbeziehungen nicht in einen Topf zu werfen.

Es ist hier daran zu erinnern, daß im Rationalismus *(Leibniz)* hinsichtlich des Satzes vom zureichenden Grunde eine merkwürdige Uneindeutigkeit bestand. Einerseits wurde dieser Satz im ontologischen Sinne als allgemeines Kausalprinzip ausgelegt. Andererseits wurde daran festgehalten, daß es sich bei dem Satze um ein reines Vernunftprinzip handle. Mit dieser Doppelrolle des

Satzes vom zureichenden Grunde räumt *Kant* auf. Versteht man diesen Satz als rein logischen Grundsatz – z.B. auch i.S. der Forderung, nur deduzierte Sätze als wahr, weil zureichend begründet, anzuerkennen – dann hat er mit der Erkenntnis realen Geschehens nur mehr indirekt zu tun.

Der *Kant* der sechziger Jahre ist allerdings noch nicht so weit, den Satz vom zureichenden Grunde ganz anders, nämlich als Grundsatz der Kausalität zu bestimmen, als „Grund möglicher Erfahrung, nämlich der objektiven Erkenntnis der Erscheinungen, in Ansehung des Verhältnisses derselben, in Reihenfolge der Zeit" (KrV, B 246), d.i. als synthetischen Grundsatz a priori, einen Grundsatz also, der nicht – wie die Rationalisten glaubten – aus dem Satz vom Widerspruch abzuleiten ist (Prol. § 3). Der *Kant* der sechziger Jahre ist vielmehr geneigt, ganz auf die Seite des Empirismus und *Humes* zu treten. Urteile über Gegenstände, zu denen vom formallogischen Denken her kein Weg führt, lassen sich nach empiristischer Überzeugung nur aus der Erfahrung rechtfertigen. In den „Träumen" von 1766 macht *Kant* sich diese Überzeugung weitgehend zu eigen. *Kant* parallelisiert darin gewisse, von ihm als „Träume" apostrophierte Behauptungen des Geistersehers *Swedenborg* mit den Träumen der spekulativen Metaphysik.* Metaphysik, insofern sie „jenseits" der Erfahrung zu gegenständlichen Erkenntnissen über das innere Wesen der Substanzen zu gelangen sucht, ist ein Unding.** Eben dies, mit bloßen Begriffen derartige Erkenntnisse gewinnen zu wollen, nennt *Kant* dogmatisch.

* *Kants* Interesse an Person und Lehre *Swedenborgs* und die Umstände des Entstehens der Schrift sind von ihm selbst im Vorbericht und in Briefen (u. a. an *Charlotte v. Knobloch* v. 10.8.1763 und *Moses Mendelssohn* v. 8.4.1766) dargelegt worden. Vgl. dazu auch die Literaturangabe der von *R. Malter* herausgegebenen Ausgabe, S. 87f. *Böhme, H./Böhme, G.* (TB Ausgabe 1985, 250ff.) vermuten psychologisierend, *Kant* habe in *Swedenborg* „eine Art Zwillingsbruder", „das Gegenbild seiner selbst", „das Andere seiner Vernunft" erblickt, und es sei für den Aufklärer *Kant* geradezu über-„lebenswichtig" gewesen, sich von den spiritistischen Gedanken dieses Irrationalisten loszusagen. Daß *Kant* in den „Träumen" tatsächlich emotionaler und persönlich engagierter erscheint als in seinen anderen Schriften, davon kann man sich leicht durch Lektüre überzeugen.

** Als spekulativ im engeren Sinne bezeichnet *Kant* „eine theoretische Erkenntnis . . ., wenn sie auf einen Gegenstand, oder solche Begriffe von

Dem Begriff von schlechter Metaphysik setzt er seinen kritischen Begriff der „Wissenschaft von den Grenzen der menschlichen Vernunft" entgegen (Träume, 76f.). Die skeptische Einschätzung der Metaphysik teilt *Kant* mit *Hume*, von dem es in den Prolegomenen (Vorrede) heißt, er, *Hume* sei es gewesen, der seinen, *Kants* dogmatischen Schlummer unterbrochen habe.*

Hume hatte (Unters., 1. Abs., 9ff.) von der Metaphysik als dem „Ergebnis fruchtloser Anstrengungen der menschlichen Eitelkeit" gesprochen, aber auch davon, daß es gelte, „die echte Metaphysik . . . (zu) pflegen, um die unechte . . . zu zerstören". „Echte Metaphysik" läuft für *Hume* zuallererst auf eine Untersuchung der „Natur" des menschlichen Verstandes hinaus.

Nach *Hume* haben wir keinen Grund zu der Annahme, unser Verstand enthalte apriorische Bedingungen zur Erfahrungser-

* *Kants* Beziehung zu *Hume*, auf die er vor allem in den Prolegomenen, aber auch in der Kritik der reinen Vernunft wiederholt zu sprechen kommt, ist nach *Holzhey, H.*, 1970, 144ff., historisch nur schwer zu unterbauen. Ganz zum Abschluß der Kritik der reinen Vernunft (B 884) ordnet *Kant* „den berühmten *Wolf*" der dogmatischen, *Hume* der skeptischen Methode zu. Wie die dogmatische Methode durch die skeptische überwunden worden sei, so sei die skeptische durch die kritische Methode zu überschreiten. In dem Dreischritt: dogmatisch-skeptisch-kritisch charakterisiert die Rede vom Erwachen aus dogmatischem Schlummer jene mittlere Position der Bezweiflung des Vermögens unserer Vernunft, von ihren Grundsätzen „einen über alle Erfahrung hinausgehenden Gebrauch zu machen" (KrV, B 788). Damit ist freilich die kritische, transzendentale Positition noch nicht erreicht. Vgl. KrV, B 789, wo *Kant* die dogmatische Position als Kindesalter der Vernunft bezeichnet. Über den zweiten Schritt der skeptischen Urteilskraft hinaus sei aber noch der dritte der gereiften Urteilskraft, eben die Kritik der reinen Vernunft, erforderlich.

---

einem Gegenstande, geht, wozu man in keiner Erfahrung gelangen kann" (KrV, B 662). Diese erfahrungstranszendente Position ist freilich der erfahrungsimmanenten in gewisser Weise analog. Beide Positionen, die empiristische wie die rationalistische, glauben, das jeweils Gegebene – seien es die Inhalte der Sinneserfahrung, seien es vermeintlich transzendente Gegenstände – unmittelbar, durch Sinneseindrücke oder durch bloße Begriffe, erreichen zu können. Die transzendentale Betrachtungsweise wird sich gegen beide Seiten dadurch abgrenzen, daß sie sich nicht unmittelbar auf Gegenstände bezieht, sondern nach den Bedingungen der Möglichkeit gegenständlicher Erkenntnis überhaupt fragt.

kenntnis. In diesem Punkte wird sich die Kritik der reinen Vernunft von *Hume* absetzen. In den sechziger Jahren freilich ist von einem synthetischen Apriori noch keine Rede. Vielmehr sind alle unsere Urteile über Existierendes und real Geschehendes nur aus der Sinneserfahrung zu rechtfertigen, wie *Kant* im Stil eines Empiristen glaubt annehmen zu müssen. Auch der Rekurs auf die sogenannte innere Erfahrung hilft hier nicht weiter (Träume, 2. Teil, 3. Hst., 80f.; vgl. *Hume*, Unters., 7. Abs., 79ff.).* Freilich ist *Kant* – bei aller mit den Empiristen gemeinsamen Skepsis gegenüber den Ansprüchen der dogmatischen Metaphysik – bei den empiristischen Ansichten nicht stehen geblieben. Er grenzt sich vielmehr gegen die empiristische Erkenntnisphilosophie durch seine Lehre von den apriorischen Bedingungen der Erfahrungserkenntnis ab. Diesem Schritt über das skeptische Denken hinaus zum kritisch-transzendentalen liegen die folgenden Unterscheidungen zugrunde.

5.1.1 Analytische und synthetische, apriorische und aposteriorische Urteile

Die Unterscheidung zwischen analytischen und synthetischen Urteilen, die für den *Kant* der vorkritischen Zeit mit der zwischen formallogischen und empirischen (Tatsachen-)Urteilen zusammenfällt, wird in der Einleitung zur Kritik der reinen Vernunft wie folgt erläutert: „In allen Urteilen, worinnen das Verhältnis eines Subjekts zum Prädikat gedacht wird, . . . ist dieses Verhältnis auf zweierlei Art möglich. Entweder das Prädikat B gehört zum Subjekt A als etwas, was in diesem Begriffe A (versteckterweise) enthalten ist; oder B liegt ganz außer dem Begriff von A, ob es zwar mit demselben in Verknüpfung steht. Im ersten Fall nenne ich das Urteil analytisch, in dem anderen synthetisch“ (B 10).

Analytische Urteile nennt *Kant* auch bloße Erläuterungsurteile, die synthetischen dagegen Erweiterungsurteile. Erläuterungsurteile fügen dem Subjektsbegriff im Prädikat nichts hinzu, sondern gewinnen letzteres durch bloße Zergliederung des ersten in seine

* *Holzhey, H.,* (1970, 157) meint, bei aller Ähnlichkeit der *Kantschen* Argumente der sechziger Jahre mit denen *Humes* sei doch festzustellen, daß *Kant* in der Aneignung *Humescher* Gedanken hinter deren Tragweite eher zurückgeblieben sei. Denn *Kant* bestehe zu dieser Zeit lediglich auf der empirischen Erkenntnis von Kausalbeziehungen und mache nicht, wie *Hume*, die Kausalität selbst zum Problem.

Teilbegriffe; dagegen erweitert das synthetische Urteil den Subjektsbegriff durch ein Prädikat, das in jenem noch nicht mitgedacht ist (KrV, B 11). Ein analytisches Urteil enthält der Satz: Alle Körper sind ausgedehnt. Mache ich mir die im Begriff Körper gelegenen Teilbegriffe bewußt, so erhalte ich das Prädikat der Ausdehnung. Dagegen handelt es sich nach *Kant* um ein synthetisches Urteil, wenn ich sage: Alle Körper sind schwer. „Schwer" ist kein bereits im Begriff des Körpers mitgedachtes Prädikat.

Wenn ich einen Satz analytisch wahr nenne, dann will ich damit sagen, daß sein Wahrheitsanspruch allein mit Hilfe der elementaren logischen Gesetze sowie unter Zugrundelegung der Bedeutungsregeln jener Sprache, in der der Satz formuliert ist, entschieden werden kann. Synthetische Urteile dagegen sind nicht auf diese formale Weise entscheidbar.

Die Differenz zwischen analytischen und synthetischen Urteilen ist – neben der von apriorischen und aposteriorischen Urteilen – für *Kants* Überlegungen fundamental.

In den von *Kant* um 1793 verfaßten und unmittelbar nach seinem Tode von *Reicke* herausgegebenen Manuskripten zur Beantwortung der Preisfrage: „Welches sind die wirklichen Fortschritte, die die Metaphysik seit *Leibnizens* und *Wolffs* Zeiten in Deutschland gemacht hat?" heißt es (Erste Abtlg.: „Geschichte der Transzendentalphilosophie unter uns in neuerer Zeit"):

„Der erste Schritt, der in dieser Vernunftforschung geschehen ist, ist die Unterscheidung der analytischen von den synthetischen Urteilen überhaupt. – Wäre diese zu *Leibnizens* oder *Wolffs* Zeiten deutlich erkannt worden, wir würden diesen Unterschied irgend in einer seitdem erschienenen Logik oder Metaphysik, nicht allein berührt, sondern auch als wichtig eingeschärft finden . . ."*

Die Unzulänglichkeiten der spekulativen Metaphysik hängen nach *Kant* vor allem mit der unzureichenden und zu nachlässig gehandhabten Differenzierung von analytischen und synthetischen Urteilen zusammen. Darauf eben läuft die metaphysische Verwirrung hinaus, von den analytischen Urteilen einfach zu den synthetischen überzugehen.

Der eigentliche Differenzpunkt zwischen analytischen und syn-

* Zit.: *Kopper, J.,* Die Stellung der Kritik der reinen Vernunft in der neueren Philosophie. Darmstadt 1984, 1

thetischen Urteilen besteht darin, daß sich das analytische Denken, in dem nach *Kant* übrigens ein großer, wenn nicht der größte Teil des Geschäfts der Vernunft besteht, allein auf die „Zergliederungen der Begriffe" beschränkt, „die wir schon von Gegenständen haben" (KrV, B 9). Die gegenständliche Beziehung des Begriffs bleibt dabei ausgeblendet, oder aber der Begriffsanalytiker, als Repräsentant rationalistischer Metaphysik, glaubt, im Begriff sei ihm zugleich dessen Gegenstand gegeben. Dagegen haben wir es in synthetischen Urteilen mit Begriffen zu tun, auf die wir die Sinneseindrücke beziehen bzw. unter die wir diese Eindrücke ordnen. Durch solche Begriffe gelangen wir also überhaupt erst zu Objekten; durch sie entsteht erst eigentlich der Gegenstand der Erfahrung *(Cassirer, E.,* Bd. 2, 1974, 674ff.).

Eine zweite Unterscheidung, von der in der Einleitung zur Kritik der reinen Vernunft die Rede ist, ist die von Erkenntnissen a priori und a posteriori.

A posteriori nennt *Kant* die im engeren Sinne empirischen Erkenntnisse, insofern diese „vom Späteren", von der Sinneserfahrung abstammen.

A priori heißt bei *Kant* dagegen die reine, weil von Sinneseindrücken freie, also „vom Früheren" her, vor aller Erfahrung – nicht nur „von dieser oder jener, sondern . . . schlechterdings von aller Erfahrung unabhängig" – begründete Erkenntnis (KrV, B 3).

Erkenntnisse a priori zeichnen sich durch zwei Merkmale aus: „Notwendigkeit und strenge Allgemeinheit", „so daß gar keine Ausnahme als möglich verstattet wird" (KrV, B 4).

Dagegen können nach *Kant* Erkenntnisse aus bloßer Erfahrung – und der Empirismus geht ja von der Überzeugung aus, daß Erkenntnisse über Gegenstände der Wirklichkeit ausschließlich Erkenntnisse a posteriori sind – als solche niemals strenge Allgemeinheit, Allgemeingültigkeit, erreichen, sondern eine nur „komparative Allgemeinheit (durch Induktion)" (KrV, B 3). Sätze a posteriori, für sich genommen, können den Status von – aus der Konstatierung einzelner Tatbestände gewonnenen – Generalisationen prinzipiell nicht überschreiten und bleiben also, bei sich ändernder Erfahrungsbasis, immer revidierbar.

Die Unterscheidung: analytisch-synthetisch betrifft die Frage der Berechtigung der Verknüpfung eines Prädikats- mit einem

Subjektsbegriff* – wobei sich für *Kant* das Problem ergibt, wie diese Verknüpfung im synthetischen Urteil strenge Allgemeinheit erreichen kann, ein Problem, das bei analytischen Urteilen, in denen diese Verknüpfung ja „durch Identität . . . gedacht wird“ (KrV, B 10), gar nicht auftreten kann.

Dagegen bezieht sich die Unterscheidung: a priori – a posteriori auf die Frage der Quellen, des „Entspringens“ unserer Erkenntnisse.

Damit nun hat *Kant* die entscheidende Frage seiner Erkenntnisphilosophie vorbereitet. Wenn nämlich alle nicht-analytischen Erkenntnisse – und allein solche sind hier von Belang, denn rein analytische Fragestellungen können, im Rahmen der formalen Logik verbleibend, keine gegenständliche Erkenntnis leisten – Erkenntnisse a posteriori wären, dann liefe dies für *Kant* auf das Scheitern von Wissenschaft, i. S. allgemeingültiger Urteile über die Wirklichkeit, hinaus. Wissenschaft wäre dann „ein bloßes Herumtappen“ (KrV, B VII).

Kant verbindet mit „Wissenschaft“ die Idee eines nach notwendigen Gesetzen zusammenhängenden Systems, wobei die „Form eines Ganzen der Erkenntnis . . . der bestimmten Erkenntnis der Teile vorhergeht“. „Diese Idee postuliert demnach vollständige Einheit der Verstandeserkenntnis, wodurch diese nicht bloß ein zufälliges Aggregat, sondern ein nach notwendigen Gesetzen zusammenhängendes System wird“ (KrV, B 673). Sollen Sätze, gerade solche, die sich auf Erfahrungsgegenstände beziehen, als wissenschaftliche qualifiziert werden, dann müssen in ihnen die gesetzmäßigen Beziehungen ihrer Gegenstände ausgedrückt sein; solchem Vereinheitlichen des Mannigfaltigen (des sinnlich Gegebenen) aber liegen zuletzt, wie *Kant* meint, notwendige Grund-Sätze zugrunde. Aus dem *Kantschen* Wissenschaftsbegriff, den man für (zu) anspruchsvoll gehalten hat**, folgt, daß bloß aposteriorische Erkenntnisse als solche nicht wissenschaftlich genannt

* *Kants* Definition analytischer und synthetischer Urteile entspricht auf sprachlicher Ebene der Subjekt-Prädikatsatz; Urteile anderer sprachlicher Struktur, wie z. B. Wenn-dann-Urteile, werden nicht berücksichtigt (vgl. *Höffe, O.*, 1983, 56; *Bröcker, W.*, 1970, 16).

** *Röd, W.* (1974, 37 f.) sieht *Kant* dem rationalistischen Wissenschaftsideal verpflichtet, einem Ideal, nach dem Wissen mit Gewißheit verknüpft ist.

werden können. Sie müßten vielmehr, wie *Kant* meint, von schlichten Wahrnehmungsurteilen nur subjektiver Bedeutung in eigentliche Erfahrungsurteile, als Aussagen von objektiver Allgemeingültigkeit, umgewandelt werden.

Die in § 18 der Prolegomenen sich findende Unterscheidung von Wahrnehmungs- und Erfahrungsurteilen läuft auf eine weitere und eine engere, prägnantere Bedeutung von „Erfahrung" hinaus.

In weiterer Bedeutung heißt Erfahrung Wahrnehmung, Anschauung, Beobachtung beliebiger Dinge in der Zeit.

Wenn ich gerade jetzt etwas wahrnehme, dann gilt mein Urteil über den Wahrnehmungsbefund zunächst nur für mich. Ich sehe, wie die Blätter des Baumes sich bewegen; ich lehne mich aus dem Fenster und spüre den Wind. Die Gesichts- und Tastempfindungen sind, für sich genommen, nur subjektive Zustände (meines Bewußtseins), und mein Urteil: „Wenn der Wind weht, bewegen sich die Blätter" stellt lediglich eine Verallgemeinerung gewisser von mir erfahrener, also subjekt-zufälliger Zusammenhänge dar. Solche Urteile nennt *Kant* Wahrnehmungsurteile.

Erfahrungsurteile im prägnanteren Sinne besitzen nach *Kant* den Charakter objektiver Gültigkeit, der sich bei bloßen Wahrnehmungsurteilen gerade nicht findet. Damit aus Wahrnehmungsurteilen Erfahrungsurteile werden können, brauchen wir nicht nur das Bewußtsein gewisser Empfindungs- (oder Wahrnehmungs-)zustände in zeitlichem Zusammenhang, wir müssen diese subjektiven Zustände vielmehr auf Objekte beziehen, die als etwas von den subjektiven Erlebniszuständen Verschiedenes beurteilt werden. Eine derartige Beurteilung kann sich nach *Kant* nicht auf eine Einsicht in das Wesen der Dinge stützen, wie sie an sich selbst sind. Objektivität und Objektbezogenheit unserer Urteile haben ihren Grund vielmehr in der Konstitution der Gegenstände gemäß den apriorischen Prinzipien der Anschauung und des Denkens. Diesen Prinzipien ist unsere Erfahrung zuzuordnen, sollen Erfahrungsurteile, nicht bloße Wahrnehmungsurteile, möglich sein. Durch sie wird die ungeordnete Mannigfaltigkeit subjektiv gegebener Empfindungen in bestimmter, konstanter, für alle Subjekte gleicher Weise geordnet, derart, daß das so Geordnete als – dem empirischen Ich gegenüber – unabhängiger Gegenstand erscheint.

Kant erläutert den Unterschied von Wahrnehmungsurteil und Erfahrungsurteil in einer Anmerkung zu § 20 der Prolegomenen.

Das Urteil: Wenn die Sonne den Stein bescheint, so wird er warm, gilt nur im Hinblick auf die gewöhnlich so verbundenen Wahrnehmungen. Dagegen lege ich den Verstandesbegriff der Ursache zugrunde, wenn ich sage: Die Sonne erwärmt den Stein; mittels des Kausalbegriffs, durch den wir das Prädikat Erwärmen (des Steins) mit dem Begriff des Sonnenscheins verknüpft denken, wird das „synthetische Urteil . . . notwendig allgemeingültig, folglich objektiv und aus einer Wahrnehmung in Erfahrung verwandelt".

Kant bezieht sich in § 19 der Prolegomenen noch auf andere, allerdings problematischere Beispiele, die zeigen, daß es gar nicht so leicht ist, Wahrnehmungsurteile zu nennen, die in Erfahrungsurteile überführt werden könnten.*

Das Problem der Überführung von Urteilen bloß subjektiver Geltung in solche objektiver Gültigkeit mündet bei *Kant* in die Frage: „Wie sind synthetische Urteile a priori möglich?" (Prol. § 5).

Theoretische Wissenschaften – wie Mathematik und Naturwissenschaften – müßten, sollen sie als Wissenschaften möglich sein, derartige „synthetische Urteile als Prinzipien enthalten" (KrV, B 14).

Die Antwort auf die genannte Frage kann nicht in den Einzelwissenschaften fallen, sondern muß diesen voraus erfolgen. Dazu ist nur eine Metaphysik nicht-spekulativer Art, als Wissenschaft von der Vernunft – i. S. der Frage, wie Erkenntnis aus reiner Vernunft möglich ist (Prol. § 5) – fähig. *Kants* Frage nach der Möglichkeit synthetischer Sätze a priori läuft dann zugleich auf die Parallelfrage hinaus, wie Metaphysik als Wissenschaft möglich ist (Prol. § 60). Sie ist nach *Kant* nur als Transzendentalphilosophie möglich.

* *W. Röd,* 1974, 35f., neigt der Ansicht *J. Bennetts* (Kant's Analytic, Cambridge 1966, 133) zu, nach der *Kant* in seiner allgemeinen Definition des Urteils (KrV, B 142): „Ein Urteil, d.i. ein Verhältnis, das objektiv gültig ist" die Unterscheidung von Wahrnehmungs- und Erfahrungsurteilen grundsätzlich aufgegeben hat. Jedoch macht *Kant* den Unterschied des Urteilens i. S. bloß empirisch-assoziativer Art und i. S. objektiv gültiger Erkenntnis ausdrücklich klar, geht es ihm doch in seiner Erfahrungstheorie gerade um die Prinzipien eines erkenntnisgemäßen Urteilens. Und er setzt sich von *Humes* Assoziationstheorie ab; diese vermöge zwar Aussagen i. S. von Wahrnehmungsurteilen (einer „bloß subjektiven Notwendigkeit"), nicht aber i. S. von Erfahrungsurteilen zu rechtfertigen (KrV, B 5; vgl. B 19f.; B 127f.).

5.1.2 Der Begriff des Transzendentalen

Kant verbindet mit dem Ausdruck „transzendental" (vom lat. transcendere: [eine Grenze] überschreiten) die Vorstellung einer (erkenntnisphilosophischen) Argumentationsmethode, welche die Beantwortung der Frage nach den Bedingungen der Möglichkeit der Erkenntnis zu beantworten ermöglicht.* Er definiert in der Einleitung zur Kritik der reinen Vernunft (B 25) wie folgt: „Ich nenne alle Erkenntnis transzendental, die sich nicht sowohl mit Gegenständen, sondern mit unserer Erkenntnisart von Gegenständen, insofern diese a priori möglich sein soll, überhaupt beschäftigt. Ein System solcher Begriffe würde Transzendentalphilosophie heißen."

Nicht also will die transzendentale Methode, wie die empirische, unmittelbar von den Gegenständen der Sinneserfahrung ausgehen, sondern sie sucht herauszufinden, aus welchen Vernunftbedingungen ein erkenntnismäßiger Gegenstandsbezug, Erfahrungserkenntnis überhaupt möglich ist, wie Vorstellungen, obwohl sie nicht empirischen Ursprungs sind, „sich gleichwohl a priori auf die Gegenstände der Erfahrung beziehen können" (KrV, B 81).** Im Anhang der Prolegomenen – „Probe eines Urteils über die Kritik,

* Dem auf *Kant* zurückgehenden, spezifisch neuzeitlichen (erkenntnis- und sprachphilosophischen) Gebrauch des Terminus „transzendental" geht in der scholastischen Philosophie eine andere, nämlich ontologische Bedeutung vorher. Die Scholastiker sahen als Transzendentalien jene (ontologischen) Prädikate an, die allem Seienden als solchen (in Absehung von näheren Differenzierungen einzelner Arten des Seienden) zukommen sollten, und sie gelangten zu der Grundbehauptung: Omne ens est unum, verum, bonum. Die rationalistischen Philosophen vor *Kant* benutzten dann den Ausdruck „transzendental" in einer z. T. ontologischen, z. T. im engeren Sinne erkenntnisphilosophischen Bedeutung. Zur Begriffsgeschichte vgl. *Hinske, N.,* Die historischen Vorlagen der *Kantischen* Transzendentalphilosophie, in Arch. f. Begriffsgesch. XII, 1968. Die Diskussion um Eigenart und Leistungsfähigkeit transzendentaler Argumente ist bis heute aktuell. Vgl. *Schaper, E.,/Vossenkuhl, W.,* Hrsg., Bedingungen der Möglichkeit. „Transcendental Arguments" und transzendentales Denken. Stuttgart 1984.

** *Höffe, O.* (1983, 66) weist mit Recht darauf hin, daß hier die ontologische und die erkenntnistheoretische Bedeutung des Begriffs „transzendental" miteinander verschränkt sind.

das vor der Untersuchung vorhergeht“* – findet sich eine weitere, den Ausdruck „transzendental“ kennzeichnende Bemerkung *Kants*. *Kant* fühlte sich durch eine, von ihm als Vorwurf aufgenommene Bemerkung *(Ch. Garves)* mißverstanden, in der es hieß, die Kritik vertrete einen „transzendentellen, höheren Idealismus“. *Kant* wehrt sich dagegen mit der trockenen Bemerkung: „Mein Platz ist das fruchtbare Bathos der Erfahrung“ (Prol. A. 373, Anm.)**. Und er fährt fort: „und das Wort transzendental . . . bedeutet nicht etwas, was über alle Erfahrung hinausgeht, sondern was vor ihr (a priori) zwar vorhergeht, doch zu nichts Mehrerem bestimmt ist, als lediglich Erfahrungserkenntnis möglich zu machen. Wenn diese Begriffe die Erfahrung überschreiten, dann heißt ihr Gebrauch transzendent, welcher von dem immanenten, d.i. auf Erfahrung eingeschränkten Gebrauch unterschieden wird . . .“

Kant grenzt hier die transzendentale Verwendung von Vorstellungen gegen ihren transzendenten wie bloß immanenten Gebrauch ab, womit er seine Theorie sowohl der rationalistischen Metaphysik als auch dem Empirismus entgegenstellt.

Dem bloß immanenten Gebrauch nach wurzeln Begriffe, die im Rahmen der Erfahrungserkenntnis Verwendung finden, in der Sinneserfahrung, als dem unmittelbaren, sinnlich Gewissen, und wir gelangen so, durch methodische Abstraktionen, über relative Generalisierungen nicht hinaus. Eine Fundierung der Erfahrung als Erkenntnis ist nach *Kant* auf diesem Wege unmöglich.

Der transzendente Gebrauch von Begriffen geht von der irrigen Annahme aus, unseren Begriffen könne auch jenseits der Erfahrung eine objektive Bedeutung zukommen, was die (erfahrungsmäßig) prinzipiell unüberprüfbare Annahme (der Existenz) eines inneren Wesens der Substanzen impliziert.

Formal ähneln beide Positionen einander; beide glauben, die (erfahrungsimmanenten oder -transzendenten) Gegenstände seien jeweils – in Eindrücken oder in Vernunftbegriffen – unmittelbar

* In den Göttingischen gelehrten Anzeigen vom 19. Januar 1782 war eine Besprechung der 1781 veröffentlichten Kritik der reinen Vernunft erschienen. Der Rezensent wurde nicht genannt; es war – wie sich bald herausstellte – der Popularphilosoph *Ch. Garve*. *Kant* reagierte unter obigem Titel auf diese Rezension.

** Bathos = Tiefe, Ebene

gegeben. Von diesem doppelten Mißverständnis setzt *Kant* seine Theorie der transzendentalen Erkenntnis ab. Diese Erkenntnis ist nicht unmittelbar auf Gegenstände, sondern auf die „Erkenntnisart von Gegenständen, insofern diese a priori möglich sein soll", bezogen. Die transzendentale Reflexion auf die Möglichkeit von Erfahrungserkenntnis kann nicht selbst wieder erfahrungsabhängig sein; sie ist apriorisch und zugleich, als Fundierung gegenständlicher Erkenntnis, synthetisch.

Das Wörtchen „a priori" weist also hier beileibe nicht auf die Möglichkeit einer erfahrungstranszendenten, spekulativ-metaphysischen Erkenntnis hin. Apriorisch ist diese Reflexion vielmehr deshalb, weil sie diejenigen Begriffe und Grundsätze gewinnen will, die die Erfahrung als Erkenntnis erst ermöglichen. Die (Vernunft-)Bedingungen der Gegenstandserkenntnis gelten jedoch nur im Hinblick auf Urteile über Gegenstände; sie haben einen gegenstandskonstitutiven, synthetischen Charakter. In der transzendentalen Reflexion werden keine empirischen Sachverhalte in Frage gestellt, schon gar nicht die Tatsache, daß alle konkreten Er-Kenntnisse von Gegenständen jeweils innerhalb der Empirie zustande kommen. Es geht in ihr nur um die „Quaestio iuris" der (nicht mehr relativierbaren) Rechtfertigung des Objektivitäts- und Gültigkeitsanspruchs unserer Erkenntnis (KrV, B 116).

Die oben angeführte Rede vom fruchtbaren Bathos der Erfahrung spielt auf die nicht-empirische (apriorische) Tiefendimension der Erfahrung an. Nicht „jenseits" im Transzendenten forscht die Transzendentalphilosophie, sondern sie sucht die Erfahrung auf ihre nicht-empirischen Bedingungen hin zu durchsteigen, „die nicht-empirische interne Struktur der Erfahrung selbst" freizulegen *(Prauss, G.,* 1980, 24f.).

Eine derartige Forschungsrichtung kommt nach *Kant* einer „Revolution der Denkart" gleich – vergleichbar der Wende in der Erklärung der Himmelskörper durch *Kopernikus* (KrV, Vorrede, B XII ff.). Denn sie sucht nicht auf seiten der Objekte, wie der naivrealistisch Denkende, nach den konstitutiven Bedingungen der Gegenstandserkenntnis. Vielmehr sieht sie die Objektivität dieser Erkenntnis in den apriorischen Prinzipien der Vernunft und damit in einer recht verstandenen Subjektivität begründet. Wenn nämlich die Erkenntnis von Gegenständen nicht unmittelbar von diesen, als sinnlichen Gegebenheiten, her zu erklären ist, dann fragt sich, wie Erkenntnis vermittelt ist, und damit ist nach dem Vermittlungssubjekt gefragt. Dieses kann nicht in den empirischen Subjekten gesucht werden, insofern diese wiederum auf seiten gegenständlicher Empirie angesiedelt wären. Von Subjektivität kann hier vielmehr nur i. S. eines transzendentalen Bewußtseins die Rede sein, in dem alle Erkenntnisse a priori ihre Einheit haben, die *Kant* auch die „transzendentale Einheit des Selbstbewußtseins" nennt, „um die Möglichkeit der Erkenntnis a priori aus ihr zu bezeichnen" (KrV, B 132).

5.2 Wie synthetische Sätze a priori möglich sind

Diese Sätze, da sie a priori, der Erfahrung voraus gültig sind, haben einen Grundsatzcharakter, und sie sind, da synthetisch, zugleich auf Gegenstände sinnlicher Anschauung bezogen.

Das apriorische Moment in ihnen bilden die reinen Verstandesbegriffe oder Kategorien. Diese, als Elemente in synthetischen Sätzen a priori, sind mittels der Raum-Zeit-Bedingungen zugleich auf Gegenstände der Anschauung bezogen.

Das entscheidende Argument, das *Kant* für das Erfordernis synthetisch-apriorischer Grundsätze beibringt, findet sich in der Kritik der reinen Vernunft, B 197:

„Das oberste Principium aller synthetischen Urteile ist also: Ein jeder Gegenstand steht unter den notwendigen Bedingungen der synthetischen Einheit des Mannigfaltigen der Anschauung in einer möglichen Erfahrung. Auf solche Weise sind synthetische Urteile a priori möglich, wenn wir . . . sagen: die Bedingungen der Möglichkeit der Erfahrung überhaupt sind zugleich Bedingungen der Möglichkeit der Gegenstände der Erfahrung und haben darum objektive Gültigkeit in einem synthetischen Urteile a priori."

Nach *Kant* konstituieren sich die Gegenstände gemäß den apriorischen Formen der Anschauung nach Prinzipien des Denkens. Nur auf diesem Wege ist eine synthetische Erkenntnis (von Gegenständen) a priori, d. i. mit strengem Allgemeingültigkeitsanspruch, möglich.

Bei *Kant* erhält dieser Gedanke auch eine Formulierung, die manche Kritik provoziert hat. Danach scheint es nicht so zu sein, daß wir die Natur, indem wir die Vielfalt ihrer Eigenschaften nach und nach in ihrer Struktur erfassen, auf ihre Gesetzmäßigkeiten hin verstehen lernen. *Kant* sagt vielmehr, es sei unser Verstand, der der Natur – als Inbegriff aller Erscheinungen – die Gesetze a priori vorschreibt (KrV, B 163; Prol. §36). Mit Bezug auf diese Formulierung wird etwa von einem „hybride(n) Anspruch der Naturbeherrschung" oder von einem „(totalen) Herrschaftsanspruch" gesprochen, der in *Kants* Theorie enthalten sei *(Böhme, H./Böhme, G.*, 1985, 304f.). Dazu ist zu sagen, daß *Kant*, wenn er hier von „Natur" spricht, nicht die im Fortgang unseres Umgangs mit den natürlichen Erscheinungen erfahrenen bzw. erst zu erfahrenden Einzelheiten, nicht das einzel-empirische Wissen von der Natur meint. Schon gar nicht hat er dabei die Fülle jener qualitativen Eigenschaften im Auge, die wir, zumal wir heutigen, zivilisationsgeschädigten Menschen meinen, wenn es uns um das Erleben (und um die Erhaltung) der Natur geht. *Kant* spricht vorsichtiger auch von einer „Natur überhaupt – als Gesetzmäßigkeit der Erscheinungen in Raum und Zeit", auf die sich „das reine Verstandesvermögen" beziehe (KrV, B 165). „Besondere Gesetze", so fährt er fort, d. s. Gesetze, die sich erst aus näherer empirischer Erkenntnis ergeben, „können davon nicht abgeleitet werden" (ebd.).

Die transzendentale Erkenntnis besteht lediglich in der Überlegung, wie Natur, das Insgesamt von Gegenständen möglicher Erfahrung, überhaupt zu denken ist, damit Naturerkenntnis ermöglicht wird. Nur von solcher Natur kann a priori die Rede sein. Allerdings – und dieser Anspruch ist tatsächlich in der transzendentalen Erfahrungstheorie enthalten – die Begriffe und Grundsätze des reinen Verstandes stellen einen prinzipiellen („Gesetzes"-) Rahmen dar, in dem alle nähere Gesetzeserkenntnis von Gegenständen verbleibt.

Kants Auffassung, jene Erkenntnis ermöglichenden Grundsätze seien durch die Merkmale „synthetisch" und „a priori" ausgezeichnet, korrespondiert mit seiner Lehre von den zwei Stämmen der Erkenntnis: Sinnlichkeit und Verstand (KrV, B 29). Die Transzendentalphilosophie will aufzeigen, wie beide Stämme aufeinander bezogen sind.

Kant spricht diesen Zusammenhang: das „Zusammengesetztsein" der Erkenntnis „aus dem, was wir durch Eindrücke empfangen, und dem, was unser eigenes Erkenntnisvermögen", der

Verstand, „aus sich selbst hergibt“ (KrV, B 1) gleich im ersten bis dritten Satz der Einleitung zur zweiten Auflage der Kritik der reinen Vernunft an.* Da heißt es, daß unsere Erkenntnis mit der Erfahrung zwar „anfängt“/„anhebt“, aber darum doch nicht aus der Erfahrung „entspringt“. Erfahrung ist der zeitliche Anfang der Erkenntnis, nicht aber ihre „Quelle“.** Und zwar ist unser Erfahren näherhin dadurch bestimmt, daß wir etwas „durch Eindrücke empfangen“. Durch dieses Moment des Empfangens (von Eindrücken) ist die sinnlich-empirische gegen die reine, apriorische Erkenntnis abgegrenzt, welch letztere *Kant* durch „Spontaneität“ ausgezeichnet sieht. Gegenständliche Erkenntnis setzt sich danach zusammen aus dem empfangenen „rohen Stoff“ der Erfahrung (bzw. dessen „Gegebensein“ in Empfindungen) und der „Verarbeitung“, der Ordnung, Bestimmung der Empfindungen durch die apriorischen Formen des Verstandes.***

Die Behandlung der beiden Erkenntnisstämme erfolgt unter den Titeln der transzendentalen Ästhetik und der transzendentalen Analytik. *Kant* beantwortet so die Frage nach der Möglichkeit synthetischer Sätze a priori in zwei Stufen: seiner Theorie der Anschauung und seiner Lehre von den Begriffen und Grundsätzen des reinen Verstandes.****

* *B. Liebrucks* (1968, Vorwort, X) bemerkt, die ganze Kritik sei im ersten Satz der Einleitung (B) bereits enthalten.

** „Erfahrung“ ist hier im weiteren Sinne von Wahrnehmung (und „Wahrnehmungsurteil“), nicht in der engeren Bedeutung der Feststellung eines gesetzmäßigen Zusammenhangs von Gegenständen in Raum und Zeit, also i. S. von Erfahrungserkenntnis (und „Erfahrungsurteil“) aufgefaßt.

*** *Kant* spricht vom Gegebensein des Gegenstandes in der Empfindung; so könne sich die Erkenntnis vermittels der Anschauung unmittelbar auf Gegenstände beziehen (KrV, B 33). Nun könnte gewiß unmittelbar gegeben nur dasjenige sein, was noch nicht von Verstandesseite gedacht ist, was also unbestimmt ist. Es ist freilich zu fragen, ob dort, wo von Anschauung die Rede ist, streng genommen von bloßem Gegeben- und Unbestimmtsein gesprochen werden kann. Denn in der Anschauung ist ja das Mannigfaltige der Empfindung jedenfalls als raum-zeitlich geordnet vorgestellt – und also nicht mehr gänzlich unbestimmt. *Kant* denkt jedoch, wenn er von der Verarbeitung oder Bestimmung des Erkenntnismaterials spricht, an die höheren Formen der Synthesis (des Verstandes); von da aus erscheint dann das raum-zeitlich Angeschaute als (relativ) unbestimmt.

**** Vom Verstande spricht *Kant* auch – im Unterschied zur Sinnlich-

5.2.1 Raum und Zeit als apriorische Formen der Anschauung

In § 1 der transzendentalen Ästhetik führt *Kant* eine Reihe von Ausdrücken ein, mit denen er im Fortgang operiert.

Da ist zum ersten der Ausdruck „Anschauung". *Kant* unterscheidet zwischen empirischer und reiner Anschauung sowie äußerer und innerer Anschauung.

Empirische Anschauung ist gleich Wahrnehmung i. S. des Bewußtseins (in Empfindungen) gegebener Gegenstände. Dagegen enthält die reine Anschauung die bloßen Formen der Sinnlichkeit, in denen uns das Mannigfaltige der Empfindungen – als „in gewissen Verhältnissen geordnet" – erscheint. In den Anschauungsformen a priori ist keine Empfindung enthalten; jedoch haben wir Gegenstände empirischer Anschauung (als durch Begriffe des Verstandes noch nicht näher bestimmte „Erscheinungen") nur in den reinen Formen von Raum und Zeit. Die transzendentale Ästhetik, Wissenschaft von den apriorischen Prinzipien der Sinnlichkeit, handelt von den reinen raum-zeitlichen Verhältnissen, in

---

keit – als dem „oberen Erkenntnisvermögen", zu dem er – neben der Vernunft – noch die Urteilskraft zählt (KrV, B 169). Der Verstand wird als „Vermögen der Regeln" und Begriffe bezeichnet (KrV, B 171, B 199). Dabei sind mit „Vermögen" keine psychologischen Vorgänge angesprochen; vielmehr ist damit das Verstandeshandeln im rein transzendentalen Sinne, also i. S. der Untersuchung logisch-ideeller Zusammenhänge oder Funktionen gemeint. Freilich ist der Ausdruck „Vermögen" unglücklich gewählt, da er die Annahme nahelegt, hier werde von „Verstand" und „Urteilskraft" als existierenden Gegebenheiten oder Kräften gesprochen; diese Annahme läuft auf ein naturalistisches Mißverständnis – die Verwechslung erkenntnisphilosophischer mit naturwissenschaftlich-psychologischen Gesichtspunkten – hinaus. Die Urteilskraft ist „das Vermögen, unter Regeln zu subsumieren, d. i. zu unterscheiden, ob etwas unter einer gegebenen Regel . . . stehe, oder nicht" (KrV, B 171). Danach hat die Urteilskraft eine zwischen Verstand und Sinnlichkeit vermittelnde Rolle. Wenn der Verstand einerseits reine Begriffe spontan hervorbringt und andererseits als von der Sinnlichkeit getrennt zu denken ist, so ergibt sich die Frage, wie die reinen Verstandesbegriffe auf die Gegebenheiten der Sinnlichkeit, die Erscheinungen, anzuwenden sind. Eben dies, die „Subsumtion" des sinnlich Gegebenen unter die Begriffe und Regeln des reinen Verstandes, hat nach *Kant* die Urteilskraft zu leisten (KrV, B 176).

Der Differenzierung von Verstand und Urteilskraft entspricht *Kants* Einteilung der transzendentalen Analytik in die Analytik der Begriffe und die Analytik der Grundsätze.

denen uns Gegenstände überhaupt zur Erscheinung kommen können. In dieser Wissenschaft ist danach eine doppelte Abstraktion vorzunehmen (KrV, B 36). Zum einen müssen wir, um die Sinnlichkeit zu isolieren, von all dem absehen, was der Verstand in seinen Begriffen hinzudenkt. Es bleibt dann die empirische Anschauung. Zum anderen müssen wir aus dieser das heraussondern, was zur Empfindung gehört, so daß nichts als reine Anschauung, die bloße Form der Erscheinungen, die apriorische Raum-Zeitvorstellung übrigbleibt.

So betrachtet ist der Raum die ideale Bedingung „alles dessen, was äußerlich als Gegenstand uns vorkommen kann", „die Form aller Erscheinungen äußerer Sinne" (KrV, B 42, B 50). Die Zeit ist die „Form des inneren Sinnes, d.i. des Anschauens unserer selbst" bzw. der in uns selbst ablaufenden seelischen Vorgänge (KrV, B 50). Sie ist als „formale Bedingung a priori aller Erscheinungen überhaupt" dem Raume übergeordnet (ebd.). Sie ist also mittelbar auch die Form des äußeren Sinnes, denn ohne die Zeit, ohne Erinnern und Erwarten, hätten wir nur den jeweiligen unmittelbaren Sinneseindruck. Das Bewußtsein einer Zeitfolge des äußerlich Wahrgenommenen setzt die innere Wahrnehmung voraus.

Im Zusammenhang mit dem Begriff der Anschauung verwendet *Kant* eine Reihe weiterer Ausdrücke, die uns bereits begegnet sind, wie: Empfindung, Erscheinung und Sinnlichkeit.

Unter „Empfindung" versteht *Kant* die Art und Weise, wie das empirische Subjekt, das sich in seinen Sinnesorganen auf Gegenstände bezieht, Eindrücke von diesen empfängt, derart, daß uns der Gegenstand in den Empfindungen unmittelbar – noch unbegriffen/unbestimmt – gegeben ist. *Kant* spricht hier auch von der „Wirkung eines Gegenstandes auf die Vorstellungsfähigkeit, sofern wir von demselben affiziert werden" (KrV, B 34).

Die Rede von der Empfindung als „Wirkung" mußte in Interpretationsschwierigkeiten führen. Denn der Ursache-Wirkungsbegriff gehört, wie noch zu zeigen sein wird, zu den Denkkategorien und kann infolgedessen nur im Hinblick auf Erscheinungen Verwendung finden. Dieser wunde Punkt der *Kantschen* Überlegungen wurde natürlich bald aufgedeckt.*

* Schon *F.H. Jakobi* und *Fichte* waren davon überzeugt, daß man in

Von Affektion ist bei *Kant* hinsichtlich unserer Sinnlichkeit als Fähigkeit, Eindrücke empfangen zu können (= Rezeptivität), die Rede.*

Im Erscheinungsbegriff sind mehrere Aspekte enthalten.** Zum einen versteht *Kant* unter Erscheinung den Gegenstand von Empfindungen; Erscheinung ist das in Raum und Zeit zusammengesetzte Mannigfaltige äußerer Anschauung (KrV, B 34), das der näheren Bestimmung durch Begriffe (des Verstandes) fähig ist.

Daneben aber setzt *Kant* (KrV, A 249) Erscheinungen den „Phänomenen" gleich, die bereits „nach der Einheit der Kategorien gedacht" oder bestimmt sind.

Kant betont also im Begriff der Erscheinung zweierlei: Zum einen hebt er darin den Anschauungscharakter der Erkenntnis hervor; begriffliche Erkenntnis, sofern ihr gegenständliche Bedeutung zukommt, ist prinzipiell auf das Feld der Erscheinungen, der raum-zeitlichen Gegebenheiten, beschränkt.

Das aber heißt zum zweiten, daß Erkenntnisse, Erfahrungsurteile, keine Aussagen über Dinge an sich sind. Raum und Zeit sind keine ontischen Größen, keine Seinsweisen irgendwelcher Dinge

* Zum Begriff der Affektion bzw. des Affizierens ist hier nur dies zu sagen, daß *Kant* damit keinen psychologischen Vorgang ins Auge faßt. Mit Affektion ist vielmehr nur auf den Sachverhalt hingewiesen, daß ein Etwas vermittels äußerer oder innerer Wahrnehmung ins Bewußtsein tritt. Die *Kantsche* Erkenntnisphilosophie klammert aus ihrem Aufgabenbereich aus, dieses Etwas an sich selbst bzw. das Wie seines Ins-Bewußtsein-Tretens zu interpretieren. Das unseren Sinn affizierende Etwas, „die nicht sinnliche Ursache" unserer Vorstellungen, „ist uns gänzlich unbekannt" (KrV, B 522). *Kant* gibt dieser „Ursache" – eine zweifellos problematische Bezeichnung – auch den Namen eines transzendentalen Objekts, „bloß, damit wir etwas haben, was der Sinnlichkeit als der Rezeptivität korrespondiert" (ebd.). Vgl. zum Affektionsbegriff: *Herring, H.,* Das Problem der Affektion bei Kant. Köln 1953.

** Zum Problemgehalt des *Kantschen* Erscheinungsbegriffs vgl.: *Prauss, G.:* Erscheinung bei Kant. Ein Problem der „Kritik der reinen Vernunft", Berlin 1971

---

diesem Punkt über den Rahmen der Kritik der reinen Vernunft hinausgehen müsse (vgl. dazu auch die Darstellungen bei *E. Cassirer,* 1974, Bd. 3). Während die Idealisten den Begriff des Ding an sich aufzulösen trachteten, versuchten andere, wie etwa die kritischen Realisten, eine ontologische Ausdeutung dieses Begriffes zu geben. Darauf wird zurückzukommen sein.

an sich, sondern apriorische Formen unseres menschlichen Anschauens. Da es empirische Erkenntnis nicht ohne Empfindungen gibt und diese uns nur in den reinen Formen der Sinnlichkeit zur anschaulichen Gegebenheit kommen, ist eine Erkenntnis der Dinge an sich eine Unmöglichkeit.

Die Unterscheidung zwischen objektiv wirklichen (Erscheinungs-)Dingen und den nach bloßen Begriffen zu bestimmenden „intelligiblen" Gegenständen (Phaenomena und Noumena; KrV, B 294ff.; B 341) ist darum von grundlegender transzendentalphilosophischer Bedeutung.*

Kant hebt noch einen dritten Aspekt im Begriff der Erscheinung hervor, nämlich den Unterschied von Erscheinung und Schein. Er spricht in diesem Zusammenhang von der „empirischen Realität" und der „transzendentalen Idealität" von Raum und Zeit (KrV, B 44, B 52; vgl. Prol. §13, Anm. III). Einerseits gibt es ohne Raum und Zeit keine Gegenstände äußerer und innerer Anschauung, d.h. als Bedingungen der Möglichkeit objektiver Erkenntnis sind Raum und Zeit selbst objektiv gültig. Diese empirische Realität darf aber nicht – i.S. schlechter Metaphysik – dahin ausgelegt werden, als existierten Raum und Zeit als Dinge an sich bzw. als deren Eigenschaften. Sie haben vielmehr den Charakter transzendentaler Idealität; sie sind apriorisch-ideale Ordnungsfaktoren des „rohen Stoffes" sinnlicher Eindrücke.

Kant grenzt sich gegen einen naiven metaphysischen Realismus genauso ab wie gegen den von ihm so genannten „dogmatischen Idealismus" *G. Berkeleys,* „der den Raum, mit allen Dingen, für

* Spätestens an dieser Selle ist ein Hinweis auf die Mehrdeutigkeit des Ausdrucks „Gegenstand" bei *Kant* erforderlich. „Gegenstand" heißt einmal dasjenige, was uns in der empirischen Anschauung gegeben ist, die Erscheinung als (noch) unbestimmter Gegenstand. Aber auch das der Empfindung vorausliegende Etwas wird von *Kant* bereits Gegenstand genannt, von dem wir ja affiziert werden und dessen Wirkung die Empfindung sein soll (KrV, B 34). Hinsichtlich des unbekannten, unseren Sinn affizierenden Etwas wird an späterer Stelle (KrV, B 522) vorsichtiger als „nicht sinnliche(r) Ursache" gesprochen, womit freilich inhaltlich nichts gelöst wird. Schließlich heißt Gegenstand im engeren Sinne dasjenige, was durch die Verstandesbegriffe gedacht (und bestimmt) ist. Den bestimmten Gegenstand bezeichnet *Kant* dann auch als „Objekt". „Objekt . . . ist das, in dessen Begriff das Mannigfaltige einer gegebenen Anschauung vereinigt ist" (KrV, B 137).

etwas, was an sich selbst unmöglich sei, und darum auch die Dinge im Raum für bloße Einbildungen erklärt" (KrV, B 274). *Berkeley* kann nur insoweit zugestimmt werden, als er die Auffassung von Raum und Zeit als Bestimmungen der Dinge an sich selbst verwirft. Aber die idealistische Konsequenz dieses Philosophen führt in die Absurdität der Leugnung von Wirklichkeit überhaupt. Wären Raum und Zeit Einbildungen empirischer Subjekte, dann wäre damit zugleich die ganze Gegenstandswelt, die uns ja in Raum und Zeit erscheint, illusionär. Dagegen betont *Kant*, daß „in den Erscheinungen . . . jederzeit die Objekte . . . als etwas wirklich Gegebenes angesehen (werden), nur daß . . . dieser Gegenstand als Erscheinung von ihm selber als Objekt an sich unterschieden wird" (KrV, B 69).

Der Begriff der Erscheinung ist danach gegen den des Scheines durch die Momente des Objektiven und des Wirklichen abgegrenzt und von dem des Objektes an sich durch die Anschauungsmerkmale von Raum und Zeit unterschieden. Die Unterscheidung von Objekt als Erscheinung und Objekt an sich geht nicht mit dem Gedanken einher, jeder Erscheinung entspreche ein Ding an sich. Das liefe auf einen naiven, von *Kant* so genannten „transzendentalen Realismus" hinaus, „der Zeit und Raum als etwas an sich . . . Gegebenes . . . (und) also äußere Erscheinungen . . . als Dinge an sich selbst (vorstellt)" (KrV, A 369). Dagegen stellt *Kant* seinen „transzendentalen Idealismus", wonach Erscheinungen, Gegenstände empirischer Anschauung, von den apriorischen Anschauungsformen Raum und Zeit abhängig sind (ebd.).

Wird der Grenzbegriff des Ding an sich – Grenzbegriff darum, weil er die unübersteigbare Schwelle der Erkenntnis markiert und so jenseits aller raum-zeitlichen Gegenständlichkeit anzusiedeln ist – einerseits in Verbindung mit dem Erscheinungsbegriff, zwecks Abgrenzung von Erscheinung und Schein, von *Kant* benötigt – vgl. Prol. §57, wo es heißt, daß „Erscheinungen . . . jederzeit eine Sache an sich selbst voraussetzen und also jederzeit darauf Anzeige tun" – so hat er andererseits die rein negative Funktion, die Erkenntnis auf Erscheinungen zu begrenzen, wäre es doch völlig „unbegreiflich, wie die Anschauung einer gegenwärtigen Sache mir diese sollte zu erkennen geben, wie sie an sich ist, da ihre Eigenschaften nicht in meine Vorstellungskraft hinüberwandern können . . ." (Prol. §9).

Der Begriff des Ding an sich stellt allerdings eine Art crux interpretum der Kritik der reinen Vernunft dar. Die einen sehen diesen Begriff in rein erkenntnisphilosophischer Funktion; das Ding an sich müsse zwar (um der Bedeutung des Gegenstands als Erscheinung willen) als hinter der Erscheinung stehend gedacht werden; es sei aber deswegen, da die Erkenntnis auf Gegenstände als Erscheinungen beschränkt ist, zugleich aller Erkennbarkeit entzogen.

Andere meinen, mit dem Ding an sich verbinde sich bei *Kant* eine ontologische Bedeutung, und nicht zuletzt um des Begriffs des Ding an sich, als „Ursache" der Empfindungen willen ist *Kants* Hauptwerk seit den Tagen *Fichtes* Gegenstand der Kritik gewesen.*

* Für *Fichte* hört *Kants* Idealismus mit diesem Un-Begriff auf, ein solcher zu sein und verwandelt sich in Dogmatismus. *Fichte* stellt dem seinen Begriff des „Ich an sich" entgegen, „als etwas über alle Erfahrung Erhabenes" *(J. G. Fichte:* Versuch einer neuen Darstellung der Wissenschaftslehre, 1797/98; Erste und Zweite Einleitung; neu hg. v. *P. Baumanns,* Hamburg 1975, PhB 239, 10). Nach *Hegel* schreibt *Kant* „dem Objekte eine unbekannte Dingheit-an-sich hinter dem Erkennen (zu) und (betrachtet) dieselbe und damit auch die Wahrheit als ein absolutes Jenseits für das Erkennen"; die Kategorien als ein bloß Subjektives und „jene leere Dingheit-an-sich" stünden bei *Kant* einander beziehungslos gegenüber; *Hegel* spricht in diesem Zusammenhang gar von einem „Verhältnis der Unwahrheit des Erkennens" (Wissenschaft der Logik, Zweiter Teil, hg. v. *G. Lasson,* Nachdr. Hamburg 1951. PhB 57, 440f.). Eine neuere Deutung des Begriffspaares Erscheinung und Ding an sich, die die gegensätzlichen, idealistischen und realistischen Interpretationen zu überbrücken sucht, findet sich bei *G. Prauss (Kant* und das Problem der Dinge an sich, 2. A. 1977). Nach *Prauss* handelt es sich bei der Unterscheidung von empirischen Objekten (für uns) und Objekten „an sich selbst" um zwei Stufen der transzendentalen Reflexion, die nicht miteinander verwechselt werden dürfen. Im Begriff des „Ding an sich selbst" bringe *Kant* zum Ausdruck, daß der Abhängigkeit des Objekts vom Subjekt eine Grenze gesetzt sei, jenseits welcher der Aspekt eines „An-sich-" aktuell werde. (Kritisch zu *Prauss*: *Gerhardt, V./Kaulbach, F.:* Kant. Darmstadt 1979, 42ff.). Wir halten in diesem Zusammenhang an der Vorstellung des Ding an sich als Grenzbegriff fest. *Kant* benutzt diesen Begriff im Rahmen seiner theoretischen (Erkenntnis-)Philosophie vor allem, um das empirische Objekt als den wirklichen Gegenstand des Erkennens abzugrenzen. Dagegen erhält der Begriff des Ding an sich in der praktischen Philosophie *Kants* eine positive Bedeutung. Vgl. dazu: *Cassirer, E.*, 2. Bd., 1974, 733ff.; *Heimsoeth, H.*, Persönlichkeitsbewußtsein und Ding an sich. In: Studien zur Philosophie I. Kants, (Gesammelte Abhandlungen, Bd. 1), Köln 1956, 2. A. 1971.

Die Überlegung, die Raum und Zeit als apriorische Anschauungsformen ausweist – *Kant* spricht in den §§ 2 und 4 der transzendentalen Ästhetik von ihrer „metaphysischen Erörterung" – ist die folgende:

Die Vorstellung der Räumlichkeit kann sich nicht der Erfahrung vom Raum, i. S. einer Erfahrung von an verschiedenen Orten befindlichen Gegenständen, verdanken. Ich setze ja, wenn ich etwas „außen", d. h. als „außer mir", oder eine Mehrheit von Gegenständen nebeneinander wahrnehme, die Vorstellung des Außen und des Raumes bereits implizit voraus. Ohne zugrundegelegte Raumvorstellung könnte nicht einmal zwischen empirischem Subjekt und Objekt unterschieden werden. Es wäre nicht möglich, die Empfindungen „in mir" auf etwas „außer mir" (im Raume) zu beziehen. Es gäbe keine Positionen und Positionsbestimmungen des empirischen Ich zu den Gegenständen und der Gegenstände zueinander.

Auch im Hinblick auf die Zeit nimmt *Kant* die „kopernikanische Wende" vor. Der innere Sinn der Zeit ist die Bedingung dafür, daß wir die seelischen Vorgänge in ihrer zeitlichen Folge empfinden. Insofern jede Vorstellung des äußeren Sinnes, z. B. optischer oder akustischer Art, Vorstellung eines Subjekts ist, untersteht sie zugleich dem inneren Sinn.

Kants Überlegung ist einerseits antiempiristisch, insofern er Raum und Zeit als apriorische Formen bestimmt; sie liegen als notwendige Vorstellungen allen (empirischen) Anschauungen zugrunde. Gegenstände können überhaupt nur in Raum und Zeit gegeben sein; nicht aber sind Raum und Zeit selbst als Gegenstände gegeben.

Andererseits argumentiert *Kant* antirationalistisch, insofern er den Anschauungscharakter von Raum und Zeit betont. Raum und Zeit sind danach nicht auf dem Wege der Abstraktion von den Gegenständen zu gewinnen. Sie sind keine „diskursiven" (Allgemein-)Begriffe, sondern reine Anschauungen (KrV, B 39, B 47). Diskursive Begriffe beziehen sich auf die unter sie fallenden Exemplare, wie z. B. der Gattungsbegriff des Baumes auf alle möglichen Arten und Einzelstücke von Bäumen zutrifft.

Die reine Raum- und Zeitanschauung dagegen ist nicht auf eine Mehrheit von Teilräumen und -zeiten bezogen, sondern es handelt sich bei ihr um nur einen Raum und eine und dieselbe Zeit. Die

Vorstellung verschiedener Räume und Zeiten hat die von dem einen Raum und von der einen Zeit bereits zur Voraussetzung.

Kant spricht in diesem Zusammenhang auch von der Unendlichkeit von Raum und Zeit (KrV, B 39f.; 47f.); dies besagt, daß alle bestimmten, endlichen Raum- und Zeitgrößen nur durch Einschränkung des – zuvor als uneingeschränkt vorgestellten – einen Raumes bzw. der einen Zeit gegeben sein können.

Dem Nachweis, daß Raum und Zeit reine Anschauungsformen sind, fügt *Kant* sodann eine „transzendentale Erörterung" an. In ihr geht es darum zu zeigen, daß die apriorischen Formen nicht etwas bloß subjektiv Vorgestelltes, sondern daß sie objektiv gültig sind, d. h. daß sie eine gegenstandskonstitutive Funktion besitzen.

Kant stellt hier die Frage, wie reine Mathematik möglich ist (KrV, B 20; Prol. §§ 6ff.). Wenn Raum und Zeit reine Anschaungsformen sind, dann kann es auch eine erfahrungsunabhängige Wissenschaft von ihnen geben, die Mathematik. Und zwar ermöglicht die reine Raumvorstellung die Geometrie und die Anschaungsform der Zeit die Arithmetik wie die reine Mechanik (nämlich gewisse allgemeine/apriorische Aussagen der allgemeinen Bewegungslehre).

Was den apriorischen Charakter der Arithmetik betrifft, so meint *Kant*, Zahlbegriffe kämen „durch sukzessive Hinzusetzung der Einheiten in der Zeit zustande" (Prol. § 10). Arithmetische Urteile von der Art: 7+5=12 betrachtet er folglich als synthetische Urteile a priori. Er gesteht freilich zu, daß dieses Urteil zunächst den Eindruck eines bloß analytischen Satzes macht (KrV, B 15). Doch er meint dann, „12" sei nicht schon dadurch gedacht, daß ich mir „7" und „5" als Summe vereinigt denke; in dem Begriff „7+5" sei die 12 nicht anzutreffen, also müsse man die Anschauung zu Hilfe nehmen.

Dagegen könnte man anführen, daß sich die Zahlen analytisch definieren lassen,nämlich: 1; 2 (= 1+1); 3 (= 2+1); usw. . . .

Anders im Falle der Geometrie. Auch hier gibt es den Einwand, die Geometrie sei keine synthetische, sondern eine analytische Wissenschaft. Faßt man jedoch die Geometrie als Wissenschaft vom Raume auf, dann hat sie auch – mit *Kant* zu sprechen – die reine Form der äußeren Anschauung zur Voraussetzung und kann dann i. S. synthetischer Erkenntnis a priori gedeutet werden (*Höffe, O.*, 1983, 81).

Einwände gegen *Kants* philosophische Analyse der Geometrie sind auch aus der Tatsache der Entdeckung nichteuklidischer Geometrien abgeleitet worden. Das von *Kant* angegebene Beispiel: „Der Raum hat nur drei Abmessungen" (KrV, B 41) zeige, daß *Kants* Überlegungen auf die euklidische Geometrie eingeschränkt seien.

W. Bröcker (1970, 20ff.) hat, als Konsequenz daraus, zwischen einem empirisch-physikalischen und einem anschaulich gegebenen, transzendentalen Raum unterschieden. Der wirklich gegebene Raum, so meint *Bröcker,* sei dreidimensional, wenn auch ein vierdimensionaler Raum widerspruchsfrei zu denken und mathematisch auf seine Eigenschaften hin zu erforschen sei. *Bröcker* glaubt deshalb, den euklidischen Raum als transzendentalen auszeichnen zu dürfen.

Dem widerspricht *Höffe* (1983, 80f.), der meint, *Kants* Beispiel der Dreidimensionalität komme die von *Bröcker* unterstellte grundsätzliche Bedeutung nicht zu. *Kant* habe die Dreidimensionalität nirgendwo begründet, ja sogar – in der Abhandlung: „Von der wahren Schätzung" (§§ 9–11) – nicht-euklidische Räume für möglich gehalten. Die Dreidimensionalität sei für *Kant* offenbar nicht eine transzendentalphilosophische, sondern eine geometrische Aussage. Nach *Höffe* zielt *Kants* philosophische Erörterung nicht schon auf bestimmte Struktureigenschaften des Raumes, sondern auf den „Raum überhaupt" oder die Räumlichkeit als Grundform aller äußeren Anschauung. Die transzendentalen Aussagen über den Raum seien nicht an bestimmte mathematische oder physikalische Aussagen geknüpft. Das bedeute zugleich, daß transzendentalphilosophische Überlegungen Aussagen der mathematischen Geometrie nicht zu begründen vermögen. Transzendentale Aussagen beziehen sich vielmehr auf die, alle Erkenntnis überhaupt erst ermöglichenden Bedingungen. Diese sind nicht auf seiten der Dinge an sich zu suchen, sondern in apriorischen Voraussetzungen auf seiten der erfahrenden und erkennenden Subjektivität.

Die transzendentale Ästhetik führt zu dem Ergebnis, daß synthetische Urteile a priori nur vermittels reiner Formen der Anschauung möglich sind.

5.2.2 Die Kategorien und Grundsätze des reinen Verstandes

Erkenntnis kommt zustande, indem die beiden Erkenntnis-Stämme: Sinnlichkeit und Verstand zusammenwachsen. Die Sinnlichkeit oder Rezeptivität, als Empfangen von Eindrücken durch „Affizierung unseres Gemüts", liefert den „Stoff" der Erfahrung. Des in Empfindungen gegebenen Erfahrungsmaterials werden wir uns vermittels der reinen Anschauungsform als räumlich und zeitlich gegliederter Wahrnehmungen bewußt. Nur durch die subjektiv-apriorische Vermittlung des Erfahrungsmaterials ist Wahrnehmung (von etwas) überhaupt möglich.

Jedoch, blieben wir auf dieser Ebene empirischer Anschauung stehen, dann gäbe es lediglich „Wahrnehmungsurteile" und keine Erkenntnis i. S. von „Erfahrungsurteilen".

Zur Bildung von Wahrnehmungsurteilen bedienen wir uns der Begriffe, die geeignet sind, vorliegende Wahrnehmungen logisch miteinander zu verknüpfen, so daß ein für das wahrnehmende Subjekt geltendes Urteil zustande kommt. Solche Begriffe haben einen bloß empirischen Charakter, insofern sie in Wahrnehmungen wurzelnde, verallgemeinerte Vorstellungen sind. Wir kommen in Wahrnehmungsurteilen über unsere empirische Subjektivität, den jeweiligen individuellen Bewußtseinszustand, nicht hinaus.

Dagegen bedürfen wir zur Bildung von Erfahrungsurteilen, in denen Wahrnehmungen nicht nur „in einem Bewußtsein meines Zustandes", sondern „in einem Bewußtsein überhaupt" verbunden werden (Prol. §20), solcher Begriffe, die im Verstande selbst ursprünglich erzeugt sind (Prol. §18). Aufgrund solcher Begriffe wird das Erfahrungsurteil objektiv gültig. In Erfahrungsurteilen gehen die reinen Verstandesbegriffe eine Synthese mit der sinnlichen Anschauung ein. Derartige Urteile sind auf Objekte bezogen und zugleich von intersubjektiver Gültigkeit.

„Erfahrung besteht in der synthetischen Verknüpfung der Erscheinungen (Wahrnehmungen) in einem Bewußtsein, sofern dieselbe notwendig ist. Daher sind reine Verstandesbegriffe diejenigen, unter denen alle Wahrnehmungen zuvor müssen subsumiert werden, ehe sie zu Erfahrungsurteilen dienen können, in welchen die synthetische Einheit der Wahrnehmungen als notwendig und allgemeingültig vorgestellt wird" (Prol. §22).

Indem wir die reinen Verstandesbegriffe auf Erscheinungen anwenden, gelangen wir zur Erfahrungserkenntnis. Der Verstand wird „durch diese Begriffe selbst zum Urheber der Erfahrung" (KrV, B 127).

Kant bietet somit eine völlig neue Sicht der Beziehung von Empirie und Verstand, die sich entschieden von der des Empirismus absetzt.

Locke, so bemerkt *Kant*, leitete die grundlegenden Verstandesbegriffe selbst wieder von der Erfahrung ab und glaubte dennoch – inkonsequent – Erfahrungserkenntnis begründen zu können.

Hume dagegen habe erkannt, daß, um dieses leisten zu können, Begriffe a priori erforderlich seien; jedoch hat er, wegen seiner Gleichsetzung von apriorischer mit formal-analytischer Erkenntnis, keinen Weg zu Begriffen gefunden, die man „im Gegenstand notwendig verbunden denken müsse". Infolgedessen mußte *Hume* zur Notlösung seiner (psychologischen) Assoziations- und Gewöhnungstheorie greifen (KrV, B 127).

Kant anerkennt zwar die empiristische These der Vorgegebenheit des empirischen Materials der Erkenntnis. Seine Überzeugung von der objektiven Realität der reinen Verstandesbegriffe enthält aber eine entscheidende zweite These, daß nämlich, soll die Bestimmung des Erfahrungsmaterials als Gegenstand möglich sein, in den Verstandesbegriffen selbst a priori festgelegt sein muß, wie ein empirisch Gegebenes zu denken ist, um als Gegenstand erfahren werden zu können. Die Bestimmung des Unbestimmten (der Erscheinung) zum Objekt ist nur dank der spontanen Funktion des Verstandes möglich, die in den Kategorien manifest wird. Die Kategorien sind die „Konstruktionsmittel der Objektivität" *(Bröker, W.,* 1970, 37).

Kants Auffassung von Funktion und Leistungsfähigkeit des Denkens ist der rationalistischen Position zweifellos näher als der empiristischen. Sein Modell der Welterkenntnis geht nicht von der Vorstellung einer vorauszusetzenden Welt aus, über die wir durch Eindrücke Kenntnisse gewinnen, welche wir im nachhinein, durch Denken, zu Erkenntnissen verbinden. Verstand und Denken bewegen sich bei *Kant* nicht im Schlepptau einer ihnen vorhergehenden bloßen Erfahrung; sie sind vielmehr der eigentliche Motor der Erfahrungserkenntnis. Das Gegebene der Sinne, das, was die Sinne uns zeigen, wird erst durch das Denken bestimmt; so und nur so gelangen wir über die Sinneseindrücke zu Objekten.

Wie aber wird der Verstand der Kategorien, jener Fundamentalbegriffe, die objektiv gültige Erkenntnis ermöglichen sollen, gewahr?

Kant antwortet darauf im ersten Buch der transzendentalen Analytik, der Analytik der Begriffe. Im zweiten Hauptstück spricht er „von der Deduktion der reinen Verstandesbegriffe."

Der „transzendentalen Deduktion der Kategorien", in der dargestellt wird, wie die Kategorien „als Erkenntnisse a priori von Gegenständen einer Anschauung überhaupt" möglich sind, stellt er die „metaphysische Deduktion" voran; sie behandelt den Ursprung, die Ableitung der Kategorien „aus einem gemeinschaftlichen Prinzip" (KrV, B 159, B 106).

Den „Leitfaden der Entdeckung aller reinen Verstandesbegriffe" (KrV, B 102) erblickt *Kant* in der Urteilstafel der formalen Logik. Dieser Gedanke verdankt sich folgender Überlegung (vgl. *Höffe, O.*, 1983, 89f.): Aufgabe des Verstandes ist es, das Mannigfaltige der Anschauung zu vereinigen; diese Synthesis bringt er dadurch zustande, daß er die Erscheinungen unter seine eigenen Begriffe und Gesetze bringt (KrV, B 12; B 104f.; Prol. §22, §38; u.ö.).

„Synthesis" ist für *Kant* ein „Aktus der Spontaneität", eine „Verstandeshandlung", wonach „wir uns nichts, als im Objekt verbunden, vorstellen können, ohne es vorher selbst verbunden zu haben" (KrV, B 130). Die Aufgabe der Synthesis vollzieht der Verstand im Urteilen. Das Urteilen ist wie das Denken „die Vereinigung der Vorstellungen in einem Bewußtsein" (Prol. §22).

Da Erfahrung sich nur aus reinen Verstandesbegriffen begründen läßt, muß es auch ein Urteilen geben, das nicht bereits die Erfahrung voraussetzt und dennoch konstitutiv für sie ist. Wir müssen, um dahin zu gelangen, von den Begriffsinhalten absehen und die bloßen Formen der Begriffsverknüpfung betrachten. Die Urteilsform ist erfahrungsunabhängig, eine Leistung des reinen Verstandes. Danach können wir annehmen, daß eine völlige Entsprechung von reinen Verstandesbegriffen und bloßen Urteilsformen besteht. Über die Urteilsformen entdecken wir die Kategorien. *Kant* legt die von ihm für systematisch-abgeschlossen gehaltene Urteilstafel der formalen Logik zugrunde und gelangt durch Parallelisierung der Urteilsformen mit den reinen Begriffen des Verstandes zu seiner Kategorientafel (KrV, B 95 – B 106).

Was man gegen die Vorgehensweise Kants im einzelnen auch

Tafel der Urteilsformen und Kategorien

	Urteilsformen	Kategorien
Quantität	allgemein	Einheit
	besonders	Vielheit
	einzeln	Allheit
Qualität	bejahend	Realität
	verneinend	Negation
	unendlich	Limitation
Relation	kategorisch (ohne Einschränkungen einfach aussagend)	Substanz u. Akzidens
	hypothetisch (Wenn-dann-Aussage)	Kausalität (Ursache u. Wirkung)
	disjunktiv (Entweder-oder-Aussage)	Wechselwirkung (Gemeinschaft)
Modalität	problematisch (möglicherweise)	Möglichkeit – Unmöglichkeit
	assertorisch (tatsächlich)	Dasein – Nichtsein
	apodiktisch (notwendigerweise)	Notwendigkeit – Zufälligkeit

einwenden mag – und es sind hier zahlreiche Kritikpunkte vorgebracht worden* – jedenfalls ist es kennzeichnend für *Kants* Denken, daß er die Kategorien aus einem Prinzip gewinnt, welches er in den drei Schritten: Urteilsbegriff-Urteilsformen-Entsprechung von Urteilsformen und Kategorien darlegt.

* So hat man gesagt, *Kant* habe den geschichtlichen Stand der Logik verabsolutiert, und seine Kategorientafel treffe darum der Vorwurf des historisch Zufälligen. Jedenfalls könne hier von einwandfreier Begründung nicht die Rede sein. In diesem Zusammenhang ist auch auf die Abhängigkeit der Urteilstafel von geschichtlich bedingten Sprachstrukturen hingewiesen worden, ein Einwand, der – mit dem Hinweis, daß die gewachsenen Sprachen nicht einander widersprechende Logiken enthalten können – nicht unwidersprochen geblieben ist. (Vgl.: *Höffe, O.*, 1983, 91 f.). Auch einzelne Parallelisierungen von Urteilsformen und Kategorien sind als unklar moniert worden; manches – wie im Falle der Limitation – mute gar gewaltsam an *(Röd, W.*, 1974, 46 ff.).

Wir gehen von der knappen Wiedergabe der metaphysischen Deduktion zur nächsten Argumentationsebene der transzendentalen Deduktion über; hier ist die Frage der objektiven Gültigkeit der Kategorien gestellt.

Das Ziel der transzendentalen Deduktion ist der Nachweis, daß ohne Zugrundelegung der Kategorien Erfahrung von Gegenständen nicht möglich ist (KrV, B 144ff.).* Denn die Gegenstände möglicher Erfahrung verdanken sich der Synthese von Kategorien und sinnlicher Anschauung, bzw. die Bestimmung der Gegenstände, also objektiv gültige Erkenntnis, ist nur vermittels der reinen Verstandesbegriffe überhaupt erreichbar.

Die Argumentation *Kants* vollzieht sich in zwei Schritten: Im ersten (KrV, B 129 – B 143) zeigt *Kant* auf, daß die Kategorien – in ihrer einheitsstiftenden Funktion – eine ursprüngliche Einheit, das transzendentale Selbstbewußtsein, zur Voraussetzung haben, das seinerseits freilich wieder der Kategorien bedarf, um die Aufgabe der Synthesis zu lösen; im zweiten Schritt (KrV, B 146 – B 168) wird dargelegt, daß die Reichweite der Kategorien auf die Gegenstände der Erfahrung begrenzt ist, eine Anwendung jenseits der Erfahrungsgrenzen also ein Ding der Unmöglichkeit ist.

Beide Beweisschritte sind wiederum in eins zu sehen. Die Eruierung der Möglichkeit systematischer Erfahrungserkenntnis durch Rekurs auf das transzendentale Selbstbewußtsein und die Sichtbarmachung unübersteigbarer Erkenntnisgrenzen sind zwei Seiten einer Medaille.

Gehen wir den zwei Argumentationsschritten kurz nach. Im Mittelpunkt des ersten steht der Begriff des reinen, transzendentalen Selbstbewußtseins. Wie nämlich läßt sich letztlich die Verbindung des Mannigfaltigen der Vorstellungen im Urteil verstehen?

* Die Diskussion über die Beweisstruktur der transzendentalen Deduktion dauert bis heute an. Einen viel diskutierten Versuch, hierin Klarheit herbeizuführen, hat *D. Henrich* unternommen (Die Beweisstruktur von *Kants* transzendentaler Deduktion. Abdr. in: *Prauss, G.*, Hrsg.: Kant. Zur Deutung seiner Theorie von Erkennen und Handeln, Köln 1973, 90–104). Vgl. dazu auch *Becker, W.* (Selbstbewußtsein und Erfahrung. Zu Kants transzendentaler Deduktion und ihrer argumentativen Rekonstruktion. Freiburg/München 1984), der sich u.a. mit *Henrichs* und *P. Strawsons* (The Bounds of Sense. An Essay on Kant's Critique of Pure Reason, 1973; dt. 1981: Die Grenzen des Sinns. Ein Kommentar zu Kants Kritik der reinen Vernunft) Rekonstruktionsversuchen auseinandersetzt.

Offenbar werden wir, wenn wir so fragen, über die Ebene der kategorial bestimmten Verbindung noch hinaus zum Gedanken einer allen Formen der Synthesis vorausliegenden ursprünglichen Bewußtseinseinheit geführt – der transzendentalen Einheit der Apperzeption, des reinen Selbstbewußtseins.* Die ursprüngliche Verstandeshandlung des „Ich denke" „muß alle meine Vorstellungen begleiten können; denn sonst würde etwas in mir vorgestellt werden, was gar nicht gedacht werden könnte . . ." (KrV, B 131 f.).

Alles Verbinden durch Begriffe und Kategorien, ja bereits die sinnlichen Anschauungen stehen unabdingbar unter diesem „Ich denke", dem „höchste(n) Punkt, an den man allen Verstandesgebrauch . . . und . . . die Transzendentalphilosophie heften muß" (KrV, B 134).

Alle Erkenntnis, angefangen von der sinnlichen Anschauung und den Wahrnehmungsurteilen bis zu den vermittels der Kategorien gewonnenen Erfahrungsurteilen, untersteht diesem „oberste(n) Prinzip alles Verstandesgebrauches", dem „Grundsatz der synthetischen Einheit der Apperzeption" (KrV, B 136).

Kant bezeichnet das transzendentale Selbstbewußtsein – oberste Bedingung der Möglichkeit von Objekten überhaupt bzw. von objektiv-gültiger Erkenntnis – ausdrücklich auch als „objektive Einheit" (KrV, B 139).

Das „Ich denke" ist nicht im entferntesten i. S. einer (subjektiven) inneren Erfahrung aufzufassen. Als Erfahrungs-Gegenstand bin ich mir selbst ja durch die Sinne gegeben. Innere Erfahrung ist Erkenntnis von mir, nicht „wie ich bin, sondern bloß wie ich mir selbst erscheine" (KrV, B 158). Die innere Erfahrung kann also nicht letztbegründende Instanz der Erkenntnis sein, sondern setzt bereits die reine Apperzeption voraus.

Mit dem Begriff des transzendentalen Selbstbewußtseins liegt deshalb auch der schärfste Einspruch *Kants* gegen den Empirismus vor.

Lockes Meinung, die innere Erfahrung belehre uns über alle unsere geistigen Operationen, erweist sich von hierher als unhaltbar. Aber auch der konsequentere *Hume,* der die Vorrangstellung

* Der Terminus „Apperzeption" (adpercipere = hinzuwahrnehmen) wird von *Leibniz* benutzt, um die bewußte Aneignung der unbewußt aufgenommenen Perzeptionen zu kennzeichnen.

des Ich empiristisch auflöst, indem er das vermeintlich substantielle Ich als ein Bündel von Impressionen entlarvt, verwickelt sich mit seiner Assoziationstheorie in Widersprüche. Wenn nämlich das Ich selbst auf der Seite der Impressionen angesiedelt ist, was besagt dann überhaupt noch der Ausdruck „Impression“? Ist das Ich als Bezugspunkt der Impressionen beseitigt, dann gibt es auch keine Impressionen mehr, sondern nur letzte ontische Elemente, aus denen sich dann alles rein mechanistisch-assoziativ aufbauen soll. Wie aber soll Assoziation selbst möglich sein – so fragt *Kant* (KrV, B 134) – wenn das Ich in „ein so vielfarbiges verschiedenes Selbst“ aufgelöst wird, „als ich Vorstellungen habe?“

Kants Begriff des Ich, als oberste synthetische Einheit, ist frei von derartigen Widersprüchen. Freilich ist der letzte Bezugspunkt jedweder Synthesis nur mehr rein formal: „als die bloße Apperzeption: Ich denke“ oder negativ: als nicht-empirische Erkenntnis zu kennzeichnen (KrV, B 401). Das „Ich denke“, bloßer, aber notwendiger Gedanke, ist anschauungsleer. Jeder Versuch, empirische Gesichtspunkte damit zu verknüpfen, liefe auf eine Entwertung der transzendentalen Begründung der Erfahrung hinaus (KrV, B 401).

Im zweiten Beweisschritt der transzendentalen Deduktion wird aufgewiesen, daß „die Kategorien keinen anderen Gebrauch zum Erkenntnisse der Dinge“ haben, „als nur sofern diese als Gegenstände möglicher Erfahrung angenommen werden“ (KrV, B 147f.).

Denken und Erkennen sind zweierlei. Zum Erkennen genügt nicht allein die Kategorie, durch die ich den Gegenstand denke/bestimme, sondern es bedarf zuvor der Anschauung, dadurch der Gegenstand – obzwar unbestimmt – gegeben wird. Allein dadurch wird das Denken des Gegenstandes zur Erkenntnis, daß die reinen Verstandesbegriffe sich auf das Gegebene der Sinne beziehen (KrV, B 146). Das Gegebene der Sinne, als Erscheinung, ist auf das Subjekt bezogen, sofern dieses Sinne hat. Die Kategorie, als das die Erscheinung Bestimmende, existiert gleichfalls relativ auf das Subjekt, sofern dieses Verstand hat. Das „Rätsel“, wie der Verstand den Erscheinungen bzw. der Natur apriorische Vorschriften machen kann, hat eben darin seine Lösung, daß die empirische Synthesis bereits von der transzendentalen, d. i. von der Kategorie, abhängt. Nur in diesem Sinne schreibt der Verstand der Natur ihre

Gesetze vor. Ein Unding wäre dies, verstünde man unter „Natur“ Dinge an sich. Die Natur, die wir erkennen, ist lediglich der Inbegriff aller Erscheinungen; die Gesetze, die wir ihr vorschreiben, bleiben auf das (gesetzgebende) Subjekt (rück-)bezogen und haben so gesehen keinen Absolutheitscharakter (KrV, B 163ff.).

Ein weiterer entscheidender Schritt der transzendentalen Analytik besteht in der Überführung der Kategorien in die synthetischen Grundsätze des reinen Verstandes. In diesen fundamentalen, aller inhaltlichen Erkenntnis vorausliegenden Aussagen über die Gegenstände möglicher Erfahrung bestehen ja erst die vom Verstande gesetzten (Natur-)Vorschriften.

Wie erinnerlich, müssen Verstand und Sinnlichkeit zusammenkommen, um Erkenntnis zu konstituieren. Aber wie können die beiden „Vermögen“ eine Verbindung eingehen, wenn sie einander zunächst so fremd sind? Das eine ist bloße Rezeptivität, d.h. die Art, wie wir durch etwas affiziert werden, das andere eine „von aller Sinnlichkeit (gesonderte), . . . für sich selbst beständige, sich selbst genugsame und durch keine äußerlich hinzukommenden Zusätze zu vermehrende Einheit“ (KrV, B 89f.).

Wir bedürfen hier nach *Kant* eines vermittelnden Dritten, der Urteilskraft, durch die wir entscheiden, ob etwas, nämlich das Gegebene in der Erscheinung, unter eine Kategorie fällt oder nicht (KrV, B 171). Die Urteilskraft bedient sich der „transzendentalen Schemata“, die *Kant* in einem kurzen, aber äußerst wichtigen Abschnitt der Kritik der reinen Vernunft (B 176 – B 187) behandelt.

Ein solches Schema ist einerseits intellektuell, andererseits sinnlich, steht also sowohl „mit der Kategorie“ als auch „mit der Erscheinung in Gleichartigkeit“. „Die Anwendung der ersteren auf die letzte“ ist „vermittels der transzendentalen Zeitbestimmung“ – wie *Kant* das Schema benennt – möglich (KrV, B 177f.). Die Vermittlung beruht also darauf, daß die Kategorie auf die universale Anschauungsform der Zeit bezogen wird. Dadurch wird die Anwendungsmöglichkeit der Kategorie unabhängig von dem wechselnden Empfindungsmaterial.

Kant ist offenbar der Meinung, daß jeder Kategorie ein Schema, eine Modifikation der Zeitanschauung entspricht, gibt aber nur wenige Beispiele, darunter das der Substanz, d.i. die Vorstellung der „Beharrlichkeit des Realen in der Zeit“. Der Zeit, die selbst (unwandelbar) bleibt, während alle Zustände und Vorgänge (in ihr) wechseln, „korrespondiert das Bleibende im Dasein“ (KrV, B 143).

Durch Vermittlung des Schematismusgedankens ist es *Kant* nunmehr möglich, die synthetischen Grundsätze des reinen Verstandes zu entwickeln.

Nach deren oberstem Prinzip, das bereits zitiert wurde, steht „ein jeder Gegenstand . . . unter den notwendigen Bedingungen der synthetischen Einheit des Mannigfaltigen der Anschauung in einer möglichen Erfahrung“ (KrV, B 197).

Kant entwickelt drei Arten von Grundsätzen, die mathematischen – so genannt, weil sie die Mathematik auf Erscheinungen anzuwenden berechtigen (KrV, B 221) – die dynamischen – d.s. diejenigen, „die das Dasein der Erscheinungen a priori unter Regeln bringen“ (KrV, B 221f.) und die Physik, als Bewegungslehre (Dynamik), überhaupt erst ermöglichen sollen – sowie „die Postulate des empirischen Denkens“, die zeigen sollen, unter welchen Bedingungen ein beurteilter, d.h. in einem Urteil behaupteter Sachverhalt in empirisch-realer und nicht in bloß logischer Hinsicht möglich, wirklich und notwendig ist (KrV, B 265f.).

Wir beschränken uns hier auf die dynamischen Grundsätze, von *Kant* als „Analogien der Erfahrung“ bezeichnet.* Sie sind als „regulative Prinzipien“ aufzufassen, deren Bedeutung und Gültigkeit sich im empirischen Verstandesgebrauch erschöpft (KrV, B 222f.). Solche Prinzipien sind nicht etwa selbst bereits Aussagen über die Erscheinungen, sondern sollen derartige Aussagen nur gleichsam provozieren. D.h. es handelt sich bei ihnen um die Angabe jeweils einer „Regel, nach der in der Welt der Erscheinungen etwas gesucht wird“ (*Höffe, O.*, 1983, 125).

Entsprechend den drei Modi der Zeit, Beharrlichkeit, Folge und

* Der Ausdruck „Analogie“ (grch. Verhältnis/Beziehung; Gleichmäßigkeit/Übereinstimmung) meint in der Mathematik die Gleichheit zweier Größenverhältnisse. In der Philosophie ist damit nicht die Gleichheit quantitativer, sondern qualitativer Verhältnisse gemeint (KrV, B 222). „Analogien der Erfahrung“ besagt: Gleichheit der Beziehungen von Wahrnehmungen zueinander. „Alle empirischen Zeitbestimmungen (müssen) unter Regeln der allgemeinen Zeitbestimmung stehen . . ., und die Analogien der Erfahrung . . . müssen dergleichen Regeln sein“ (KrV, B 220).

Zugleichsein (KrV, B 219) unterscheidet *Kant* drei Analogien, von denen wir nur die zwei erstgenannten betrachten wollen.

Nach dem „Grundsatz der Beharrlichkeit der Substanz" bleibt die Substanz bei allem Wechsel der Erscheinungen dieselbe (KrV, B 224).

Denn, wie anders als im Verhältnis zu einem Beharrenden sollte Veränderung (Wechsel) überhaupt erfahrbar sein? Änderung ist gleich Zustandsänderung, während das „Substrat alles Wechsels" dasselbe bleibt (KrV, B 225).

Kant macht hier keine nähere inhaltliche Angabe, etwa i. S. einer Gleichsetzung von Substanz mit Materie. Derartige einzelwissenschaftliche Aussagen sind für ihn an den Erkenntnisfortschritt gebunden, bleiben also der Physik überlassen. In diesem Zusammenhang sind insbesondere auch dagegen Bedenken anzumelden, die erste Analogie – nach der Formulierung der zweiten Auflage der Kritik der reinen Vernunft, wonach das Quantum der Substanz in der Natur weder vermehrt noch vermindert wird (KrV, B 224) – mit den physikalischen Energieerhaltungssätzen gleichzusetzen (*Höffe, O.*, 1983, 126, mit Bezug auf *C.F.v. Weizsäcker:* Kants „Erste Analogie der Erfahrung" und die Erhaltungssätze der Physik, 1966).

Die zweite Analogie, der „Grundsatz der Zeitfolge nach dem Gesetze der Kausalität", besagt, daß „alle Veränderungen . . . nach dem Gesetze der Verknüpfung der Ursache und Wirkung (geschehen)" (KrV, B 232). Nur dadurch, daß wir Zustandsänderungen (der Substanz), Folgen von Erscheinungen, als dem „Gesetze der Kausalität unterworfen" denken, ist nach *Kant* empirische Erkenntnis möglich.

Kants Rede vom „Kausalitätsgesetz" ist nach heutigem Sprachgebrauch allerdings irreführend. Als Kausalgesetze sehen wir einen bestimmten Typ physikalischer Gesetze an. Die allgemeine Aussage dagegen, daß jede Veränderung/jedes Ereignis verursacht ist, ist von erkenntnisphilosophischer Art. *Kants* obige Aussage hat diese prinzipielle Bedeutung und sollte deshalb besser „Kausalitätsprinzip" genannt werden. Durch dieses Prinzip werden nicht etwa gewisse Erscheinungen (unmittelbar) bestimmt, indem sie in ein Ursache-Wirkungsverhältnis gebracht werden. Derartiges kann nur die einzelwissenschaftliche Kausalforschung leisten (vgl. KrV, B 252). *Kants* Aussage hat vielmehr eine den Naturgesetzen vorausliegende, transzendentale Bedeutung. Wollen wir nicht bei subjektiven Wahrnehmungseindrücken und -urteilen stehenbleiben, sondern zu objektiv gültigen Erfahrungen gelangen, dann müssen wir an die zeitlich aufeinanderfolgenden Erscheinungen das Kausalitätsprinzip anlegen; damit wird eine bloße Aufeinanderfolge als eine Auseinanderfolge von Zuständen bzw. als (Zustands-)Änderung durchschaut.

Wie auch sollte ein gegenwärtiger Zustand, wenn er vorher (in anderer Zuständlichkeit) nicht bereits war, wie also sollte ein unbewirkter Zustand überhaupt empirisch in Erscheinung treten und objektiv erklärt werden können? (KrV, B 236f.) Das Entstehen eines Zustandes ist nicht Ursprung aus dem Nichts; es ist vielmehr – bei gleichbleibender Substanz – nicht anders denn als Zustandsänderung zu deuten (KrV, B 251).

Man könnte die zweite Analogie auch i.S. der Behauptung verstehen, daß im Zusammenhang erfahrungsmäßiger Erklärungen die Berufung auf Wunder, als Eingriffe übernatürlicher Art, strikt auszuschließen ist. Die Bezugnahme auf derartige Eingriffe würde unseren Verstand schachmatt setzen. Unser Verstand muß von einem kontinuierlichen Zusammenhang der natürlichen Erscheinungen ausgehen, um diese in einen Erklärungszusammenhang bringen zu können. In diesem Sinne ergänzt *Kant* seine Theorie der Grundsätze des reinen Verstandes durch Ausschluß der Vorstellung, in der Natur – als Inbegriff der Erscheinungen – könne es Diskontinuität, Sprünge, den Fall des blinden „Ohngefähr" oder den Eingriff des Schicksals geben. Um der einheitlichen Erfahrung und Naturerklärung willen: „In mundo non datur hiatus, non datur saltus, non datur casus, non datur fatum" (KrV, B 282). Dies sagt uns nicht etwa die bloße Wahrnehmung. Allein auf sie gestützt wären Sprünge und Wunder nicht auszuschließen, sondern nur historisch höchst unwahrscheinlich. Ausgeschlossen sind Wunder aber dann, wenn die Objektivität nur mit Hilfe des Kausalitätsprinzips erreichbar ist. Und eben dies ist *Kants* Auffassung.

Nähmen wir dagegen an, die Ursache einer Erscheinung sei überhaupt nicht zu finden, dann verurteilten wir uns dazu, bei unseren jeweiligen subjektiven Wahrnehmungen stehen zu bleiben.

Zur Verdeutlichung des Kausalprinzips bringt *Kant* einen interessanten Vergleich (KrV, B 235ff.): Betrachte ich ein Haus, so kann ich zunächst die Grundmauern und dann den Dachstuhl ins Auge nehmen oder auch umgekehrt meinen Blick von oben nach unten gleiten lassen. Vom Gegenstand (Haus) her, sofern er (relativ) unveränderlich ist, ist die Wahrnehmungsfolge beliebig. Die Ursache-Wirkungsregel kann hier gar nicht greifen.

Anders im Falle einer Zustandsänderung. Sehe ich ein Schiff den Strom hinabfahren, so sehe ich es zum späteren Zeitpunkt (t2) unterhalb der Stelle, an der ich es zu einem früheren Zeitpunkt (t1) gesehen habe. Das Schiff muß sukzessive die Strecke zwischen den Positionen der Zeitpunkte (t1) und (t2) durchlaufen, um zur (t2)-Position zu gelangen, wobei ich die Bewegungen des Schiffes im Sinne einer Zustandsänderung und als Ursache-Wirkungsfolge deute. Hier ist eine Umkehrung der Wahrnehmungen unmöglich – es sei denn, das Schiff führe flußaufwärts; dann hätten wir es freilich mit einer anderen Ursache-Wirkungsfolge zu tun.*

Gegen die Erklärungstüchtigkeit von *Kants* Beispielen ist eingewandt worden, zwischen beiden bestehe gar nicht der von *Kant* angegebene Unterschied.** Auch die Wahrnehmungsfolge der Teile des Hauses lasse sich nämlich – mit Rücksicht auf die Bewegungen des betrachtenden Auges – als kausal-notwendig begreifen.

Der Einwand trifft *Kant* nicht. *Kants* Haus-Beispiel bezieht sich nicht auf die Augenbewegung, sondern auf die Gestalt des Hauses. Eine Kausalbeziehung zwischen den wahrgenommenen Gestalt-Elementen kommt aber überhaupt nicht in Betracht.

Im Falle des sich bewegenden Schiffes dagegen ist – will ich meine Wahrnehmungen nicht als eine bloß subjektive Folge auffassen – das Prinzip der Kausalität als Erklärungsgrundlage erforderlich. Nur dieses ermöglicht die Objektivation meiner Wahrnehmungen. (Vgl.: *Bröckner, W.,* 1970, 71f.; *Höffe, O.,* 1983, 128f.)

Mit seiner Überzeugung von der objektiven Gültigkeit des Kausalprinzips stellt *Kant* sich – daran sei noch einmal erinnert –

* Wir können hier von der Vereinfachung, die in *Kants* Beispiel steckt, absehen. Die wissenschaftliche Forschung begnügt sich freilich nicht mit der Feststellung der Ortsveränderung oder Bewegung des Schiffes, sondern will die einzelnen Kräfte in ihrem Zusammenwirken erkennen, die das Ab- und Aufwärtsfahren des Schiffes bewirken.

** *Schopenhauer, A.:* Über die vierfache Wurzel des Satzes vom zureichenden Grunde, §23 ausdrücklich gegen *Humes* Deutung der Kausalität als bloße psychologische Gewohnheit (Prol. §§27–30). Der *Humeschen* Ablehnung der Kausalität als eines Vernunftprinzips und seinem Nachweis, daß das Kausalprinzip sich nicht aus Erfahrung gewinnen/rechtfertigen lasse, begegnet *Kant* mit seiner transzendentalen Kausalitätsauffassung. Nur aus einem nicht-empiristischen Verständnis der menschlichen Subjektivität (als Vernünftigkeit) läßt sich nach *Kant* dartun, daß und wie menschliche Erkenntnis über das individuell Subjektive hinausreicht. Nur mit Bezug auf die transzendentale Struktur in der menschlichen Subjektivität ist der Anspruch der Erkenntnis auf Objektivität und Allgemeingültigkeit zu rechtfertigen. Dem Kausalitätsprinzip kommt dabei ein zentraler Stellenwert zu. Nach *Kant* hat *Hume* nicht zwischen wirklicher und möglicher Erfahrung unterschieden. Selbstverständlich können wir nur a posteriori wissen, daß durch (wärmendes) Sonnenlicht Wachs erweicht, Ton jedoch hart wird. Nur wirkliche Erfahrung berechtigt uns, konkrete Kausalbeziehungen zwischen einzelnen Erscheinungen herzustellen. Hinsichtlich möglicher Erfahrung jedoch kann a priori festgestellt werden, daß dem einen (z.B. der Erweichung des Wachses) etwas anderes (z.B. die Sonnenwärme) vorausgegangen sein muß, worauf es nach dem Prinzip der Verknüpfung von Ursache und Wirkung folgt. Durch Prinzipien wie das der Kausalität wird also Erfahrungserkenntnis überhaupt erst möglich. (KrV, B 792ff.).

Kants Kausalitätstheorie begegnet heute auch Einwänden, die an der modernen Physik, insbesondere der Quantentheorie und *W. Heisenbergs* Unbestimmtheitsprinzip orientiert sind. Für die subatomare Physik scheint das Kausalprinzip keine Gültigkeit zu haben; hier, so scheint es, kann man sich nur auf Wahrscheinlichkeitsgesetze stützen. Dazu kann an dieser Stelle in aller Kürze nur dies gesagt werden: Man würde in der Tat zu einer schroffen Entgegensetzung von moderner, subatomarer Physik und *Kantscher* Kausalität gelangen, würde man *Kants* Theorie als eine Abstraktion aus *Newtons* Physik bzw. sein Kausalprinzip als einen naturwissenschaftlichen Grundsatz ansehen. Anders, wenn man daran festhält, daß *Kants* Kausalitätsauffassung auf transzendentaler Stufe steht und also über die Art und den Gehalt der Gesetze, in denen Ursache-Wirkungsbeziehungen physikalisch erfaßt werden, nichts aussagt (vgl. *Höffe, O.*, 1983, 130). Dies allein besagt der Grundsatz der Kausalität, daß Zustandsänderungen oder Ereignisse, sollen sie überhaupt erklärt werden, als bewirkt aufzufassen sind, wobei völlig offen bleibt, wie solche Erklärungen näherhin auszusehen haben.

Wir sind damit am Ende der Darlegung von *Kants* Erfahrungstheorie.

Mit der Kategoriendeduktion und der Bestimmung der synthetischen Grundsätze des reinen Verstandes hat *Kant* die Frage der Möglichkeit synthetischer Urteile a priori bzw. der Erfahrungserkenntnis umfassend beantwortet.

Gewiß stellen sich an diese Antwort erneut Rückfragen, bohrendere und differenziertere als an die empiristischen und rationalistischen Positionen der vorkantischen Zeit. Es ist aber gerade *Kant* zu verdanken, daß in jenen Fragen, die von Theorien rationalistischer oder empiristischer Prägung nicht gründlich genug entfaltet wurden, größere Klarheit erreicht wurde. *Kants* Konstitutionstheorie der Erfahrung erwächst ja, wie ausgeführt, aus einer kritischen Synthese von Rationalismus und Empirismus. Damit mag freilich ein Teil insbesondere der Rückfragen, die von empiristischer Seite an die rationalistische Gegenseite gestellt wurden, auf *Kant* zurückfallen. Nicht wenige der zeitgenössischen Vertreter des Empirismus neigen nämlich dazu, *Kant* unter die Rationalisten einzureihen. Nun muß man sich keineswegs dem modernen Empirismus zugehörig fühlen, um im *Kantschen* Thesengeflecht auch schwache Stellen ausfindig zu machen. Hinsichtlich einer Reihe grundlegender Begriffe der *Kantschen* Theorie (z. B.: Ding an sich, Affektion, Empfindung, Erscheinung) bestehen Verständnisschwierigkeiten, die zu teilweise disparaten Interpretationen geführt haben. Selbst in bezug auf den Bedeutungsgehalt des tragenden Begriffs der transzendentalen Apperzeption ist die Diskussion bis heute kontrovers. *Kant* macht den Rationalisten mit Recht den Vorwurf, sie seien von dem Irrglauben geleitet, Erkenntnis sei aus bloßen Begriffen möglich. Er selbst nimmt allerdings im Begriff des transzendentalen Selbstbewußtseins eine letzte, rein formal zu denkende, die (apriorischen Formen der) Sinnlichkeit und den Verstand (in seinen Kategorien) übergreifende Einheit in Anspruch, um Erfahrungserkenntnis denken zu können. Kein Gegenstand möglicher Erfahrung kann aus der so begriffenen

Einheit ausscheren. Damit wollen wir nicht sagen, *Kant* geselle sich wieder dem Rationalismus zu. Auf empiristischer Seite allerdings könnte ein derartiger Vorwurf als durchaus naheliegend angesehen werden. Jedoch müßte dieser näherhin expliziert werden, damit man sich mit ihm auseinandersetzen könnte.

Anders als im Falle der beiden vorhergehenden Kapitel, in denen jeweils einige Hinweise zur Auseinandersetzung gegeben wurden, sollen den voranstehenden Äußerungen über *Kants* Theorie nicht unmittelbar kritische Anmerkungen angehängt werden. Vielmehr sollen einige Aspekte der *Kantschen* Position in einem letzten Abschnitt eigens zur Sprache gebracht werden.

Das erfolgt aus der Sicht einer erkenntnisphilosophischen Richtung, die sich in Abgrenzung zu *Kants* kritischem Idealismus als kritisch realistisch bezeichnet und der bis Mitte unseres Jahrhunderts innerhalb der deutschen Philosophie eine nicht geringe Bedeutung zukam.

6. Zur Kantkritik des kritischen Realismus*

Es ist ein fragwürdiges Unterfangen, Teilstücke *Kantschen* Denkens aus dem Ganzen seiner Philosophie herauszunehmen und isoliert darzustellen. Die voranstehende, auf die transzendentale Ästhetik und Analytik beschränkte Interpretationsskizze ist so gesehen ein Torso.

In der *Kant*deutung herrscht längst die Meinung vor, *Kants* Denken sei i. S. eines komplexen metaphysischen Entwurfs aufzufassen; und nur im Rahmen des ganzen gedanklichen Systems sei den einzelnen Teilen ein Stellenwert beizumessen. Freilich hat eine metaphysische Auslegung der Überlegungen *Kants* nichts mit einem Zurückgang auf vorkantische, dogmatische Positionen gemein. Letzteren gegenüber muß vielmehr *Kants* metaphysikkritischer Standpunkt festgehalten werden. Dazu gehört, daß an den

* Wir vermeiden den bestimmten Artikel („die Kantkritik . . .“), weil im folgenden nur drei Vertreter dieser Richtung zur Sprache kommen, nämlich: *E. v. Hartmann, A. Messer* und *N. Hartmann.*

Aussagen *Kants* selbst nicht i.S. starrer Ansprüche festgehalten wird.

Die Probleme, deren Klärung und Lösung *Kants* Anliegen war, gehören zu einer Denkgeschichte, aus der wir – insoweit sie den Begriff der Erkenntnis betrifft – einen Ausschnitt behandelt haben. Allerdings läßt *Kants* Philosophie sich nicht als eine bloße Durchlaufstation für ein vermeintlich fortschreitendes philosophisches Denken ansehen. Man ist sich heute darin einig, daß *Kants* Werk eine tiefgreifende Zäsur darstellt, von der her auf die vorhergehende Tradition neues Licht fällt und an der sich auch das spätere philosophische Denken bis in die Gegenwart hinein zu bewähren hat.

Ist es einerseits erforderlich, sich kritisch mit *Kant* auseinanderzusetzen und seine begrifflichen Konstruktionen auf ihre Haltbarkeit und Brauchbarkeit hin zu überprüfen, so dürfen andererseits dabei das Reflexionsniveau der transzendentalen Argumentation nicht unterlaufen und die konstruktiven Errungenschaften dieser Philosophie nicht übergangen werden.

Die Vertreter einer realistischen Deutung und Kritik des *Kantschen* Erkenntnisbegriffes könnten sich, dem Ansatz nach, auf *Kant* selbst als Kronzeugen berufen. In seiner „Widerlegung des Idealismus" (KrV, B 274ff.), die in der Vorrede zur zweiten Auflage der Kritik der reinen Vernunft um eine Anmerkung ergänzt wird, nennt *Kant* den Idealismus einen „Skandal der Philosophie", dem er mit seinem „Beweis von der objektiven Realität der äußeren Anschauung" den Garaus machen will (KrV, B XXXIX). *Kant* legt dar, „daß wir von äußeren Dingen auch Erfahrung und nicht bloß Einbildung haben" (KrV, B 275). Während der Idealismus glaubt, von äußeren Dingen hätten wir nur mittels Rückschluß von den innerbewußten Abbildern überhaupt Kenntnis (KrV, B 276), vertritt *Kant* den entgegengesetzten Standpunkt, wonach „selbst unsere innere, dem *Cartesius* unbezweifelte, Erfahrung nur unter der Voraussetzung äußerer Erfahrung möglich sei", „d.i. das Bewußtsein meines eigenen Daseins ist zugleich ein unmittelbares Bewußtsein des Daseins anderer Dinge außer mir" (KrV, B 275f.).

An die Stelle eines Abbild-Idealismus tritt bei *Kant* ein, die Einsicht des gesunden Menschenverstandes aufnehmender Realismus, nach dem wir der Naturdinge in der Raumanschauung unmittelbar gewahr werden und die empirische Bestimmung meines eigenen Daseins nur vermittelst der äußeren Erfahrung möglich ist (KrV, B 276f.).

Kants Realismus ist freilich zugleich ein „transzendentaler Idealismus". Denn der Raum und die Zeit selbst und mit ihnen alle Erscheinungen sind keine Dinge an sich, sondern unsere Vorstellungen. Dagegen hält der „transzendentale Realist" den Raum und die Zeit und mit ihnen die Erscheinungen für Dinge an sich selbst und spielt so, wie *Kant* feststellt, mit dem „empirischen Idealisten" zusammen; denn wenn fälschlicherweise vorausgesetzt wird, daß die Gegenstände der Sinne auch an sich, ohne Sinne, existieren, dann gelangt man von da leicht zu der Auffassung, unsere Sinne seien für die adäquate Erfassung der Wirklichkeit überhaupt nicht zuständig (KrV, A 369).

Es mutet vom *Kantschen* Sprachgebrauch her als provokativ an, wenn *E. v. Hartmann* seine Position in Abgrenzung zu der *Kants* als „transzendentalen Realismus" bezeichnet; und es fragt sich, ob und inwieweit der von *E. v. Hartmanns* Nachfolgern so genannte „kritische Realismus" mit dem von *Kant* bejahten Realismus in Einklang zu bringen ist.

Der Terminus „Realismus" besagt, daß „(1) wenigstens ein Teil dessen, was erkennbar ist oder erkannt wird, als real . . . gilt, d.h. als unabhängig vom menschlichen Denken existierend" und daß „(2) das Erkennen darin besteht, daß das real Existierende . . . wenigstens in bestimmten Grenzen und in gewisser Hinsicht in objektiver Weise vom Denken erfaßt und so Gegenstand des Erkennens wird" *(Carls, R.* in: *F. Ricken,* Hrsg., 1984, 159).

Näherhin wird auch von einem Außenweltrealismus gesprochen, der herausfinden möchte, ob und inwieweit die wahrgenommene, der Erkenntnis zugängliche Wirklichkeit in Beziehung zu bringen ist mit der „an sich" und als solche unabhängig von Wahrnehmung und Denken existierenden Realität.

Naiv wäre ein Realismus, der das sinnlich Gegebene schlicht als deckungsgleich mit der real-dinglichen Welt ansieht. Dagegen halten es die Vertreter des kritischen Realismus für erforderlich, den natürlichen Glauben an die Existenz der Außenwelt durch rationale Argumente zu stützen (vgl. *Carls, R.*, ebd.). Für den kritischen Realisten stehen zwischen dem (wahrnehmenden und erkennenden) Subjekt auf der einen Seite und den Realobjekten auf der anderen Seite die Bewußtseinsinhalte oder Phänomene.

Diese, wenn auch durch Sinnesreize, die von den realen Dingen ihren Ausgang nehmen, hervorgerufen, können keineswegs als den Realobjekten ähnlich angesehen werden. Von hier stellt sich den kritischen Realisten die weitere Frage, wie die Annahme einer Entsprechung zwischen den bewußtseinsimmanenten Merkmalen und Beziehungen und den real-objektiven Merkmalen und Beziehungen begründet werden kann.

N. Hartmann bezeichnet seine Grundeinstellung auch als einen „wissenschaftlichen Realismus", der zwar mit dem „natürlichen Realismus" (des Alltagsverstandes) die Realitätsthese, den Glauben an die Existenz von Dingen an sich teile, nicht aber die These der Adäquatheit von Ding an sich und Erscheinung. Nach *N. Hartmann* bleibt alle Realitätserkenntnis im Detail an die methodischen Möglichkeiten der Wissenschaften gebunden.* Im Fortgang wissenschaftlicher Forschung schreitet die Realitätserkenntnis, i. S. einer Annäherung unserer Erkenntnis an die Beschaffenheiten der Wirklichkeit, voran. Philosophie als Ontologie** hat nach *N. Hartmann* die Aufgabe, die Strukturgesetze der realen Welt, nicht der bloßen Erscheinungswelt, aufzudecken, was sie ohne jede Bezugnahme auf die Realwissenschaften schwerlich zu leisten vermöchte.

Auch der kritische Rationalismus *K. Poppers* und *H. Alberts* weiß sich dem Realismus zugehörig bzw. legt sich den Namen eines „kritischen" oder „transzendentalen Realismus" bei (vgl.: *Popper, K.*, 1973; Albert, H., 1982, 12ff., 25ff., 37ff.). *Popper* hält zwar einerseits den Realismus für im strengen Sinne unbeweisbar, führt aber dennoch Argumente an, die seines Erachtens überwältigend für den Realismus sprechen *(Popper, K.*, 1973, 49ff.). Eines darunter besagt, „daß so gut wie alle physikalischen, chemischen und biologischen Theorien den Realismus implizieren" und daß also, „wenn sie wahr sind, der Realismus wahr sein muß" *(Popper, K.*, 1973, 52f.). *Popper* spricht von solchem Realismus auch als

* *Hartmann, N.*, Einführung in die Philosophie. Vorlesungsnachschr. 5. A. Göttingen 1949, 79

** Das Wort „Ontologie" wird in der scholastischen Philosophie des 17. Jhdts. für die metaphysica generalis verwendet, d. i. die Lehre vom Sein als Sein bzw. vom Seienden im allgemeinen. *N. Hartmann* kann zu den wichtigsten Vertretern philosophischer Seinserkenntnis gezählt werden.

„eine Art Anpassungsversuch an die Wirklichkeit" *(Popper, K.,* 1973, 54).

Anzumerken ist dazu, daß ein Realismus, der sich in einzelwissenschaftlichen Theorien wiederzuerkennen glaubt und sich an den faktischen Wissenschaftsstand rückbindet, jedenfalls keine fundamentale, erkenntnisbegründende Position darstellt; eben dies aber ist unserer Darstellung nach das Ziel einer Philosophie der Erkenntnis.

H. Albert (1982,48) will zu einem „kritischen Realismus der vorkantischen Erkenntnistheorie" zurückkehren. Ein solcher „transzendentaler Realismus" fasse „den Rekurs auf die Bedingungen der Möglichkeit der Erfahrung" i. S. eines Versuches „der Erklärung auf der Basis hypothetischer Annahmen – also metaphysischer Hypothesen –" auf. Metaphysischen Hypothesen kommt hier eine die erfahrungswissenschaftlichen Hypothesen ergänzende Funktion zu, und sie haben sich im Zusammenhang der positiven Forschungen zu bewähren. Philosophische Metatheorie im Dienste erklärungstüchtiger und leistungsfähiger wissenschaftlicher Theorien – das mag als wissenschaftstheoretisches Postulat durchaus einleuchten; Erkenntnisphilosophie jedoch läßt sich nicht auf gewisse Annahmen reduzieren, die erforderlich scheinen, um „die menschliche Erkenntnis als einen realen Vorgang im Bereich des Problemlösungsverhaltens fehlbarer Menschen" beschreiben zu können *(Albert, H.,* 1982, 51).

6.1 Transzendentaler Realismus contra transzendentalem Idealismus: Eduard von Hartmann

Als Begründer des kritischen Realismus kann man *E. v. Hartmann* ansehen, der sich in seinem *Kant*-Buch* den Resultaten des transzendentalen Idealismus gegenüber skeptisch zeigt**. Er sieht

* *Hartmann, E. v.,* Kritische Grundlegung des transzendentalen Realismus. 3. A. Leipzig 1985, hier zit.: T.R.; Erstauflage 1871 unter dem Titel: Das Ding an sich und seine Beschaffenheit.

** Dem kritischen Realismus gehören neben *E. v. Hartmann* Denker wie *O. Külpe* (Die Realisierung, 3 Bde. 1912 ff.). *A. Messer, W. Wundt, E. Becher* und *A. Wenzl* an. Auch *N. Hartmann* ist dieser Richtung zuzuzählen. Vgl. *W. Stegmüller,* 1969a, 245 ff. (Kap. VI: Kritischer Realismus: *N.*

vor allem im Ding-an-sich-Begriff den Anknüpfungspunkt für eine ontologisch-metaphysische Auslegung des *Kantschen* Erkenntnisbegriffs. Dabei ist er allerdings weniger an dem orientiert, was *Kant* tatsächlich gelehrt hat, als vielmehr daran, „was er hätte denken sollen, wenn er von den gewählten Ausgangspunkten aus konsequent zu Ende gedacht hätte" (T.R., 3). Ein konsequent denkender *Kant* wäre zu anderen Resultaten gekommen, meint *v. Hartmann.* So hinsichtlich der Frage nach dem unsere Sinne Affizierenden; hier hätte die Antwort zunächst negativ lauten müssen: Das Affizierende „kann nicht das Vorstellungsobjekt sein*; denn das Vorstellungsobjekt ist erst aus der zu erklärenden Materie der Anschauung durch die Synthesis des Verstandes entwickelt und aufgebaut worden; es kann also das Abgeleitete nicht dem zu erklärenden Ursprünglichen vorhergegangen sein und dieses hervorgerufen haben . . . Wäre dasjenige, was die Sinnlichkeit affiziert, wieder nur Vorstellung, immanenter Bewußtseinsinhalt, so unterschiede sich die Wahrnehmung nicht von der Ideenassoziation, wo eine Vorstellung immer die andere hervorruft, und die Entstehung der ersten Wahrnehmung bliebe unerklärbar" (T.R., 56). „Affektion" – damit ist nichts anderes gemeint „als eine Handlung auf die zu affizierende Rezeptivität ausüben". Die affizierende Handlung ist nach *v. Hartmann* i. S. der Kausalität zu deuten. Danach hat *Kant* im Affektionsbegriff die Kausalität in Anspruch genommen, die uns jedoch als Denkkategorie keinen Zutritt zum Transzendenten verschaffen kann.** Also darf die Kausalität – *Kants* Affektionslehre zu Ende gedacht – nicht im eingeschränkten *Kantschen* Sinne: als „Regel einer Verknüpfung von Vorstellungen untereinander" verstanden werden, sondern sie ist in realistischem Sinne, als „transzendente Kausalität", aufzufassen, d. i. als „Gesetz einer Verknüpfung von Seiendem überhaupt" (T.R., ebd.). In einer derart gedeuteten Affektion hätten wir die

* Mit „Vorstellungsobjekt" meint *v. Hartmann* das durch die Begriffe des Verstandes bereits bestimmte, vorgestellte Objekt.

** Die Ausdrücke „immanent" und „transzendent" sind auf das wahrnehmende und vorstellende Bewußtsein bezogen. Das Transzendente ist das, was nicht bewußtseinsimmanent, sondern „an sich " existiert.

Hartmann). H. Schnädelbach (1983, 251 f.) dagegen meint, *N. Hartmanns* Weg sei ein anderer als der der kritischen Realisten.

„Brücke zwischen Transzendentem und Immanentem“ entdeckt; das affizierende Transzendente ist „die transzendente Ursache der Empfindung“ (T.R., 57). *Kant,* so meint *v. Hartmann,* hätte besser daran getan, das von ihm so genannte „transzendentale Objekt“, das, jenseits von Anschauung und Empfindung, „der Sinnlichkeit als einer Rezeptivität korrespondiert“ (KrV, B 522), nicht als „intelligible“ Ursache, sondern als inintelligible zu bezeichnen. *V. Hartmann* setzt, in einer von *Kants* Sprachgebrauch abweichenden Weise, die Ausdrücke „transzendent“ und „transzendental“ in folgendes Verhältnis (T.R., 57f.): „Indem wir die Vorstellung dieser transcendenten Ursache der Empfindung vor unserem Bewußtsein entwickeln, gewinnen wir ein Vorstellungsobjekt, welches ein Recht hat, transcendental zu heißen, da es sich auf ein positiv Transcendentes bezieht. Die transcendente Ursache und dasjenige transcendentale Objekt, welches ihr Vorstellungsrepräsentant im Bewußtsein ist, sind mithin Korrelate; aber sie sind nicht identisch, denn das eine liegt jenseits alles Bewußtseins, das andere in demselben.“

Während *Kants* Begriff des Transzendentalen (i. S. der Anschauungsformen und Denkkategorien) den Zugang zum Transzendenten verhindere, nehme er, *v. Hartmann,* im Begriff des transzendentalen Objekts gerade auf das Ding an sich, als transzendente Ursache der Empfindungen, Bezug.

Es ist zu fragen, ob *v. Hartmann* in seiner Deutung *Kantscher* Begriffe, von der er meint, sie sei das Gegenteil eines „absoluten Illusionismus“ (T.R., 61), nicht zumindest die Intentionen *Kants* verfehlt, so daß von einem zu Ende-Denken *Kantscher* Grundlagen nicht rechtens zu reden wäre.

Um es vorweg zu sagen: so wenig eindeutig die *Kantschen* Begriffe des Ding an sich und der Affektion auch sein mögen, die Deutung, die sie durch *v. Hartmann* erfahren, ist, wie uns scheint, von *Kant* aus nicht zulässig. Wir beschränken uns auf wenige Hinweise.

Vorangestellt sei ein *Kant*text (KrV, B 522f.), den *v. Hartmann* seiner *Kant*auslegung hätte zugrunde legen können.

„Das sinnliche Anschauungsvermögen ist eigentlich nur eine Rezeptivität, auf gewisse Weise mit Vorstellungen affiziert zu werden, deren Verhältnis zueinander eine reine Anschauung des Raumes und der Zeit ist . . . und welche, sofern sie in diesem

Verhältnisse . . . nach Gesetzen der Einheit der Erfahrung verknüpft und bestimmbar sind, Gegenstände heißen. Die nichtsinnliche Ursache dieser Vorstellungen ist uns gänzlich unbekannt, und diese können wir daher nicht als Objekt anschauen; . . . Indessen können wir die bloß intelligible Ursache der Erscheinungen überhaupt das transzendentale Objekt nennen, bloß, damit wir etwas haben, was der Sinnlichkeit als einer Rezeptivität korrespondiert. Diesem transzendentalen Objekt können wir allen Umfang und Zusammenhang unserer möglichen Wahrnehmungen zuschreiben, und sagen: daß es vor aller Erfahrung an sich selbst gegeben sei."

Mit dem Text lassen sich unseres Erachtens drei Behauptungen verknüpfen:

(1) Gegenständliche Erkenntnis nimmt ihren Ausgang von der (Sinnes-)Empfindung, die durch Affektion unserer (rezeptiven) Sinne hervorgerufen wird. Das Zustandekommen der Empfindung im je einzelnen empirischen Subjekt ist als ein zeitlich-kausaler Vorgang anzusehen.

(2) Ihre objektive Bestimmung erhalten die Empfindungen, als bloß subjektive Vorstellungen, dadurch, daß sie – vermittels der raum-zeitlichen Anschauung – nach reinen Verstandesgesetzen der Erfahrung miteinander verknüpft werden. Eines dieser „Gesetze" ist das Kausalprinzip. Nach ihm können wir auch unser eigenes Verhältnis zur äußeren Welt deuten, sofern wir selbst, als Sinnenwesen, der natürlichen Welt angehören. Die Naturdinge und die je einzelnen empirischen Subjekte gehören in ein und denselben Naturzusammenhang. Eigentlicher Träger von Erkenntnissen ist jedoch nicht das empirische, sondern das transzendentale Subjekt. Dieses ist – im Gegensatz zum empirischen Subjekt – nicht in die Naturwelt eingefügt. Daß wir in der Lage sind, Erscheinungen gegenständlich zu bestimmen, ist nur dank transzendental-subjektiver Bedingungen möglich.

Fassen wir das Zustandekommen der Empfindung im empirischen Subjekt kausal, als einen einzelnen Natur- oder psychischen Vorgang auf, dann reihen wir damit den Empfindenden unter die Naturobjekte ein. Wir stellen, auf Grund gewisser Beobachtungen, Beziehungen zwischen dem Empfindungsträger und den ihn umgebenden Körpern fest, die einen kausalen Charakter haben.

(3) Anders, wenn von einer „nichtsinnlichen Ursache" unserer

Vorstellungen die Rede ist. Eine derartige „Ursache" ist uns unbekannt. Nichtsinnlich: d.i. nicht raum-zeitlich angeschaut. Unsere Erfahrung ist einerseits durch die Anschauungsformen begrenzt. Sie nimmt andererseits erst mit der Empfindung, dem Materiallieferanten der Erfahrung, ihren Anfang. So gesehen stellt sich die Frage, was der Empfindung, die erst auf der Ebene raumzeitlicher Erfahrung zur Erscheinung kommt, jenseits der Erfahrung als „Gegenstand" korrespondiere. Dieses uns unbekannte Etwas, „was der Sinnlichkeit . . . korrespondiert" nennt *Kant* „transzendentales Objekt" und „intelligible Ursache", als vor aller Erfahrung an sich „gegeben".

Die Rede vom transzendentalen Objekt korrespondiert dabei mit der vom transzendentalen Subjekt. Wie das transzendentale Subjekt als solches empfindungsfrei zu denken ist, insofern ja aus ihm die Bestimmung des Empfindungsmaterials allererst abzuleiten ist, so ist das transzendentale Objekt, die „nicht-sinnliche Ursache", ein nur denkbares, intelligibles, nicht in der Erfahrung gegebenes und erkennbares X.

Das transzendentale Objekt ist gerade nicht Objekt unserer Erkenntnis, also auch nicht durch das Kausalprinzip bestimmbar.

Ob man dieser Interpretation des zitierten *Kant*textes im einzelnen zustimmen mag oder nicht, bleibe dahingestellt; eines aber dürfte klar geworden sein, daß nämlich *E. v. Hartmann Kants* differenzierte Unterscheidungen verfehlt, wenn er das transzendentale Objekt – ohne Bezugnahme auf ein transzendentales Subjekt – dem Vorstellungsobjekt gleichsetzt, das sich auf ein „positiv Transzendentes", nämlich die transzendente Ursache der Empfindungen bezieht.

E. v. Hartmann entwickelt in seinem *Kant*buch eine „Metaphysik der Erkenntnis"*, in der unseres Erachtens *Kants* metaphysikkritischer Standpunkt verlassen ist. Denn *v. Hartmann* nimmt genau jenen von *Kant* i. S. schlechter, nämlich dogmatischer Metaphysik kritisierten Standpunkt eines „transzendentalen Realismus" ein, der von einer zwischen den Dingen an sich waltenden (transzendenten) Kausalität spricht, die zwar als solche nicht Objekt werden kann, deren Erscheinungsform in der immanenten oder empirischen Kausalität wir aber kennen, nämlich „eine Vorstellung

* So der Titel des grundlegenden Werkes von *N. Hartmann,* auf das noch eingegangen wird.

(Repräsentation) derselben im Bewußtsein für das Bewußtsein, ein subjektiver oder immanenter Repräsentant der an sich seienden Ursache, aber eben darum transcendental" (T.R., 94).*

Das Transzendentale als Repräsentant des Transzendenten – die ‚goldene Brücke' zwischen beiden soll jene Kausalität sein, die Transzendenz und Immanenz miteinander verbindet. Transzendentaler Gebrauch der Kategorien heißt dann nicht wie bei Kant: die Anwendung und Beschränkung der Kategorien auf Anschauungen, sondern im Gegenteil: Die Kategorien sind „ebensowohl Daseinsformen des an sich Seienden . . ., wie Denkformen des Gedachten" (T.R., 106).

Unsere kritische Bewertung der *von Hartmannschen Kant*-Interpretation ist keinesfalls i. S. eines Einspruches gegen einen freieren, auf Klärung zielenden Umgang mit *Kants* Sprache, insonderheit der Begriffe: Ding an sich, Erscheinung, Affektion zu verstehen. Auch die ontologischen Tendenzen der Deutung *v. Hartmanns* bzw. des kritischen Realismus überhaupt können nicht als von vornherein *kant*fremd verworfen werden. Eine ontologisch-metaphysische Ausdeutung der Überlegungen des Königsberger Philosophen ist von verschiedenen Seiten aus versucht worden – trotz und unter Beachtung von *Kants* Äußerung, „der stolze Name einer Ontologie", welche glaubt, vom Seienden selbst, als Ding an sich, seien synthetische Aussagen a priori zu geben, müsse „dem bescheidenen einer bloßen Analytik des reinen Verstandes Platz machen" (KrV, B 303).** Die analogen Bemühungen seitens eines von ontologischen Absichten geleiteten Realismus sind also in guter Nachbarschaft. Nur dürften dabei nicht offensichtliche Mißverständnisse *Kantschen* Denkens – wie unseres Erachtens im Falle *E. v. Hartmanns* – in Kauf genommen werden. Allein darum kann es in unserem Zusammenhang gehen, den transzendentalen

* *E. v. Hartmann* vertritt eine als „Repräsentationismus" zu bezeichnende Abbildtheorie der Erkenntnis (vgl. *A. Klemmt,* Einl. in *G. Berkeley,* Abhandlg., XXXVI), die *Kant* als „subjektiven Idealismus" verwarf und die in Ausweglosigkeiten führen dürfte.

** Hinzuweisen wäre hier auf Arbeiten von *H. Heimsoeth, G. Martin, M. Heidegger, O. Blaha.* Letzterer gibt seinem Buch den Titel: Die Ontologie Kants. Ihr Grundriß in der Transzendentalphilosophie, Salzburg/München 1967.

oder kritischen Realismus daraufhin zu befragen, ob und inwieweit in seiner *Kant*auslegung die Grundlagen des transzendentalen Denkens ignoriert werden oder nicht. Ein näheres Eingehen auf die gedanklichen Konstruktionen der Vertreter dieser erkenntnisphilosophischen Richtung ist dabei nicht möglich.

6.2 August Messers Phänomenalismuskritik

Eine Bewertung *Kantscher* Gedanken aus kritisch-realistischer Sicht nimmt auch *A. Messer* vor.* Er unterscheidet zwischen einer phänomenalistischen und einer transzendental-logischen, neu kantianischen Interpretation der Lehre *Kants*. Gegen beide Deutungsweisen trägt er eine Reihe von Einwänden vor. Wir betrachten kurz *Messers* Phänomenalismuskritik.

Der Phänomenalismus geht davon aus, daß wir in aller Erkenntnis auf die Bewußtseinsgegebenheiten angewiesen sind. Erkenntnis, so meint der Phänomenalist, setzt sich aus Phänomenen, Sinnesdaten, zusammen. Die sog. realen Dinge und Geschehnisse sind danach logische Konstruktionen aus Sinnesdaten.

Die phänomenalistische Auffassung wird schon unserer natürlichen Einstellung nicht gerecht, wonach wir uns in unseren Wahrnehmungen nicht auf Phänomene, sondern auf die existierenden Dinge und die Prozesse an ihnen beziehen.

Messer meint nun, der Phänomenalismus habe in *Kants* Theorie der Erfahrungserkenntnis seine Wurzeln. Denn *Kants* positive Beantwortung der Frage nach der Möglichkeit synthetischer Sätze a priori sei mit dem Verbot einer Erkenntnis der Dinge an sich erkauft bzw. dem Gebot einer rigorosen Beschränkung des Erkennens auf Erscheinungen verknüpft. Die gegenständliche Welt ist für *Kant*, wie *Messer* meint, das Produkt zweier Faktoren: einer unsere Vorstellungen affizierenden Realität und des a priori organisierten (und organisierenden) Bewußtseins.

Messer argumentiert ähnlich wie *E. v. Hartmann*. *Kant* setze in seinem Affektionsbegriff nicht nur die bewußtseinstranszendente Realität voraus, sondern auch, daß diese auf uns wirke, indem sie

* *Messer, A.*, Einführung in die Erkenntnistheorie, 3. A., Leipzig 1927, hier zit.: Einf.; Der Kritische Realismus, Karlsruhe 1923

Eindrücke in uns veranlaßt. Dann aber sei es inkonsequent, die Erkenntnis auf die Sphäre der Erscheinungen zu beschränken.

In betreff des Affektionsproblems ist an die oben, gegen die Stimmigkeit des *E. v. Hartmannschen Kant*verständnisses vorgebrachten Zweifel zu erinnern, die auch *Messers* Argument treffen.

Messer kritisiert des weiteren die Raum- und Zeitauffassung *Kants*. Zwar seien Raum und Zeit als Anschauungen subjektiv; jedoch fänden sich im real Seienden selbst objektive Entsprechungen, die wir begrifflich erfassen könnten. So z. B. habe die Physik die objektiv realen Entsprechungen von Farben und Tönen in zahlenmäßig, nach Form, Länge und Geschwindigkeit bestimmbaren Wellenbewegungen ausmachen können. Das beweise, daß unsere Erkenntnis im begrifflichen Denken über die Anschauung hinausreiche, in Richtung auf das Ansich der Dinge.

In bezug auf das *Messersche* Beispiel sind zwei Anmerkungen zu machen. Einmal ist zu fragen, ob die Physik, im Falle der Erklärung von Farben, die Ebene der Anschauung im *Kantschen* Sinne tatsächlich übersteigt. *Kants* Anschauungsbegriff ist ja keineswegs mit der physiologisch-psychologischen oder technischen Ausrüstung des Gattungswesens Mensch gleichzusetzen. Im Sinne *Kants* verbleibt die Physik durchaus im Anschauungsbereich, wenn sie, im Ausgang von gewissen Experimenten, beispielsweise die für unser Auge unsichtbare, objektive Wellennatur des Lichtes und der Farben ausmacht.*

Zum andern: wie sollte auf philosophischer oder wissenschaftlicher Ebene überhaupt zu entscheiden sein, ob das, was die Physik an Erklärungen und Theorien beibringt, als eine annäherungsweise Erkenntnis der Dinge an sich zu betrachten ist? Wir bedürften dazu ja einer Übersicht, aus der ein Vergleich der Dinge mit unserem Erkenntnisstand von ihnen vorgenommen werden könnte. Eine derartige Sicht aber besitzen wir nicht. *Messers* diesbezügliche Entscheidung mag zwar prima facie den Eindruck des Realistischen erwecken, jedoch ist sie, wie uns scheint, von einer positivistischen Gleichsetzung der Erkenntnis des objektiv Seienden mit bestimmten einzelwissenschaftlichen Ergebnissen nicht weit entfernt.

Hinsichtlich *Kants* Behauptung der Existenz synthetischer

* Allerdings dürfte von diesem Beispiel nicht geradenwegs überzugehen sein auf die zunehmend ‚unanschaulicher' gewordenen Bereiche moderner Mikrophysik.

Urteile a priori kommt *Messer* zu dem Ergebnis, „daß die obersten Sätze der Naturwissenschaft zwar synthetisch (sind), aber . . . nicht a priori (gelten), während die mathematischen Sätze a priori gelten, aber nicht synthetisch sind“ (Einf., 130).

Messers Meinung vom nicht-synthetischen Charakter mathematischer Sätze ist, insbesondere in Kreisen der analytischen Philosophie, verbreitet. Sie ist aber, wie bereits bemerkt, nicht unumstritten. Z. B. finden sich unter den Axiomen der Geometrie Existenzaussagen wie: „Es gibt mindestens zwei Punkte.“ Wären aber mathematische Sätze analytisch wahr, dann wären sie, gemäß *Leibniz*, in allen „möglichen Welten“ gültig. Dies kann aber für die Existenzaussagen der Mathematik nicht zutreffen, die nur in allen „wirklichen möglichen Welten“ Gültigkeit haben.*

Auch wäre zu fragen, was genau gemeint ist, wenn mathematische Sätze analytisch genannt werden. *Messer* meint, sie seien letztlich im Widerspruchsatz gegründet und insofern analytisch. Nur eine den Sätzen vorausgehende „Synthesis“ sieht *Messer* als gegeben an, „die in den Zahlenkombinationen und in der Konstruktion der geometrischen Gebilde (liegt), auf die sich die Sätze beziehen“ (Einf., 130).

Analytisch – i. S. von: ihr Gegenteil als selbstwidersprüchlich ausschließend – können geometrische Sätze jedoch nicht sein; denn z. B. das Parallelenaxiom läßt sich bestreiten, womit freilich nur Aussagen der *euklidischen,* nicht jeder Geometrie aufgehoben werden.**

In bezug auf „gewisse oberste Sätze der Naturwissenschaften“, wie das Kausalprinzip, von *Kant* zu den synthetischen Sätzen a priori gezählt, bestreitet *Messer* die Erfahrungsunabhängigkeit im strengen Sinne. Sätze, die sich auf Reales, i. S. der Erfahrungsobjekte der Naturwissenschaften, beziehen, sind – nach *Messer* – auch nur mit Hilfe der Erfahrung als gültig nachzuweisen.

Erfahrung ist anschauungsgebunden. Wenn *Messer,* wie gezeigt, *Kants* Raum-Zeit-Theorie mit dem kritischen Hinweis versieht, daß die Begriffe der Physik weiter reichten als die subjektive Anschauung, und daß sie also geeignet seien, die Grenze zwischen

* Vgl. *Höffe, O.*, 1983, 63 – mit Bezug auf *Brittan, Jr., G. G.:* Kant's Theory of Science, Princeton 1978, 56ff.

** *Höffe, O.* 1983, 63 – mit Bezug auf *Brittan,* ebd., 69ff.

Erscheinung und Ansich der Dinge zu überschreiten, so erhebt er hier die Forderung, selbst die obersten Sätze der Naturwissenschaften bedürften der Bestätigung durch Erfahrung.

Offenbar fehlt es *Messers* Erfahrungsbegriff an Eindeutigkeit, wenn er einmal dem physikalischen (Begriffs-)Denken die Sprengung bloß subjektiv-anschaulicher Erfahrung zugesteht, andererseits aber selbst die Prinzipien der Naturwissenschaft für erfahrungsabhängig erklärt.

Demgegenüber unterscheidet *Kant* zwischen den transzendentalen Bedingungen der Erfahrung und der konkreten, auf die einzelnen Gegenstände sich beziehenden Erfahrung unter jenen Bedingungen. Nach *Kant* zählen Prinzipien wie das der Kausalität zu den transzendentalen Bedingungen, unter denen Naturerkenntnis überhaupt möglich ist; der Vollzug dieser Erkenntnis ist dann sehr wohl auf die Erfahrung der Gegenstände angewiesen.

Messer möchte sich dann aber doch *Kants* Unterscheidung zu eigen machen. Er tut dies freilich nur halbherzig, wenn er meint, man könne jenen „obersten Sätzen" – „im Vergleich mit den eigentlich empirischen Sätzen" – einen „relativ-apriorischen Charakter" nicht absprechen (Einf., 129f.). Die obersten Sätze stünden im Verhältnis logischer Apriorität zu den Einzelsätzen der Wissenschaften. Das Kausalprinzip kann, nach *Messer,* rechtens ein apriorischer Satz genannt werden. Denn ein Satz vom Allgemeinheitsgrad des Kausalprinzips lasse sich nicht aus Erfahrung begründen, sondern sei „Bedingung möglicher Erfahrung". *Messer* macht jedoch mit der logischen Apriorität des Kausalprinzips nicht ernst, insofern der transzendental-logische Gedanke *Kants* von ihm nicht mitvollzogen wird. Prinzipien wie das der Kausalität sind seiner Ansicht nach vielmehr Annahmen allgemeinster Art. Sie haben einen hypothetischen Charakter, und es kann ihnen, insoweit sie sich in der bisherigen Erfahrung bewährt haben, nur eine praktische, keine theoretische Gewißheit zuerkannt werden. Ihre ausnahmslose Geltung für die Realität(serkenntnis) ist unbeweisbar (Einf., ebd.; vgl. auch 60ff.).

Messers Rede vom Kausalprinzip als bloßer Annahme (allgemeinster Art) kann so verstanden werden, daß die Geltung dieses Prinzips steht und fällt mit den einzelnen erklärungstüchtigen Kausalgesetzen. Wenn in der modernen, subatomaren Physik Gesetze eines anderen Typs, nämlich Wahrscheinlichkeitsgesetze, eine entscheidende Rolle spielen, dann steht damit, wenn wir *Messer* richtig verstehen, auch das Kausalprinzip auf dem Spiele. Offenbar sind für *Messer* Annahmen allgemeinster Art nicht auf einer anderen, nämlich transzendentalen Erkenntnisebene angesiedelt als die, empirische Erkenntnis ermöglichenden Theorien und Gesetzesannahmen. Die Gültigkeit des Kausalprinzips selbst, als eines obersten Erkenntnisgrundsatzes, wird von *Messer* in diesem Zusammenhang gar nicht erörtert. Genau das aber ist das Thema der *Kantschen* Lehre von den reinen Grundsätzen.

Der *Messersche* Standpunkt ist, wie uns scheint, dem des kritischen Rationalismus sehr ähnlich; und er muß sich, so diskutabel er ansonsten erscheinen mag, der oben in bezug auf *Popper* und *Albert* angemerkten Rückfrage stellen. Es ist danach fraglich, ob sich *Kants* Problem der Bedingungen der Möglichkeit von Erfahrung i. S. eines Rekurses auf erkenntnis-„metaphysische" Annahmen deuten läßt, die im Rahmen positiver Forschung sich bewähren oder nicht.

Im Hinblick auf die Behauptung der kritischen Rationalisten und Realisten *(A. Messer)*, den obersten Grundsätzen sei letztendlich nur ein hypothetischer Charakter zuzuerkennen, ist ergänzend festzustellen, daß es in der Tat einem Rückfall in rationalistischen Apriorismus gleichkäme, würde man an der Apriorität der Grundsätze und zugleich an ihrer Kompetenz für die positive Forschung festhalten. *Kant* nimmt strenge Apriorität für die Grundsätze in Anspruch, insofern er diese als Prinzipien des reinen Verstandes ansieht. Wenn seiner Auffassung nach allein auf der Grundlage solcher Grundsätze Naturerkenntnis möglich ist, dann verbindet sich damit, unserer Ansicht nach, nicht die Vorstellung, ihre Apriorität verlängere sich gleichsam in die Einzelsätze der positiven Forschung hinein. Vielmehr sind die auf der Ebene der Einzelwissenschaften begegnenden Erkenntnisse auf konkrete Gegenstände bezogen und also auch in ihrem Geltungsanspruch von der Bestätigung durch gegenständliche Erfahrung abhängig. Kritische Rationalisten und Realisten verwerfen *Kants* Lehre von den reinen Verstandesprinzipien, insofern sie die Annahme von Erkenntnisprinzipien allein im Hinblick auf die einzelwissenschaftliche Erforschung der Wirklichkeit für sinnvoll halten. Die kritischen Realisten parallelisieren Erkenntnis- und Seinskategorien. Als Strukturmomente des (zu erforschenden) Seienden haben die

Kategorien allerdings eine hypothetische Komponente; sie wären – mit *Messer* zu sprechen – von nur relativer Apriorität. Grund-Sätze, die in einzelwissenschaftlichen Gesetzen aufgingen – etwa das Kausalprinzip in einzelnen Kausalgesetzen – wären selbst erfahrungsabhängig. Die kritischen Realisten, wie *A. Messer,* stecken in dem Dilemma, einerseits am *Kantschen* Aprioritätsdenken festhalten zu wollen, andererseits die für Kant mit diesem Denken notwendig verbundene Beschränkung auf Gegenstände möglicher Erfahrung überwinden, also die Erkenntnis auf Dinge an sich erweitern zu wollen. *A. Messers* Rede vom relativen Apriori der Grundsätze ist unseres Erachtens das indirekte Eingeständnis dieses Dilemmas.

6.3 Nicolai Hartmanns Kantauslegung – eine neue „kopernikanische Wende?"*

Neben *E. v. Hartmann* und *A. Messer* tritt auch *N. Hartmann,* der wohl gewichtigste Vertreter eines erkenntnisphilosophischen Realismus, in eine Auseinandersetzung mit *Kant* ein. Er will einen „Beitrag zur Scheidung des Geschichtlichen und Übergeschichtlichen in der *Kantischen* Philosophie" leisten, wobei er das Übergeschichtliche zugleich für überstandpunktlich, „diesseits von Idealismus und Realismus", hält.**

Was an *Kants* Philosophie ist nach *N. Hartmann* bloß geschichtlich-standpunktlich und also wie ein abgetragenes Kleid abzulegen?

Das ist – mit einem Wort – der transzendentale Subjektivismus, nach dem „alles Objektive in einem Subjektiven wurzeln" muß und die Existenz von „Kategorien, die dem Objekt primär eigen wären", geleugnet wird (Diesseits, 168). Nach dem „Restriktionsgesetz" ist die Geltung der Kategorien auf Gegenstände möglicher

* *J. Stallmach* leitet den von *A. J. Buch* herausgegebenen Band: Nicolai Hartmann 1882–1982, Bonn 1982, mit der Überschrift ein: „Kopernikanische Wende in der Philosophie des 20. Jahrhunderts?"

** So Unter- und Obertitel der erweiterten Fassung seines 1922 in der Kantgesellschaft Berlin gehaltenen Vortrags, Kant-Studien, Sonderdrucke, Bd. XXIX, H. 1/2 (1924), hier zit.: „Diesseits." Vgl. dazu auch *Herring, H.,* Das Problem der Affektion bei *Kant,* 48 ff.

Erfahrung eingeschränkt (Diesseits, 170)*. Erkenntnis gibt es nur im Bereich des Phänomenalen.

Rein standpunktlich ist nach *N. Hartmann* auch die dem Restriktionsgesetz zugrunde liegende Unterscheidung von Erscheinung und Ding an sich. Sie reißt beide soweit auseinander, „daß nur Erscheinung erkennbar ist, das Ding an sich aber nicht" (Diesseits, 171). *N. Hartmann* meint, es liege „im Wesen der Erscheinung, Erscheinung eines ‚Erscheinenden' zu sein" (Diesseits, 171). Das in der Erscheinung Erscheinende ist seines Erachtens das Ding an sich. Dann aber könne das Ding an sich nicht zugleich verborgen bleiben (d. h. nicht erscheinen). „Es ist unmöglich, daß Erscheinung allein, ohne Ding an sich erkannt werde. Entweder werden beide erkannt, oder beide sind unerkennbar" (Diesseits, 172).

Was hält *N. Hartmann* für überstandpunktlich an *Kants* Erkenntnisphilosophie? Er verweist an erster Stelle auf den „zentralen Punkt der transzendentalen Analytik", den „obersten Grundsatz aller synthetischen Urteile" (Diesseits, 183). Dieser Grundsatz löst nach *N. Hartmann* das Rätsel, wie Begriffe/Sätze des reinen Verstandes Urteilen über Naturgegenstände zugrunde gelegt werden können, durch die These, daß die Gesetze des Naturgeschehens dieselben Gesetze sind wie die des erkennenden Verstandes. Nur unter Voraussetzung einer Identität der Prinzipien des erkennenden Bewußtseins mit denen seines möglichen Gegenstandes kann von synthetischen Urteilen a priori, als objektiv gültigen, rechtens die Rede sein (Diesseits, 185). Nach *N. Hartmann* hat *Kant* in seinem obersten Grundsatz (KrV, B 197: „die Bedingungen der Möglichkeit der Erfahrung überhaupt sind zugleich Bedingungen der Möglichkeit der Gegenstände der Erfahrung") über seinen (transzendentalen) Subjektivismus hinausgewiesen. Zwar läßt sich nach *N. Hartmann* die *Kantsche* Formel des obersten Grundsatzes idealistisch auffassen, wonach die Prinzipien gegenständlicher Erkenntnis auf seiten des (transzendentalen) Subjekts zu suchen sind, das Subjekt also dem Objekt übergeordnet ist. Aber eine realistische Interpretation ist gleichfalls möglich. Denn, sind Erkenntnis – und Gegenstands- oder Seinsprinzipien zumindest

* Die Ausdrücke: Restriktion, Restringieren (Einschränkung, Einschränken) finden sich bei *Kant* des öfteren (in KrV, B 185f., 178, 224, 266).

partial identisch* – so die *N. Hartmannsche* Formulierung von *Kants* ‚wahrhaft genialem Grundsatz' (Diesseits, 186; ME, 340) – dann können diese Prinzipien auch primär solche des Gegenstandes sein und erst mittelbar, dem Objekt nachgeordnet, solche des Subjekts (Diesseits, 187). Und eben dies ist für N. Hartmann die einzig haltbare Sicht, auf die der „Problemdenker" *Kant* und nicht der standpunktliche „Systemdenker" vorausweist. „Gegenstand/ Objekt" bedeutet dabei für *N. Hartmann* nicht, wie für *Kant*, das durch das Denken (des Subjekts) Bestimmte. Vielmehr ist nach *N. Hartmann* der Gegenstand als solcher dem Subjekt transzendent.

Hier ist auf den Problemgehalt des *N. Hartmannschen* Gegenstandsbegriffs hinzuweisen. Nach *N. Hartmann* ist, in realistisch-ontologischer Betrachtung, „Gegenstandsein" einmal i. S. von „Gegenstehen" aufzufassen; das Objekt ist das dem Subjekt Ent-Gegenstehende. Zum anderen will *N. Hartmann,* aus ontologischer Absicht heraus, das Nicht-Relative zum Ausdruck bringen, das seines Erachtens im Gegenstandsbegriff enthalten ist. Tatsächlich legt ja dieser Begriff – über seine relationale Struktur in der Subjekt-Objekt-Beziehung hinaus – zugleich den Gedanken an ein Etwas nahe, das, um vom Subjekte objiziert werden zu können, bereits zuvor ‚da' sein muß. *N. Hartmann* spricht von diesem, im unzeitlichen Sinne Früheren, demgegenüber die Gegenstandserfassung seitens des Subjekts das Spätere ist, als dem Seienden (an sich). Der seiende Gegenstand geht nach *N. Hartmann* – gleichwohl

* *N. Hartmanns* Lehre der partialen Identität von Erkenntnis- und Seinskategorien ist nicht i. S. der von *N. Hartmann* kritisierten, alten ontologischen Auffassung einer Identität des idealen Seins (des Gedankens) und der Strukturen des realen Seins zu verstehen. *N. Hartmann* unterscheidet drei Bereiche von Kategorien: die des realen Seins, des idealen Seins und des erkennenden Bewußtseins. Dem erkennenden Subjekt steht das ideale Sein als Objekt gnoseologisch (erkenntnismäßig) näher, und das reale Sein wird a priori über die ideale Seinssphäre erkannt, nämlich insoweit, „als die Strukturen des realen Seins mit denen des idealen sich decken". Für *N. Hartmann* besteht ein „geschichtetes Verhältnis der kategorialen Identität": „soweit nur Idealkategorien und Erkenntniskategorien sich decken, ist das ideale Sein erkennbar; soweit aber darüber hinaus sich auch noch Ideal- und Realkategorien decken, ist eben dieselbe Erkenntnis zugleich Erkenntnis des realen Seins" (ME, 545. ME = „Metaphysik der Erkenntnis", 1921 in erster Auflage erschienen; wir zitieren nach der zweiten Auflage von 1925).

von ihm als Gegenstand nur in der Subjekt-Objekt-Relation die Rede sein kann – in dieser Relation nicht auf. Der Erkenntnisgegenstand ist, wie *N.Hartmann* sich ausdrückt, „von Haus aus übergegenständlich, er geht als seiender in seinem Gegenstandsein nicht auf, sondern besteht unabhängig von ihm und indifferent gegen sein eigenes Gegenstandwerden für ein Subjekt" (1982, 9).

N. Hartmanns Rede vom Gegenstandsein läßt sich hier so verstehen, als solle damit ein Vorgegebensein des Gegenstandes i. S. von dessen Wirklichsein – als (an sich) Existieren/Bestehen – zum Ausdruck gebracht werden. Im vorwissenschaftlichen Denken ist ja, allem Anschein nach, tatsächlich mit „Gegenstand" primär ein seinsartiges Etwas gemeint, das erst sekundär zum Erkenntnisgegenstand wird.

Eine Gleichsetzung von Gegenstandsein mit Wirklichsein hält jedoch einer Überprüfung nicht stand. Zwar mag es als sinnvoll erscheinen, vom Vorgegebensein des Gegenstandes zu sprechen; denn derjenige, der sich erkennend auf den Gegenstand richtet, hat ihn ja in irgendeiner Weise bereits erfaßt, und auch diesem Erfassen wiederum liegt der Gegenstand als ‚Seinsartiges' bereits voraus (*Meinong,* 1977). Aber dieses Vorgegebensein des Gegenstandes kann nicht in dessen wirklichem Existieren bestehen; andernfalls fielen Gegenstand- und Wirklichsein letztendlich zusammen, derart, daß ich auch sagen könnte: Dank seines Gegenstandseins für den Erkennenden ist etwas wirklich. Eine derartige Auffassung hat große Ähnlichkeit mit *G. Berkeleys:* „esse est percipi". Wenn *Kant* die dem Erkennen zugängliche Wirklichkeit auf den phänomenalen Bereich beschränkt, dann verbindet sich bei ihm damit gerade nicht der Gedanke, in den Erscheinungen und im Gegenstandsein ginge Wirklichsein überhaupt auf. Vielmehr bringt er im Begriff des Ding an sich zum Ausdruck, daß den Erscheinungen, als der erkennbaren Realität, ein intelligibles, positiver Erkenntnis sich entziehendes Substrat zugrunde liegt.

N. Hartmann versucht dem Dilemma, in das ihn sein Gegenstandsbegriff führt – Gegenstand einmal i. S. des Objectum der Erkenntnis, zum anderen i. S. eines subjekt-transzendenten Etwas – durch den Rückgriff auf seine Lehre von den emotional-transzendenten Akten zu entgehen.* Darunter versteht er emotio-

* *Hartmann, N.,* Zum Problem der Realitätsgegebenheit, Berlin 1931; Zur Grundlegung der Ontologie, Berlin 1935, 177–204

nale Akte, z. B. des Erfahrens, des Erlebens und Erleidens von Realem, i. S. des Gewahrwerdens eines Widerstandes. Realsein ist für *N. Hartmann* primär nicht Gegenstandsein, „Gegenstand" i. S. einer Denk- oder Erkenntniskategorie aufgefaßt, sondern Widerstandsein für unser Erleben. Nicht stehen wir primär als distanziert Erkennende, sondern als Beteiligte und Betroffene im Leben. In dem, was uns alltäglich widerfährt, zeigt sich ein „Realitätsgewicht", gegenüber dem alle theoretische, skeptisch-idealistische Realitätsbestreitung verstummen muß, so meint *N. Hartmann* in Übereinstimmung mit *M. Scheler* und *W. Dilthey*. In derartigen Akten – *N. Hartmann* führt neben den teils gegenwartsbezogenen, teils prospektiven rezeptiven Akten noch die Spontanakte an, in denen wir die Realität nicht passiv hinnehmen, sondern, in Begehren, Wollen und Handeln, aktiv Einfluß auf sie zu gewinnen suchen – erblickt *N. Hartmann* nicht nur die ersten Realitätsbürgen, sondern er glaubt darüber hinaus auch das Erkennen i. S. transzendenter, die Grenzen bloßen Bewußtseins überschreitender Akte auslegen zu können.*

Was *N. Hartmanns* Analyse des Gegenstandsbegriffs angeht, so ist zwar einerseits der darin enthaltenen Abgrenzung der Begriffe „Gegenstand" und „Inhalt" der Erkenntnis zuzustimmen (vgl. dazu *Meinong, A.*, 1977). Jedoch trägt *N. Hartmann* unseres Erachtens die gnoseologisch-ontologische Differenz, d. h. die Zweiheit von Erkennen und (gegenständlichem) Sein, die sein realistisch-ontologischer Erkenntnisbegriff ja gerade überwinden will, in den Gegenstandsbegriff hinein.

Das Wort vom Transzendenzcharakter gewisser emotionaler Akte kann zudem nicht darüber hinwegtäuschen, daß derartige Akte als Erlebnisweisen den Charakter der Bewußtseinsimmanenz haben.

Im Zusammenhang mit seiner, unserer Auffassung nach problematischen Gegenstandsauffassung glaubt *N. Hartmann*, eine ontologische Umgestaltung von *Kants* oberstem Grundsatz aller synthetischen Urteile vornehmen zu können.

Eine apriorische Erkenntnis von Gegenständen überhaupt ist nach seiner Überzeugung nur möglich, wenn die Kategorien eben

* Auf die entsprechende Analyse des Erkenntnisphänomens wird unten näher eingegangen.

nicht nur solche des Denkens sind, sondern vielmehr auch auf die „Seinssphäre" zutreffen. Die These einer Identität von Denk-/Erkenntnis- und Gegenstands-/Seinsprinzipien wäre, nach *N. Hartmann*, nämlich nichtssagend, nähme man den Gegenstand, seiner Bestimmtheit nach, ins transzendentale Subjekt hinein. Erst dann kommt, wie er meint, die ganze Bedeutung jener These zum Tragen, wenn man den Gegenstand i. S. eines jenseits des Subjekts (auch des transzendentalen) real bestehenden ansieht. Dann nämlich entpuppt sich die Erkenntnisrelation als eine ontologische. Die transzendenten Gegenstände sind erkennbar, insofern sich in Denken und Erkennen ihre kategorial-ontologische Struktur gnoseologisch abbildet.

Ist *N. Hartmanns* Auslegung des obersten Grundsatzes als ‚überstandspunktliches' *Kant*verständnis zu akzeptieren?

Als i. S. *Kants* anzunehmen ist die *N. Hartmannsche* Kurzformulierung, daß die Erkenntnisprinzipien zugleich Gegenstandsprinzipien sind. Nicht aber läßt sich, von *Kant* her gesehen, die Umbildung des gnoseologischen Prinzips zu einem ontologischen Grundsatz mitmachen. Denn das läuft nach *Kant* auf den unkritisch-metaphysischen Standpunkt hinaus, nach dem wir zu einer apriorischen Erkenntnis von Dingen an sich fähig sein sollen, ein Standpunkt, der eine Parallelität von Denken und Sein metaphysisch unterstellt. Dagegen ist an *Kants* Realismus als eines transzendentalen Idealismus zu erinnern, nach dem eine Erkenntnis von Gegenständen überhaupt dadurch möglich ist, daß die Verstandeskategorien sich nur innerhalb der Reichweite der sinnlichen Anschauungsformen auf Gegenstände überhaupt beziehen. Die Prinzipien des Verstandes sind danach gerade keine Seinsprinzipien, faßt man Sein i. S. von Bewußtseinstranszendenz auf.

Mit *Kant* (vorsichtig ausgelegt) ließe sich nur sagen: Ob die Formen und Prinzipien der Anschauung und des Denkens zugleich Seinsprinzipien sind, ist unentscheidbar. Was wir dagegen klar wissen ist, daß die transzendental-subjektiven Prinzipien Erfahrungserkenntnis ermöglichen und uns somit einen Begriff empirischer Wirklichkeit verschaffen. In diesem Sinne bedeutet *N. Hartmanns* ontologische Auslegung des obersten Grundsatzes einen Rückfall in vorkantische Positionen. Für *Kants* metaphysikkritische Sicht ist der Standpunkt eines derart die Erkennbarkeit des Ding an sich behauptenden Realismus genauso dogmatisch wie der eines radikalen Idealismus, der glaubt, „Sein" mit „Gedachtsein" gleichsetzen zu können.

Der kritische Realismus ist danach, so hat es den Anschein, keine Fortsetzung des kritischen Idealismus mit anderen, sprich: ontologischen Mitteln.*

N. Hartmann selbst sieht in seinem gnoseologisch-ontologischen Programm eine „Umkehrung der ‚kopernikanischen Tat' *Kants* (ME, 276).** ‚Umgekehrt' wird bei *N. Hartmann* das Verhältnis von Erkenntnis und Sein; nicht geht danach die Erkenntnis, ihren Bedingungen nach, dem gegenständlichen Sein voraus, wenn sie sowohl selbst als seiend als auch i. S. des Erfassens von objektiv Seiendem soll aufgefaßt werden können. Zwar hat die Gnoseologie gegenüber der Ontologie eine Art Vorreiterfunktion. Denn, soll ontologische Forschung überhaupt möglich sein, dann muß zuvor die Frage gestellt werden, in welchem Sinne von einem subjekttranszendenten Gegenstand und von dessen Erkennbarkeit die Rede sein kann. Die Erkenntnis gehört freilich selbst dem Sein, nämlich der Seinsschicht des Geistigen, an, so daß ihre Erforschung bereits zu einer Angelegenheit der Ontologie wird. *N. Hartmanns* erneute *kopernikanische* Wende läuft deshalb auf eine metaphysische Erweiterung des Erkenntnisproblems hinaus. Der erkenntnismetaphysische Rahmen soll die Verknüpfung erkenntnisphilosophischer mit ontologischen Fragen ermöglichen.

N. Hartmann glaubt jedoch, auch und gerade als Erkenntnismetaphysiker an *Kants* metaphysikkritischem Standpunkt festhalten zu können. *Kants* These, keine Metaphysik ohne Kritik, bleibe in

* Es sei noch einmal betont, daß hier auf die weiteren ontologischen Gehalte der kritisch-realistischen Theorien, insbesondere derjenigen *N. Hartmanns,* nicht eingegangen werden kann. Das Erfordernis einer ontologischen *Kant*auslegung ist somit keineswegs verneint. Wir sind in diesem Zusammenhang allein mit der (Un-)Annehmbarkeit des *Kant*verständnisses der aufgeführten Vertreter des kritischen Realismus befaßt.

** Auch *Böhme, H./Böhme, G.* (1985, 301) meinen neuerdings, *Kants* Revolution der Denkungsart sei genau genommen anti-kopernikanisch. Denn *Kant* habe, im Gegensatz zu *Kopernikus,* der dem Menschen „die demütigende Stellung eines Mitfahrers auf einem unbedeutenden Trabanten" zugewiesen habe, dem Ich als Erkenntnissubjekt die Stellung der Sonne zugemutet; nach dessen Regie habe sich das Ganze der Natur zu richten. Auf die entsprechende Kritik an *Kants* Wort, der Verstand schreibe der Natur die Gesetze vor, sind wir oben bereits eingegangen.

Kraft, so meint er, versteht aber unter Kritik etwas ganz anderes als der Transzendentalphilosoph. Aus der Forderung nach Kritik läßt sich nach *N. Hartmann* eine dem Subjektivismus widerstreitende Konsequenz ziehen: „die Konsequenz, daß gerade das Metaphysische im Erkenntnisproblem dasjenige ist, was kritisch zu bearbeiten ist. Solange nur das ‚kritisch' heißt, was auf Subjektprinzipien gegründet ist, schließt solche Bearbeitung einen Widerspruch in sich. Versteht man aber unter ‚kritischer' Bearbeitung eine solche, die alle Elemente eines vorliegenden Problems gleichwertig berücksichtigt, . . . so fällt dieser Widerspruch von selbst hin. Eine kritische Erkenntnistheorie kann sehr wohl metaphysisch sein. Und sie muß es sein, weil ihr Problem metaphysisch ist" (ME, 34 f.).

Kant meint mit „Kritik" anderes und mehr als *N. Hartmann,* der darunter lediglich die „kritische Sichtung eines Problemfeldes" und die „argumentative Zurückweisung von vorschnellen, unbegründeten Behauptungen, die sich darauf beziehen", versteht *(Schnädelbach,* 1983, 256). *Kants* Kritikbegriff hat seinen Kern in der Unterscheidung von Ding an sich und Erscheinung. Erkenntnis des Ding an sich ist, da Erkenntnis auf den Bereich des Phänomenalen beschränkt ist, unmöglich. Das Ding an sich ist nur denkbar, nicht erkennbar. *N. Hartmann* erblickt in dieser Auffassung eine „negative Ontologie", die „in eine positive Ontologie umgewandelt werden" muß (ME, 178), wobei er an die *Kantschen* Begriffe des „transzendentalen Objektes" und der „Idee" glaubt anknüpfen zu können (ME, 189). M.a.W.: *N. Hartmann* glaubt, die prinzipielle Trennung von Ding an sich und Erscheinung als unberechtigt aufheben zu können. Die fortschreitende Erkenntnis der Erscheinung ist für ihn eine – freilich unabschließbare – Annäherung an das Ding an sich. Damit ist aber *Kants* kritisch-negativer Metaphysikbegriff aufgegeben.

An der Anzahl der ungelösten Probleme in der *N. Hartmannschen* Erkenntnismetaphysik, die z. T. mit der Ungeklärtheit der darin benutzten Begriffe zusammenhängen, läßt sich bemessen, ob der erkenntnismetaphysische Weg in die Ontologie ein erkenntnisphilosophisch gangbarer ist. Auf einige dieser Probleme soll hier noch ergänzend hingewiesen werden.*

* Vgl. zu Folgendem: *Liebrucks, B.*, 1968, 6–24

N. Hartmann beginnt seine „Metaphysik der Erkenntnis" mit dem Satz: „Die nachstehenden Untersuchungen gehen von der Auffassung aus, daß Erkenntnis nicht ein Erschaffen, Erzeugen oder Hervorbringen des Gegenstandes ist, wie der Idealismus alten und neuen Fahrwassers uns belehren will, sondern ein Erfassen von etwas, das auch vor aller Erkenntnis und unabhängig von ihr vorhanden ist" (ME, 1).

Zwar kann man der Ablehnung der neukantianischen Erkenntnisauffassung (Erkenntnis als Erzeugen des Objekts durch das Subjekt) zustimmen, aber es fragt sich sogleich, was die Rede vom Erfassen eines vor und unabhängig von aller Erkenntnis vorhandenen Etwas bedeutet. Nehmen wir „Erfassen" i. S. von Erkennen – und zumindest der Anfang des Erkennens eines ‚vor aller Erkenntnis Vorhandenen' bestünde ja in jenem „Erfassen" des Vorhandenen – dann wäre, obiger Formulierung nach, unter „Erfassen" die Erkenntnis eines von der Erkenntnis Unabhängigen zu verstehen. Nun aber kann dasjenige, was erkannt werden kann, nicht völlig unabhängig vom Erkennen ‚gegeben' sein; es kann nicht i. S. von *Kants* Ding an sich, d.i. eines schlechterdings nicht Gegebenen aufgefaßt werden. Ein derart Unabhängiges wäre der Erkenntnis unzugänglich. Das von *N. Hartmann* gemeinte Unabhängige soll also zwar einerseits unabhängig von der Erkenntnis sein, doch andererseits zugleich zugänglich für sie. Aber selbst wenn wir von derartigen semantischen Widersprüchlichkeiten, in die *N. Hartmanns* räumlicher Analogien sich bedienende Sprache hineinführt, absehen*, es stellt sich die Frage nach der Gegebenheitsweise jenes (zu erfassenden) unabhängigen Etwas. *N. Hartmann* sucht sie im Zusammenhang mit seiner „Analyse des Erkenntnisphänomens" zu beantworten (ME, 5. Kap.).

Der erste Satz dieser Analyse stellt Erkennendes und Erkanntes, Subjekt und Objekt der Erkenntnis einander gegenüber. Dieses Gegenüber trägt nach *N. Hartmann* den Charakter gegenseitiger Urgeschiedenheit oder Transzendenz (ME, 43). Die Subjekt-Objekt-Beziehung, deren Glieder aufhören, Subjekt und Objekt

* Semantische Bedenken richten sich auch gegen ähnliche traditionelle erkenntnisphilosophische bzw. von kritischen Realisten benutzte Ausdrücke, wie: „(bewußtseins-)transzendent" oder „jenseits" bzw. „außerhalb" des Bewußtseins. Die Bedeutung solcher Ausdrücke ist jeweils kontextabhängig.

zu sein, versucht man sie aus der (Erkenntnis-)Relation herauszulösen, ist als eine Korrelation zu betrachten, die zwei verschiedene Relationen enthält: „Die Funktion des Subjekts besteht in einem Erfassen des Objekts, die des Objekts in einem Erfaßbarsein für das Subjekt und Erfaßtwerden von ihm“ (ME, 43).

Dem von *N. Hartmann* wiederholt benutzten Ausdruck „Erfassen“ ist von sprachlicher Seite mit gewissen Bedenken zu begegnen.* Im Bilde des Erfassens wird der Erkenntnisvorgang zu sehr dem der Wahrnehmung angeglichen.** In der Wahrnehmung besteht die zweigliedrige Beziehung von wahrnehmendem Subjekt und wahrgenommenem Objekt. Dagegen handelt es sich bei der Erkenntnis um eine dreigliedrige Relation: Ich erkenne A als C. *Liebrucks* (1968, 7) erblickt in dem „Erfassen“ eine Art „Disziplinierung der Vernunft“. *N. Hartmann,* so meint *Liebrucks,* schaltet den Gedanken der Spontaneität der Vernunft aus, wenn er den Objektivationsprozeß, durch den das (zu erkennende) Objiciendum zum Objekt gemacht wird, d.h. die Gegenständlichkeit des zunächst von der Erkenntnis unabhängigen Gegenstandes erst gebildet wird, als ein Erfassen charakterisiert. Während bei *Kant* die Möglichkeit synthetischer Erkenntnis a priori der Spontaneität der Vernunft sich verdankt, läuft *N. Hartmanns* Rede vom Erfassen (eines unabhängigen Gegenstandes, des Objiciendum, durch das Subjekt) auf eine Bestimmung des Erkenntnissubjekts durch das zu erkennende Objekt hinaus. Die Umkehrung dieses Bestimmungsverhältnisses führt nach *N. Hartmann* zu einer Objektverfälschung.

An *N. Hartmanns* Auffassung, es sei uns im Erkenntnisprozeß möglich, den ‚wirklichen‘ Gegenstand zu erfassen, ohne von seiten des Subjekts bereits etwas hinzuzutun, ist die schlichte Gegenfrage zu richten, wie solches denn vor sich gehen sollte. Wir treten doch jedenfalls mit irgendwelchen Vorstellungen oder Begriffen an die Wirklichkeit heran, wenn es um deren Erkenntnis geht. Und sind diese Begriffe nicht bereits sprachlich geprägt – auch der des

* Eine gründlichere Darlegung dieser Bedenken müßte weiter ausholen und aufzeigen, wie die Bestimmung des Denkens als rezeptives „Erfassen von . . .“ als Gegenzug gegen *Kants* (und des nachfolgenden Idealismus) Idee der „Spontaneität des Verstandes“ sich bei *Bolzano, Brentano, Meinong, Husserl, Frege* u.a. entwickelte. Vgl.: *Schnädelbach, H.,* 1983, 243f.

** Darauf macht *W. Stegmüller* (1969a, 283) aufmerksam.

Erfassens (von wirklichen Objekten) und der einer unabhängig von uns existierenden Welt? *N. Hartmann* selbst kann sich ja – wie *Liebrucks* bemerkt – „eine vom Menschen unabhängige Welt" nur relativ zu sich selbst als virtuellem Beobachter vorstellen (*Liebrucks,* 1968, 9).

N. Hartmann beschreibt sodann das Erfassen, vom Subjekt aus gesehen, als ein „Hinübergreifen in die . . . transzendente Sphäre des Objekts" und ein „Einholen" der „ergriffenen Bestimmtheiten des Objekts in die Subjektsphäre" (ME, 43). Das Subjekt leistet hier dreierlei: Es tritt heraus aus sich, ergreift, außer sich seiend, die Objektbestimmtheiten und kehrt mit diesen zu/in sich zurück. Dabei bleibt, wie *N. Hartmann* bemerkt, „das Objekt als solches unangetastet", denn die Objektbestimmtheiten kehren im Subjekt wieder nur als „Bild" des Objekts (ME, 44).

Die Bild-Metapher führt in weitere Schwierigkeiten. Das Bild des Objekts –d. h. die Nach- und Abbildung der Bestimmtheiten des Objekts im Subjekt – kann nicht in den begrifflichen Bestimmtheiten bestehen, sofern diese sich der Seite des Subjekts verdanken; das Abbild soll aber die Bestimmtheiten des Gegenstands an sich möglichst objektiv widerspiegeln. Die Möglichkeit einer derartigen Repräsentation des Objekts im Subjekt einmal unterstellt, wie sollte die Beziehung der Erkenntnis(-aussagen) zu dem Abbild vorgestellt werden?

Kant kritisiert die *Leibniz-Wolffische* wie *Lockesche* Philosophie daraufhin, sie hätten ihren „Untersuchungen über die Natur und den Ursprung unserer Erkenntnisse einen ganz unrechten Gesichtspunkt angewiesen"; denn wahre oder falsche Erkenntnis betreffe „nicht bloß die Form der Deutlichkeit und Undeutlichkeit" (KrV, B 61 f.; B 327). Nämlich Abbilder sind mehr oder weniger (un-)deutlich, aber Erkenntnisse nicht mehr oder weniger wahr oder falsch. Also ist Erkenntnisbegründung vermittels einer Abbildtheorie – nach der unsere Wahrnehmungen von Objekten psychische Abbilder dieser Objekte sind, auf die alle begrifflichen Konstruktionen sich zu stützen haben, sollen sie sich auf die Objekte beziehen – nach *Kant* ein Ding der Unmöglichkeit. *Kant* verwirft die Abbildtheorie in Verbindung mit seiner Überzeugung, daß am Zustandekommen von Erkenntnis eben nicht nur die Sinnlichkeit, sondern auch die Begriffe des Verstandes beteiligt sind. Für *Kant* müssen Sinnlichkeit und Verstand auseinandergehalten werden, was bei *Leibniz* und *Locke* nur unzureichend geschehen sei; ersterer fasse die Sinnlichkeit als verworrenen Verstand, letzterer den Verstand als gesteigerte Sinnlichkeit auf.

Mit der Bildertheorie der Erkenntnis, wie sie uns auch in *N. Hartmanns* Rede vom „Erfassen" begegnet, verbindet sich die Vorstellung von der Rezeptivität der Erkenntnis – contra Spontaneität. Im „Nachbilden des Erfaßten" gibt es keine Spontaneität (gegen das Erfaßte); vielmehr muß von einer „prinzipiellen Rezeptivität des Subjekts" gesprochen werden (ME, 54). *N. Hartmann* verknüpft mit diesen Überlegungen auch das „Phänomen der Wahrheit". Von wahrer Erkenntnis könne nur im Falle der „Übereinstimmung des Bildes im Bewußtsein mit dem Objekt" gesprochen werden (ME, 54). Was stimmt hier womit überein? Ein Abbild kann nur mit einem Vorbild übereinstimmen, und von Nachbilden kann die Rede nur sein, wenn das Nachgebildete (Abbild) zuvor bereits in sich fertiges Bild ist. Das Nachbilden besteht dann im passiven Abbilden des Objekt-‚Bildes' im Subjekt – ohne jede Aktivität des letzteren (vgl. *Liebrucks,* 1968, 16). Bezeichnenderweise spricht *N. Hartmann* in diesem Zusammenhang von einer spezifischen „Erkenntnis-Spontaneität des Bewußtseins", die kein „Eingreifen" in die Objektbestimmtheiten bedeutet, sondern „ein fortschreitendes Empfänglichwerden für sie und Sichbestimmenlassen durch sie" (ME, 54).

Spontaneität als erhöhte Rezeptionsbereitschaft – der Unterschied zu *Kant* könnte keinen drastischeren Ausdruck finden. Nur ist *Kants* Auffassung von der Erkenntnis als Synthesis unseres Erachtens der *N. Hartmannschen* weit überlegen, auch wenn man *Kants* Theorie für nicht widerspruchsfrei und seine Sprache für nicht frei von irreführenden Metaphern halten mag.*

Wenn *N. Hartmann* in seiner Rezeptionsauffassung das Objekt zum Bestimmenden, das Subjekt zum Bestimmten erklärt, dann setzt er dabei ein Ansichsein des Gegenstandes voraus. Soll die

* Ganz allgemein läßt sich gegen *N. Hartmanns* Trennung einer (nachzubildenden) transzendenten Wirklichkeit von dem bewußtseinsimmanenten Abbild der Einwand der Weltverdoppelung erheben (vgl. *Stegmüller, W.*, 1969a, 283). Und ist es schon nicht einzusehen, wie ein Abbild von einem Ansichseienden überhaupt zustande kommen soll, so ist, wie gezeigt, der Schritt vom Bild zur Erkenntnis erst recht nicht nachvollziehbar. Zur Kritik an der Bildertheorie vgl. auch: *Linke, P. F.*, 1961, 96ff.

Rede vom Ansichsein des Gegenstandes im Rahmen der Analyse des Erkenntnisphänomens einen Sinn machen, dann kann damit nur ein gnoseologisches Ansichsein gemeint sein, eines, das mit dem Gedanken der Subjekt-Objekt-Beziehung (als Erkenntnisrelation) in Einklang zu bringen ist. In diesem Sinne heißt es bei *N. Hartmann,* „alle Objekterkenntnis meint ein von ihr unabhängiges Sein" (ME, 50). Der Seinscharakter des gemeinten Objiciendum liege, vom Subjekt aus gesehen, „jenseits des Objizierten", „in der verlängerten Richtung des Objekts" (ME, 51).

Das Wort von der gegenseitigen Transzendenz von Subjekt und Objekt sprengt offenbar den Rahmen der Erkenntnisrelation und formt sie zu einer Seinsbeziehung um. Eine derartige Realrelation entzieht sich phänomenaler Betrachtung und Beschreibung. Die Realrelation gehört, so gesehen, nicht zum Erkenntnisphänomen, darunter sie bei *N. Hartmann* erscheint, sondern ist „eine metaphorische, verräumlichende Deutung dessen, was wir unter ‚Erkenntnis' verstehen" *(Schnädelbach, H.,* 1983, 261)*.

Im übrigen macht *N. Hartmann*, wenn er von der Transzendenz des Objiciendum als in der verlängerten Richtung des Objekts gelegen spricht, mit dem Transzendenzgedanken eigentlich (ontologisch) nicht ganz Ernst. Da er jenes „Transobjektive" gnoseologisch zu fassen versucht, wird daraus unversehens „ein zweites, dunkleres Objekt" *(Liebrucks B.,* 1968, 13). *N. Hartmann* schwankt zwischen erkenntnisphilosophischer und ontologischer Sicht hin und her. Einerseits ist die Subjekt-Objekt-Beziehung Erkenntnisrelation. Darin ist das Objekt nicht als vom Subjekt unabhängig zu denken. Die beiden Relata: Subjekt und Objekt sind solche ein und desselben Bewußtseins. Gleichwohl glaubt *N. Hartmann,* das Subjekt meine das Objekt als an sich seiendes; dies Gemeinte ist dann eben nicht mehr Objekt innerhalb der Erkenntnisrelation, sondern ein „dahinter" gelegenes „Transobjektives". Und das soll dann wieder – vermittels des Objektionsvorganges – in die Erkenntnisrelation hineingezogen, objiziert werden.

N. Hartmann entwickelt eine ganze Reihe von Zusatz- und Zwischengedanken, um dieses gnoseologisch-ontologische ‚Dop-

* *H. Schnädelbach* erhebt in diesem Zusammenhang den Verdacht einer „Diskursvermengung", in der sich „explikative Rede als deskriptive maskiert" (1983, 261). Unter dem Deckmantel der Phänomenbeschreibung würden hier begriffliche Erläuterungen über „Erkenntnis" gegeben.

pelspiel' ins reine zubringen. Doch es gelingt ihm unseres Erachtens nicht, den von ihm inszenierten Widerspruch aufzulösen: Entweder nämlich sind Subjekt und Objekt einander transzendent, dann gibt es keine Erkenntnis; oder aber es gibt Erkenntnis, und Subjekt und Objekt sind einander nicht transzendent. Mit der Zurückführung der Erkenntnis- auf eine Seinsrelation, so wie *N. Hartmann* sie vornehmen möchte, ist dieser Aporie nicht Herr zu werden. *Kants* Forderung, man solle auf den stolzen Namen einer Ontologie zugunsten des bescheideneren einer Analytik des reinen Verstandes verzichten (KrV, B 303), scheint so erneut an Bedeutung zu gewinnen.

Läuft unsere Auseinandersetzung mit der *Kant*kritik des kritischen Realismus dann aber nicht einfach auf eine Rückkehr zur Lehre *Kants* hinaus? Und hätte sich diese Kritik also als überflüssig erwiesen?

Dazu sei abschließend noch Stellung genommen. Abgesehen davon, daß die Konfrontation mit den Überlegungen der genannten Vertreter des kritischen Realismus zu einem schärferen Verständnis einiger Aspekte des *Kantschen* Denkens verholfen hat, ist der Versuch einer realistisch-ontologischen Deutung des Verhältnisses von Erscheinung und Ansichsein zu würdigen.

Kant hatte Erkenntnis, i. S. synthetischer Urteile a priori, auf Gegenstände möglicher Erfahrung eingeschränkt und den Begriff der Metaphysik negativ bestimmt, indem er das Ding an sich als das Jenseits der Erfahrung ansah, dessen intelligibles Wesen erkenntnismäßig unzugänglich ist.

In dem Dualismus von Ding an sich und Erscheinung verbergen sich zweifellos gewisse Widersprüchlichkeiten *Kantschen* Denkens. Hat nach *Kant* unsere Erkenntnis einerseits an dem Bereich des Phänomenalen seine Grenze, so sollen die Phänomene andererseits ein dahinter stehendes Ansichsein anzeigen, das freilich nicht zur Erscheinung kommt. Und obwohl die Phänomene ihrem Inhalte nach (empfindungs-)gegeben und nicht Setzungen des transzendentalen Subjekts sind, soll sich ihre gegenständliche Bestimmung doch letztlich der Einheit der transzendentalen Apperzeption verdanken. Wie sich aber aus einem derartigen Gedankengebilde, das allein philosophischer Abstraktion entstammt, Kategorien und Grundsätze ableiten, durch die die

Phänomene ihre Bestimmung erhalten sollen, ist nicht recht einzusehen.

Der kritische Realismus sucht den Dualismus von (erkannter) Erscheinungswelt und (unbekannter) Welt der Dinge an sich als den zentralen Widerspruch im *Kantschen* System* aufzudecken und zu beseitigen. Doch die Durchführung der Absicht enthält nicht nur, wie aufgezeigt, erhebliche Mißverständnisse in bezug auf die *Kantsche* Konzeption, sondern führt darüber hinaus in eine Reihe auswegloser Probleme.

Die Vertreter des kritischen Realismus glauben, vom Erscheinungsbereich gebe es einen kontinuierlichen Übergang zum Ansichsein. *N. Hartmann* entwickelt eine induktive Ontologie, deren Kategorien „Zug um Zug den Realverhältnissen abgelauscht" sein sollen.** Nicht nur, daß ein derartiges Verfahren zu einer hoffnungslosen Konkurrenz mit den Wissenschaften führt *(Schnädelbach, H.,* 1983, 259), es kann vor allem nicht zu dem gewünschten Ziel der Seinserkenntnis führen. Der induktive Weg verbleibt in der Reichweite der Erscheinungswelt, welchen Allgemeinheitsgrad die gewonnenen Strukturen immer haben mögen. Zudem läßt sich schwerlich der tautologische Charakter einer solchen Ontologie übersehen: Die „den Realverhältnissen abgelauschten", also aposteriorisch gewonnenen Kategorien sollen, sind sie erst gewonnen, so etwas wie oberste Bestimmungsgründe eben dieser Verhältnisse darstellen.

Gegen solche und weitere, durch einen derartigen Versuch gnoseologischer Absicherung der ontologischen Vorgehensweise entstehende Unstimmigkeiten steht *Kants* ontologie- und metaphysikkritische Einstellung.

Gewiß ist das Seinsproblem nicht auf das Erkenntnisproblem zurückzuführen, doch bleibt philosophische Seinserkenntnis, die über die Zweiheit von Subjektsein und Objektsein hinaus – zu höherer Einheit führen soll – erkenntnisphilosophischer Reflexion verpflichtet.

Die Seinsfrage muß dann auf eine andere Weise angegangen werden, als dies der kritische Realismus versucht. Dabei könnten wichtige Bestandteile der *Kantschen* Philosophie, die in unserem

* *Haag, K. H.,* Der Fortschritt in der Philosophie, Frankfurt/M. 1985, 87
** *Hartmann, N.,* Neue Wege der Ontologie, Stuttgart 1949, 13

Zusammenhang unberücksichtigt bleiben mußten, wie die Lehre vom Unbedingten, eine wegweisende Bedeutung erlangen.

Literaturverzeichnis

Aufgeführt sind nur die Werke, auf die mehrmals Bezug genommen wird. Weitere Literaturangaben finden sich in den Anmerkungen.

Albert, H., Traktat über kritische Vernunft. Tübingen 1968

Albert, H., Die Wissenschaft und die Fehlbarkeit der Vernunft. Tübingen 1982

Apel, K.-O., Transformation der Philosophie, 2 Bde., Frankf./M. 1973, Bd. II (als Taschenbuch): Das Apriori der Kommunikationsgemeinschaft, Frankf./M. 1976

Aristoteles, Werke, Bd. I, Einführungsschriften, eingeleitet und übertragen von *O. Gigon,* Zürich/Stuttgart 1961

Aristoteles, Lehre vom Beweis oder Zweite Analytik, hg. v. *O. Höffe,* Hamburg (PhB 11) 1976

Baumgartner, H.M., Über die Widerspenstigkeit der Vernunft, sich aus Geschichte erklären zu lassen. Zur Kritik des Selbstverständnisses der evolutionären Erkenntnistheorie, in *Poser, H.,* Hrsg., Wandel des Vernunftbegriffs, Freiburg/München 1981, 39–64

Berkeley, G., Eine Abhandlung über die Prinzipien der menschlichen Erkenntnis, neu hg. v. *A. Klemmt,* Hamburg (PhB 20) 1979

Böhme, H./Böhme, G., Das Andere der Vernunft. Zur Entwicklung von Rationalitätsstrukturen am Beispiel Kants, Frankf./M. (als Taschenbuch) 1985

Bröcker, W., Kant über Metaphysik und Erfahrung, Frankf./M. 1970

Bubner, R., Hrsg., Geschichte der Philosophie in Text und Darstellung, Bd 4: Empirismus, hg. v. *G. Gawlick,* Stuttgart 1980, Bd. 5: Rationalismus, hg. v. *R. Specht,* Stuttgart 1979

Cassirer, E., Das Erkenntnisproblem in der Philosophie und Wissenschaft der Neueren Zeit, 4 Bde. (Nachdr. der Ausg. v. 1922/23 und 1957) Darmstadt 1973/74

Craig, E., David Hume, Eine Einführung in seine Philosophie, Frankf./M. 1979

Descartes, R., Regeln zur Leitung des Geistes. – Die Erforschung der Wahrheit durch das natürliche Licht (übers. u. hg. v. *A. Buchenau,* 1920) Nachdr. Hamburg (PhB 26b) 1959

Descartes, R., Discours de la Méthode, (Franz.-Deutsch, übers. u. hg. v. *L. Gäbe),* Hamburg (PhB 261) 1960

Descartes, R., Meditationen über die Grundlagen der Philosophie mit den sämtlichen Einwänden u. Erwiderungen, (übers. u. hg. v. *A. Buchenau*, 1915) Nachdr. Hamburg (PhB 27) 1972

Frey, G., Möglichkeit und Bedeutung einer evolutionären Erkenntnistheorie, in Ztschr. f. philos. Forschg., Bd. 34, 1980, H. 1, 1–17

Friedell, E., Kulturgeschichte der Neuzeit, München 1927–1931, Neuausgabe in einem Band, München o. J.

Hartmann, E. v., Kritische Grundlegung des Transzendentalen Realismus, 3. A., Leipzig 1885

Hartmann, N. Diesseits von Idealismus und Realismus. Ein Beitrag zur Scheidung des Geschichtlichen und Übergeschichtlichen in der Kantischen Philosophie, Kant-Studien, Sonderdr. Bd. XXIX, H. 1/2, 1924

Hartmann, N., Grundzüge einer Metaphysik der Erkenntnis, 2. ergänzte A., Berlin/Leipzig 1925

Hartmann, N., Die Erkenntnis im Lichte der Ontologie. Hamburg (PhB 347) 1982

Heintel, E., Einführung in die Sprachphilosophie, Darmstadt 1972

Herring, H., Das Problem der Affektion bei Kant, Kant-Studien Ergänzungshefte 67, Köln 1953

Höffe, O., Immanuel Kant, München 1983

Holzhey, H., Kants Erfahrungsbegriff. Quellengeschichtliche und bedeutungsanalytische Untersuchungen, Basel/Stuttgart 1970

Hume, D., Eine Untersuchung über den menschlichen Verstand, hg. v. *R. Richter*, Hamburg (PhB 35) 1961

Husserl, E., Logische Untersuchungen. Bd. 1: Prolegomena zur reinen Logik. 5. A., Tübingen 1968

Husserl, E., Philosophie als strenge Wissenschaft, hg. v. *R. Berlinger* (Quellen der Philosophie 1). 2. A. Frankf./M. 1971

Kambartel, F., Erfahrung und Struktur. Bausteine zu einer Kritik des Empirismus und Formalismus, Frankf./M. 1968

Kambartel, F./Mittelstraß, J., Hrsg., Zum normativen Fundament der Wissenschaften, Frankf./M. 1973

Kant, I., Träume eines Geistersehers, erläutert durch Träume der Metaphysik, hg. von *R. Malter*, Stuttgart 1976

Kant, I., Kritik der reinen Vernunft. Neudr. der v. *R. Schmidt* besorgten Ausgabe, Hamburg (PhB 37a) 1956

Kant, I., Prolegomena zu einer jeden künftigen Metaphysik, die als Wissenschaft wird auftreten können, hg. v. *K. Vorländer*, unveränderter Nachdr., Hamburg (PhB 40) 1951

Keller, A., Allgemeine Erkenntnistheorie, Stuttgart/Berlin/Köln/Mainz 1982

Klemmt, A., John Locke, Theoretische Philosophie, Meisenheim/Glan/Wien 1952

Krings, H./Baumgartner, H. M./Wild, C., Hrsg., Handbuch philosophischer Grundbegriffe, Studienausgabe, Bde. 1–6, München 1973/74

Krings, H., Evolution und Revolution – Zwei Interpretamente der modernen Welt, in *Löw, R./Koslowski, P./Kreuzer, P.*, Hrsg., Fortschritt ohne Maß? Eine Ortsbestimmung der wissenschaftlich-technischen Zivilisation. München 1981

Leibniz, G. W., Vernunftprinzipien der Natur und der Gnade. – Monadologie, hg. v. *H. Herring*, Hamburg (PhB 253) 1956

Leibniz, G. W., Die Theodizee. (übers. v. *A. Buchenau*). Hamburg (PhB 71) 1968

Leibniz, G. W., Neue Abhandlungen über den menschlichen Verstand, Nachdruck der von *E. Cassirer* besorgten Ausgabe, Hamburg (PhB 69) 1971

Liebrucks, B., Sprache und Bewußtsein, Bd. 4: Die erste Revolution der Denkungsart, Frankf./M. 1968

Linke, P. F., Niedergangserscheinungen der Philosophie. Wege zu ihrer Überwindung, München/Basel 1961

Locke, J., Versuch über den menschlichen Verstand, Bde. I und II, Nachdruck der auf *C. Wincklers* Übersetzung beruhenden Neuausgabe, Hamburg (PhB 75/76) 1981

Löw, R., Evolution und Erkenntnis – Tragweite und Grenzen der evolutionären Erkenntnistheorie in philosophischer Absicht, in *Lorenz, K./Wuketits, F.*, Hrsg., Die Evolution des Denkens, München 1984, 331–360

Lorenz, K., Die Rückseite des Spiegels. Versuch einer Naturgeschichte menschlichen Erkennens, München 1973, (als Taschenbuch 1977)

Lorenz, K./Wuketits, F., Hrsg., Die Evolution des Denkens, 2. A. München 1984

Meinong, A., Über Inhalt und Gegenstand. Fragment aus dem Nachlaß, in Conceptus. Österr. Philosophen und ihr Einfluß auf die analytische Philosophie der Gegenwart, Bd. I, Innsbruck/München/Salzburg/Graz/Gießen 1977, 67–75

Messer, A., Einführung in die Erkenntnistheorie, 3. A., Leipzig 1927

Natorp, P., Descartes' Erkenntnistheorie, (Neudruck der Ausg. v. 1882) Hildesheim 1978

Nelson, L., Vom Selbstvertrauen der Vernunft. Schriften zur kritischen Philosophie und ihrer Ethik, hg. v. *Grete Henry-Hermann*, Hamburg (PhB 288) 1975

Peters, K./Schmidt, W./Holz, H. H., Erkenntnisgewißheit und Deduktion. Zum Aufbau der philosophischen Systeme bei Descartes, Spinoza, Leibniz, Darmstadt und Neuwied 1975

Popper, K., Logik der Forschung. 3. A. Tübingen 1969

Popper, K., Objektive Erkenntnis. Ein evolutionärer Entwurf, Hamburg 1973

Prauss, G., Einführung in die Erkenntnistheorie, Darmstadt 1980

Ratke, H., Systematisches Handlexikon zu Kants „Kritik der reinen Vernunft", 1. A. 1929, Nachdr. Hamburg (PhB 37b) 1972

Reichenbach, H., Der Aufstieg der wissenschaftlichen Philosophie, 2. A. Braunschweig 1968

Ricken, F., Hrsg., Lexikon der Erkenntnistheorie und Metaphysik, München 1984

Röd, W., Descartes. Die innere Genesis des cartesianischen Systems, München/Basel 1964

Röd, W., Dialektische Philosophie der Neuzeit. Bd. 1: Von Kant bis Hegel, München 1974

Rorty, R., Der Spiegel der Natur. Eine Kritik der Philosophie, 2. A. Frankf./M. 1984

Schnädelbach, H., Philosophie in Deutschland 1831–1933, Frankf./M. 1983

Schnädelbach, H., Hrsg., Rationalität. Philosophische Beiträge (u. a. von: *Apel, Specht, Höffe, Habermas*). Frankf./M. 1984

Scholz, H., Über das Cogito, ergo sum (1931), in Mathesis universalis. Abhandlungen zur Philosophie als strenger Wissenschaft, hg. v. *H. Hermes, F. Kambartel, J. Ritter*, Basel/Stuttgart 1961

Spaemann, R./Löw, R., Die Frage Wozu? Geschichte und Wiederentdekkung des teleologischen Denkens, München/Zürich 1981

Specht, R., Descartes. Reinbek bei Hamburg (Rowohlt Monographien) 1966

Spinoza, B. de, Die Ethik – Schriften – Briefe (übers. v. *C. Vogel* u. hg. v. *F. Bülow*), Stuttgart 1955

Stegmüller, W., Hauptströmungen der Gegenwartsphilosophie. Eine kritische Einführung. 4. A. Stuttgart 1969a

Stegmüller, W., Probleme und Resultate der Wissenschaftstheorie und Analytischen Philosophie, Bd. I, Wissenschaftliche Erklärung und Begründung, Berlin/Heidelberg/New York 1969b

Stegmüller, W., Das Problem der Induktion: Humes Herausforderung und moderne Antworten (zusammen mit: Der sogenannte Zirkel des Verstehens), Darmstadt 1975

Ströker, E., Einführung in die Wissenschaftstheorie. Darmstadt 2. A. 1977

Theobald, D. W., Grundzüge der Wissenschaftsphilosophie. Stuttgart 1973

Vollmer, G., Evolutionäre Erkenntnistheorie. Angeborene Erkenntnisstrukturen im Kontext von Biologie, Psychologie, Linguistik, Philosophie und Wissenschaftstheorie, 2. A. Stuttgart 1980

Vries, J. de, Grundfragen der Erkenntnis, München 1980

Waldenfels, B., Der Spielraum des Verhaltens, Frankf./M. 1980

Weizsäcker, C.F.v., Die Tragweite der Wissenschaft, (1. Bd.), 5. A. Stuttgart 1976

Weizsäcker, C.F.v., Der Garten des Menschlichen. Beiträge zur geschichtlichen Anthropologie, (als Taschenbuch) Frankfurt 1980

Williams, B., Descartes. Das Vorhaben der reinen philosophischen Untersuchung, Königstein/Ts. 1981

Wittgenstein, L., Philosophische Untersuchungen, 3. A. Frankf./M. 1975

Namenregister

Sachregister